LE ROMAN DE LA CHARRETTE.

Imprimerie BELINFANTE FRÈRES,
La Haye.

LE ROMAN DE LA CHARRETTE,

D'APRÈS

GAUTHIER MAP ET CHRESTIEN DE TROIES,

PUBLIÉ PAR

LE DOCTEUR W. J. A. JONCKBLOET.

LA HAYE,
BELINFANTE FRÈRES.
1850.

PRÉFACE.

Si aujourd'hui je viens m'adresser à la France, moi étranger, et si, dans une langue qui n'est pas la mienne, je me risque à discuter un point grave de sa littérature, certes, il faudra donner de bonnes raisons pour ne pas encourir le reproche de témérité pour un pareil fait. J'en suis tellement persuadé que, malgré les encouragements qui ne m'ont pas fait faute, je n'aurais pas hasardé une excursion sur un terrain qui revient de droit aux antiquaires Français, si je n'eusse pas trouvé mon excuse dans les circonstances qui m'ont engagé à entreprendre ce travail.

Chargé par mon gouvernement de publier la traduction flamande du roman de Lancelot, d'après le manuscrit unique, conservé à la Bibliothèque Royale de la Haye, je ne tardai pas à m'apercevoir que jamais mon édition ne pourrait répondre aux exigences de la science si je n'étudiais pas la question à fond, si je n'embrassais pas dans mes investigations tout ce qui se rapporte au cycle d'Artus et de la Table-ronde. D'ailleurs, le texte que j'avais mission de mettre au jour étant une traduction, je vis bientôt la nécessité de consulter l'original, nécessité qui devint impérieuse lorsque je pus constater que le premier volume du manuscrit hollandais, contenant la partie antérieure du roman (et probablement aussi le Graal et le Merlin), s'était perdu.

Pour compléter mon travail il me fallait rendre compte de la partie absente, soit en la publiant sous forme d'appendice à mon édition, soit en l'analysant en détail. Cela me renvoyait nécessairement à Paris pour y consulter les textes français, tant des romans en prose que de ceux en vers.

Sur ma demande respectueuse Sa Majesté le Roi Guillaume II me confia cette mission aussi honorable qu'importante pour la publication que j'avais abordée. Je consultai les manuscrits du palais Mazarin, et le résultat de mon voyage fut la publication d'une analyse fort détaillée de la première partie du roman de Lancelot dans l'Introduction du second volume de mon édition de la traduction flamande ou hollandaise de cet ouvrage [1]), p. VIII—CXLI. Cette analyse est entremêlée de citations fréquentes et souvent étendues de l'original, reproduisant les passages les plus remarquables pour les antiquités en général ou pour notre roman en particulier.

Pour en citer un exemple, j'ai reproduit en entier cette partie du roman qui a pour titre *li contes de la charrete*, parce que pouvant la confronter avec la rédaction en vers de Chrestien de Troies, que j'ai imprimée de même, cette partie me paraissait surtout digne d'intérêt, puisque ce n'est qu'en comparant les deux textes qu'on peut victorieusement résoudre la question, toujours encore débattue, de la priorité de composition des romans en prose sur ceux en vers, ou vice-versa.

Or, ces deux textes se trouvant au beau milieu d'un livre publié dans une langue qui n'est pas assez répandue, il était à prévoir que probablement ils passeraient inaperçus en France. Comme ils me semblaient présenter quelque intérêt pour l'étude des antiquités nationales de ce pays, je profitai de l'occasion qui s'offrit à moi, et j'en fis tirer un fort petit nombre d'exemplaires à part, en me réservant de faire précéder ces pages par quelques observations sur l'auteur du Lancelot.

Non seulement que par là je réussissais peut-être à fixer l'attention sur un livre qui n'est pas sans quelque valeur pour l'histoire littéraire du moyen-âge [2]), mais j'avais une

[1]) Deux volumes in-quarto, publiés par ordre du gouvernement Hollandais, sous ce titre: Roman van Lancelot, naar het eenig bekende handschrift der Koninklijke Bibliotheek, op gezag van het Gouvernement uitgegeven, door Dr. W. J. A. Jonckbloet. 1846—1849.

[2]) L'intérêt de mon édition pour la littérature française ne repose pas seulement sur les citations nombreuses et étendues de l'ouvrage primitif, disséminées dans l'introduction : il en a un bien autre. Le manuscrit de la Haye nous apprend que plusieurs romans du cycle d'Artus sont perdus en France, le traducteur ayant interpolé dans le texte de Gauthier Map une foule de récits, qui ne se trouvent pas dans l'original.

Cette manière d'agir n'est pas inusitée, et le manuscrit de la Bibliotheque nationale à Paris, fonds de Cangé n°. 27 nous en offre un exemple frappant. (Voyez la Description des MSS. du Brut, par M. Leroux de Lincy, p. XXV suiv.).

Or, voici les récits que la traduction contient de plus que l'original: 1°. *le roman de Morien*, 4700 vers; 2°. un récit dont Gauvain est le héros, 3000 vers; 3°. Le roman du *chevalier à la manche*, 4000 vers ; 4°. un second récit dont Gauvain est le principal personnage, 3700 vers; 5°. *Le roman de Torec*, 3900 vers. Je passe sous silence des milliers de vers du Perceval, une traduction de la mule sans frein etc.

Tous ces morceaux sont traduits du Français (Voyez l'introduction de mon second volume, p. CLXXIII et IV), et aucun d'eux ne paraît être connu en France.

Nous avons encore un roman de Gauvain fort étendu, de plus de 12000 vers. Ce roman également traduit du Français semble aussi perdu, du moins toutes les recherches que j'ai faites à la bibliothèque nationale, guidé par M. Paulin Paris, ont été infructueuses. — J'ai publié ce roman, avec des notes et remarques, en deux volumes in-8°. Si je parle ici de cette publication c'est que j'aime à fixer l'attention des littérateurs français sur une analyse du roman *du chevalier as deus espées* (Bibl. nat. Sup. fr. 180) qu'on y trouve insérée et que je dois au zèle obligeant de M. Alfred Schweighaeuser à Paris, que j'ai aussi à remercier pour les longs extraits de la Mort d'Artur qui complètent mon édition hollandaise du Lancelot.

Il ne serait peut-être pas superflu de consacrer une notice analytique aux ouvrages cités pour les faire connaître en France.

occasion toute trouvée pour m'acquiter d'un devoir bien chèr à mon cœur. C'est donc avec un vif empressement que je la saisis pour renouveller ici, publiquement, l'expression de ma gratitude à tous les hommes distingués qui pendant mon séjour à Paris m'ont rendu ma tâche facile par leur bienveillant accueil, leurs avis éclairés, et la générosité toute Française avec laquelle ils ont facilité mes recherches.

En première ligne vient M. le comte de Salvandy, alors Ministre de l'Instruction publique, dont l'accueil gracieux, la bienveillante protection et la parfaite urbanité lui ont acquis des droits légitimes à toute ma reconnaissance. Je suis heureux de pouvoir lui renouveller ici l'expression des sentiments qui m'animent envers lui, et que le temps n'effacera jamais de mon cœur.

Le comité des Conservateurs de la Bibliothèque Nationale et particulièrement MM. les Conservateurs du Département des Manuscrits n'ont pas moins de droit à ma vive reconnaissance, tant pour l'exquise politesse avec laquelle j'ai été reçu par eux, que pour l'extrême obligeance avec laquelle ils ont mis à ma disposition, tant à Paris qu'en Hollande, une partie des trésors confiés à leurs soins. Si j'ai pu en tirer tout le parti désiré, c'est, et j'aime à le proclamer hautement — c'est au système aussi éclairé que libéral du règlement de la Bibliothèque Nationale que je dois cette faveur.

Que tous les hommes éminents enfin qui m'ont porté aide et secours, qui m'ont favorisé de leur bienveillance, ou éclairé de leurs lumières, qui m'ont ouvert leur intimité aussi bien que leur cabinet, auxquels ma personne a autant d'obligation que mon travail, reçoivent de nouveau l'assurance de ma gratitude et de mon amitié, tels que MM. Reinaud, Paulin Paris, Edelestand du Méril, Charles Defréméry, Francisque Michel, Alfred Schweighaeuser, Rodolphe Dareste; et surtout Achille Jubinal qui, par amitié, a pris sur lui de se faire mon cicérone à Paris, ce qui m'a valu l'extrême faveur de me voir accueilli dans tous les salons qui s'ouvrent au plus spirituel des savants Français.

Le volume présent contient le roman de la charrette sous deux formes: la rédaction en vers de Chrestien de Troies et Godefroi de Leigni et la version en prose qui fait partie du roman de Lancelot du Lac.

Si j'ai choisi de préférence ce sujet, c'est, comme je viens de le dire, parce que la possibilité de comparer les deux textes semblait offrir un champ propre à la discussion de quelques questions littéraires dignes du plus haut intérêt et pas encore suffisamment résolues.

On ne niera pas que la connaissance et la juste appréciation des grands romans en prose de la fin du XIIe siècle ne soient d'un immense intérêt historique aussi bien que philologique; et les éloquentes paroles d'un juge aussi impartial que compétent, de M. Paulin Paris,[1]) à propos du roman de Lancelot, n'ont pas encore reçu de démenti.

Toutefois si je me propose de soulever quelques questions rélativement à ce roman, je ne compte pas entrer dans une longue analyse des faits qu'il contient. Je me bornerai à m'occuper de son auteur et de son origine, parce que ces sujets demandent encore à être approfondis. Or, analyser l'origine d'une œuvre littéraire, remonter à ses sources, c'est frayer le chemin à la critique qui appréciera l'ouvrage lui-même.

———

Quant aux manuscrits dont j'ai fait usage, tant pour la prose que pour le roman versifié, j'avais à choisir entre bon nombre d'exemplaires. En tant ce qui regarde la prose, sur le judicieux avis de M. Paulin Paris je ne m'arrêtai qu'aux plus anciens textes, et je pris pour base de mon travail deux manuscrits in-f[o]. sur vélin, du treizième siècle, qui par leur rédaction et les formes du langage devaient se rapprocher bien plus de la composition primitive que les copies écornées et rajeunies du XVe siècle, quelque soin qu'on ait mis d'ailleurs à les embellir. Ce sont les n°s. 7185 et 6959[3] (fonds de Colbert, 2437).

Le n°. 6959[3], que je désignerai par la lettre B, contient selon M. Paris[2]), « une leçon excellente et le copiste a mis à l'établir tout le soin imaginable. » Il est vrai que ce manuscrit est fort recommandable parce qu'il contient, sur 383 feuillets à deux colonnes, toutes les branches du roman[3]); néanmoins il m'a semblé que M. Paris a jugé trop favorablement du travail du copiste: le texte est défiguré par bien des erreurs et par quelques omissions.

Le n°. 7185, désigné par la lettre A, contient 199 feuillets. M. Paris a pensé que la

---

[1]) Les Manuscrits français de la Bibliothèque du Roi. Tom. 1, p. 173:

« On n'a pas assez remarqué l'importance d'un monument de cette nature, élevé avant la fin du XIIe siècle, en France ou en Angleterre, par un écrivain d'origine française. Que deviennent nos préventions contre la grossièreté, l'ignorance et la barbarie de nos ancêtres, en présence d'une composition complètement fondée sur des aventures galantes, et dans laquelle cependant vous chercheriez en vain une parole qui blessât la pudeur la plus ombrageuse? Chaque page révèle au contraire une élégance de mœurs comparable peut-être à celle des chevaliers contemporains des Fleuranges et des Bayard. Quoi! ces barons dont nous aimons à tourner en ridicule l'orgueilleuse ignorance se plaisaient à faire ou à lire, dès ce temps là, des livres demeurés pendant plus de trois siècles l'admiration et les délices de l'Europe entière! ..... Un jour viendra sans doute où nous refuserons notre confiance à ce dicton: *un gentilhomme aurait autrefois rougi de savoir lire.* Alors nous examinerons; alors nous ne répéterons pas tout ce qu'on a dit, mais seulement ce qu'on aura bien fait de dire. »

[2]) Les Manuscrits français de la Bibliothèque du Roi. Tom. 2, p. 354.

[3]) Il est complet sauf quelques feuillets qui manquent en plusieurs lieux: au commencement deux, entre les fo. 15 et 16 probablement 15, et une demi-douzaine à la fin.

leçon que présente ce manuscrit était un *abrégé* [1]), et que «toute la substance du roman est contenue dans ce volume, dont l'écriture change au f°. **178**.» En y regardant plus attentivement on verra qu'il s'en faut de beaucoup que ce volume contienne tout le roman. Je n'ai à m'occuper que des **177** premiers feuillets parce que non-seulement les vingt derniers [2]) sont d'une autre main, mais appartiennent à un manuscrit évidemment d'un siècle postérieur à celui dans lequel ils ont été insérés. Or, ces **177** feuillets ne contiennent qu'environ *le quart* du roman, puisque le feuillet **177** correspond au 73e du manuscrit précédent. Du reste, ce manuscrit, dans lequel j'ai signalé deux lacunes [3]), ne doit pas, selon moi, avoir contenu une leçon abrégée; il me semble au contraire qu'il a été plus complet que le manuscrit B [4]). Il est d'une orthographe bien plus correcte que

[1]) Les Manusc. franç. Tom. 6, p. **127**.

[2]) Ils contiennent la dernière partie de la Quête du Saint-Graal et finissent par ces mots: «Ci fine le Saint-Graal, et parole de la mort le roy Artu.»

[3]) Entre les f^{os}. **18—19** et **72—73**.

[4]) Voici les raisons qui me font porter ce jugement. Jusqu'au f°. **176**, correspondant au B f°. **73** v°. la leçon des deux manuscrits est absolument la-même: ici l'on remarque une différence.

La reine Genièvre est accusée de ne pas être la personne pour qui elle se fait passer, mais de s'être substituée par fraude à la femme légitime, en lui prenant ses droits et son nom. Cette accusation est portée par un chevalier appelé Berthelais, qui produit une jeune fille qu'il prétend être la vraie femme d'Artus. La malheureuse Genièvre est condamnée, et l'arrêt porte (A. f°. **174** v°.) «que cele Guannièvre qui là est doit avoir les treces colpées à tot lo cuir, porce qu'ele se fist reïne et porta corone desus son chief qu'ele ne déust pas porter; et après si aura les mains escorchiées par dedanz porce qu'eles furent sacrées et enointes que nules mains de fames ne doivent estre, se rois ne l'a esposée bien et leiaument en sainte église: et puis si sera traïnée parmi ceste vile, qui est li chiés del' reianme, porce que par murtre et par traïson a esté en si grant honor; et après tot ce sera arse et la poudre vantée, si que la novelle corre par totes terres de la justise qui faite en sera, et que nule jamais ne soit si hardie qui de si grant chose s'entremete. Et porce que nos savons de voir que ele en est corpable et que nus ne l'an devroit estre garanz, si avons esgardé et jugié qu'il covandra que cil qui deffandre la voudra de ceste desleiauté s'an conbatra toz seus à trois chevaliers, les meillors que ceste dame-ci porra trover en tote sa terre.»

Lancelot combat pour sa dame et tue ses trois adversaires; et le MS. A. continue de cette manière:

(N°. **7185**. f°. **176**. r°. a.) «Ensin a Lanceloz la dame délivrée: si en ont moult grant joie tuit li prodome. Et lors vienent devant lo roi si li quièrent qu'il li face droit de la damoisele, comme cele qui est encheoite et provée de son forfait. Et li rois qui plus n'en ose faire respont que si fera-il volentiers. Maintenant mande que l'an la preigne entre li et Bertelai et soient amené avant, car il velt orandroit sans plus ataindre, que il soient jugié entr'aus deus et reçoivent lor déserte tele com il l'ont déservie. Lors furent endui amené devant lo roi: si plore la damoisele moult tandrement, car bien voit que plus ne puet sa mauvaitiez estre célée. Si vient devant la reïne jointes mains, et li conoist sa desleiauté, oiant toz. Et qant li rois l'ot si est moult esbahiz, et regarde Berthelay, si li demande comment il s'osa entremetre de porchacier tel félonie? Et Berthelais respont que il l'an conoistra la vérité de chief en chief. — «Il est voirs, fait-il, que ge trovai ceste damoisele en une maison de religion, et por la grant biauté dont je la vi, si enquis et demandai qui ele estoit, car moult sanbloit estre de hautes genz; mais onques ne trovai que vérité m'en séust dire, nè ele méismes n'en savoit rien fors tant que an la maison avoit esté moult longuement. Et ge en oi moult grant pitié porce que de si grant biauté estoit, et li dis sanz faille que se ele voloit errer à mon consoil et faire ce que ge li conseilleroie, ge feroie tant que ele seroit la plus haute fame del' monde. Et ele me demanda comment? Et ge dis que porchaceroie tant que vos la prendriez à fame et départeriez de la reïne qui ci est. Et qant ele oï ce si dist que se gel' pooie faire ele feroit ma volenté outréement, et me jura sor sainz que à toz les jorz de ma vie seroie sires de son pooir.»

celui-ci, et n'est pas détérioré par de continuelles omissions, ce qui m'a engagé à m'en servir surtout pour l'analyse du roman, insérée dans le second volume de l'édition hollandaise.

« Ensin conoist Berthelais tote la traïson devant lo roi et comment il porta lo mesage et fist l'anel contrefaire que la damoiselle porta à cort, et comment il fist lo roi prandre et li dona la poison boivre par quoi il an ama la damoiselle. Tot li conoist son errement de chief en chief, sanz rien céler. Et li rois est moult honteus et iriez de ce que issi a esté décéuz par tel barat, si dit à Berthelay que il an aura son guerredon comme traitres et desleïaus, car hom ne se déust pas estre entremis de porchacier si grant desleiauté com il a par devant lui conéue et regeïé. Maintenant fu Berthelais pris par lo commandement lo roi et traïnez par tote la cité. Et la damoisele est encores devant la reïne si li crie merci, que ele li pardoint lo péchié de son forfait, et non pas por sa vie sauver, car se Dex li ait ele ne velt pas c'on la laist vivre dès ores en avant, car jamais à nul jor joie n'auroit ; ainz velt que ele soit destruite honteusement comme cele qui bien l'a déservi. Et li rois en a si grant pitié qu'il ne la puet esgarder, ainz se fiert an une chambre ; et li baron vont après, si li demandent que il feront de la damoiselle ? Et il dit que il an facent à lor volenté selonc ce que il esgarderont que l'an en doie faire. Et il dient que donc l'ocirront-il par lo jugement méismes que de la reïne fu faiz, car il lor est avis que ele doit d'autretel mort morir, puis que de ce forfait est atainte, si com Bertelais et ele l'ont de lor boiche reconnéu. Et li rois dit que ce li sembleroit estre droiz et raisons.

« Ensin est la damoiselle jugiée par l'esgart des barons lo roi : si fu tantost menée hors de la vile, et li feus est apareilliez por li ardoir. Et ele estoit de si très-grant biauté qu'il dient tuit c'onques mais si bele fame n'avoient véue. Si poez savoir que maintes lermes i ot plorées et assez i ot de tex genz qui moult à enuiz soffrisissent sa mort s'il éussient pooir del' contredire ; mais ne puet estre. Si fu mise dedanz lo feu si tost com ele fu confesse, et avoques li fu Bertelais qui la traïson ot porchaciée. Si dient tuit que moult est granz dolors qant par lo conseil d'un tel veil- lart est si bele fame honie ; et moult i ot de cels qui s'anpartirent de la place auçois que li feus fust alumez, car il ne pooient avoir cuer de li esgarder à morir. Moult fu la damoisele plainte et regretée de maintes genz. Et qant la justice fu faite de li et de Bertelai, si s'an revindrent li chevalier an la cort arrières et fu la joie moult granz en l'ostel lo roi de totes et de toz, car trop avoient premièrement éu grant duel del' roi que il cuidoient avoir perdu, et après del' cors la reïne, car nul dame ne fu onques tant amée des genz son seignor com ele estoit ; si ne vos porroit l'an dire nule greignor joie com il orent cele nuit. Et ce fu tierz jor devant Noel ; si deffandie li rois que nus des chevaliers ne se méust, car il séjornera, ce dit, en la vile jusqu'au jor et il tandra sa cort moult efforciée, si velt que tuit soient à sa grant feste. Et la reïne est tant liée que de nul anui qu'ele ait éu ça en arrières ne li sovient ; et dit à Lancelot oiant lo roi, que dès ores en avant la puet-il tenir por soe. — « Certes, fait li rois, il est li chevaliers del' monde que ge devroie plus amer et qui plus m'a servi, car il fist la paiz de moi et de Galehot qui ci est, et me gita de la prison de la Roche, dont ge jamais ne fusse délivrez se il secors ne fust ; et or me r'a délivré d'une des greignors hontes qui onques mais m'avenist, ne dès oremais n'ai-ge cure qu'il se départe de ma compaignie, ainz voil qu'il soit del' tot en tot de mon ostel et toz sires de moi et de ma terre, car ge ne puis neïer que il ne la m'ait randue et garantie. » Ensi est la paiz faite del' roi et de la reïne. Si séjornèrent en la vile toz les trois jorz à grant joie et à grant déduit, et fist la reïne mander totes les dames et les damoiselles de par la terre por venir à cele grant cort. Et eles i vindrent volentiers et esforciéement, car moult la dessirrent à véoir celes qui véue ne l'ont, por les biens que l'an en dit. Moult fu granz la feste que li rois tint au jor de Noel en Camelide, car onques mais ne la tint si riche puis que il fu coronez premièrement. Et moult i fist chevaliers noviaus, et dona robes et autres dons, tant que toz li sièglcs s'en mervoille. Et autresin fist la reïne et as dames et as damoiseles. Si portèrent andui corone et la voille de la feste et lo jor, et tint chascuns sa cort grant et merveilleuse. Et qant vint l'andemain si pristrent les genz Galehot congié et s'an alèrent an son païs. Si départi atant la corz, et li rois se remist à la voie à aler en Bretaigne, si enmainge Galehot et Lancelot avoques lui ; et s'anvont à petites jornées. Si mainent moult boenne vie entre la reïne et la dame de Malohaut qant aise les mes en leu de parler à lor chevaliers. Tant ont erré qu'il sont venu à Camper-Corantin, et lors demande Galehoz congié du rois ; mais li rois dit que il ne s'en ira pas encores, « ainz séjorneroiz avoques moi tot cest yver ; car ge sai bien que vos ne vos n'avez or pas granment à faire en vostre païs. » Et la reïne méismes li prie que il remaigne : si fait tant que il otroie au roi sa volenté.

« Ensin sont remex à cort entre Galehot et Lancelot, si furent servi et honoré de toz et de totes, car moult an ont

Pour le choix du manuscrit du roman en vers je me suis laissé guider par les conseils
de M. Edelestand du Méril : il fixa tout d'abord mon attention sur le numero 73 du fonds

grant joie li compaignon lo roi ; mais sor toz les autres en est liée la reïne et la dame de Malohaut porce que de
or compaignie ne se sauroient consirrer dès ores en avant ; et se la reïne à aumé Lancelot çà an arrières, or l'aimme
plus que onques mais ne l'ama, et dit que ele ne porra jà avoir honte dèsoresmais en chose que ele feïst por lui,
car se toz li mondes savoit l'amor entr'aus deus si li devroit l'an à bien jugier, tant l'a déservi en pluseurs leus. En
tel manière séjornèrent avoques lo roi entre Galehot et Lancelot, dès lo Noel jusqu'à la Pasque : si orent totes les
joies qui d'amors puent venir, car maintes foiz parlèrent à lor dames sauz compaignies d'autres genz. Mais la dame
de Malohaut n'est pas à eise de ce que Galeholz s'en ira après la Pasque et dit que moult est la dame sole qui si
riche home aimme par amors, car jà ne fera sa volenté : si tient moult la reïne à sage quant ele a son cuer asis en
celui dont ele puet faire son plaisir sauz contredit.

« Au jor de la Pasque s'anvint li rois à Camahalot por sa cort tenir, car moult est la vile aeisiée et délitable. Et
quant il furent venu, la voille devant si vient Lyoniaus à Lancelot et li requiert qu'il die au roi que il lo face cheva-
lier ; « car bien est, fait-il, dès ores mais tans et raisons que ge soie chevaliers, et bien lo requiert mes aages. Et
sachiez que ge n'éusse pas si longuement estez escuiers se ne fust por vostre amor, car onques n'oi si grant talant de
nule chose comme ge ai éu de recevoir la haute hordre de chevalerie.» Et Lanceloz qui moult en est liez respont
qu'il en priera lo roi moult volentiers. Atant ala li rois vespres oïr, et qant eles furent chantées si s'an revint
anhaut ès sales, et lors paent Lancelot Lyonel par la main si lo mainne devant lo roi et li requiert que il lo face
chevalier. Et li rois qui moult lo voit apert et juste respont que si fera-il volentiers ; et moult en a grant joie, car
bien set qu'il ne puet faillir à estre preuzdom s'il retrait au boen lignage dont il issi. Ensin a li rois otroié à Lyonel
que il sera chevaliers. Et il en a si grant joie que greignor ne porroit avoir, et dit que or n'a-il nule paor que
il prozdom ne soit qant il à si haut jor iert chevaliers, et de la main à celui dont tuit li prodome ont chevalerie
receüe. Atant furent les tables mises : si asistrent au mengier ; et orent lor table tot par els cil qui noviau chevalier
devoient estre, et tot ce fu por l'onor de Lyonel. Et qant il orent lo tierz mès éu si antra laianz une damoiselle
de moult grant biauté, et tint en sa main destre un lieon qui moult estoit de grant fierté, lié par lo col en une
chaainne ; mais tant cremoit la dame que jà ne fust si hardiz qu'il se méust tant com ele fust an sa compaignie. Cil
lieons fu esgardez à grant mervoille par laianz, car il avoit une corone desus son chief qui de méismes la teste li est
creüce. Si san mervoillièrent moult tuit li chevalier qui en la sale estoient porce que onques mais lyeon coroné n'a-
voient véu. Et la damoisele qui lo maigne s'anvient devant lo roi, si lo salue et dist : « Rois Artus, à toi m'anvoie la
plus vaillant pucelle qui soit au mien escient, et si est la nonpers de biauté de totes celes del' monde. Et por la
grant valor qui en li est l'ont requise d'amors maint preu de chevalier de son païs et de maintes autres terres ; mais
ele dit que jà à nul jor ne sera s'amors donée à chevalier se il n'est de ta maison. Et si covandra que cil qui l'amor
ma dame voldra avoir se conbate à cest lyeon qui ci est, tant qu'il l'ocie par proesce de cors et de cuer, car madame
avoe que jà s'amor ne donra se à celui non qui par la mort del' lyeon la conquerra, Ne jà ne sauras, fait-ele, qui
ma dame est, devant que cil méismes t'en die la vérité qui lo lyeon ocirra.» Et li rois respont que de ceste requeste
ne s'en ira-ele pas escondite de son ostel, « car assez i a chevaliers qui volentiers enprandront lo lyeon à ocirre por
gaaignier l'amor de la plus bele rien qui vive.» Atant remest ceste parole jusqu'à l'andemain : et qant furent les
tables ostées si s'an alèrent li chevalier à lor ostel. Et quant il dut anuitier si menèrent entre Galehot et Lancelot
Lyonel en un mostier où il veilla tote nuit jusqu'au jor ; n'onques de tote la nuit ne'l laissièrent. Et au matin l'an-
menèrent à son ostel, sel' firent dormir jusqu'à la grant messe, et lors lo menèrent au mostier avec lo roi. Et la
reïne li ot au matin envoié cote et mantel [et sa]mit porpre : si fu li mantiax forrez [d'ermines] qui moult li sist
bien. Et il estoit si biaus et si bien tailliez de totes choses que moult seoit à veoir à toz cels qui l'esgardoient. Mais
ançois qu'il antrassent el mostier furent aportées les armes à toz cels qui chevalier devoient estre ; et s'armèrent si com
à cel tans lo faisoient. Et lor chauça li rois lo destre esperon si com il estoit costume ; mais les espées ne lor ceint
pas devant qu'il revenissent del' mostier. Quant il orent les colées receúes si alèrent oïr messe, et tuit armé, car
issi lo devoient faire. Et si tost com la messe fu dite si lor ceint li rois les espées ; et après s'anvindrent an la sale,
et si tost com il i furent venu, si s'an vint Lyoniaus devant lo roi, toz armez, et li requiert que la première avanture

de Cangé, conservé à la Bibliothèque Nationale à Paris. Ce volume a été décrit par M. Leroux de Lincy dans sa Description des manuscrits du Roman de Brut, p. xxxv suiv.; je puis donc renvoyer à cette œuvre consciencieuse. Le texte qu'il contient est très-correct : du reste j'y ai ajouté quelques variantes tirées du MS. de la Bibliothèque Nationale, Supplément français n°. 210, désigné par la lettre B, et celles que nous offre le n°. 1725 des manuscrits du Vatican, pour autant que ce texte a été publié par M. Adelbert Keller dans son recueil

qui est après sa chevalerie à cort venue li otroit à achever : ce est la bataille del' lyeon. Et li rois dit que il li donra moult volentiers. « Mais il est, fait-il, si hauz jorz que ge ne vos lo mie hui à conbatre, ançois metrai la bataille en respit jusqu'à demain se vos m'en volez croire. » Et Lyoniax dit que jamais n'en sera armez puis que Dex li a amenée si prestement. Lors fist li rois avant venir la damoiselle qui lo lyeon avoit amené, et li commanda que ele lo menast an la cort aval; et ele si fist, et puis li osta la chainne del' col et s'an monta arrières an la sale. Et li rois monta anhaut as fenestres, et chevalier et dames et damoiselles, por véoir la bataille del' lieon et de Lyonel. Et Lyoniaus s'an vint aval, lo hiaume en la teste, l'espée en la main; si s'adrece droit au lieon comme cil qui assez a cuer, et l'asailli moult vigureusement. Et li lyeons se deffandie moult durement, et moult li ampira ses armes, et li trancha la char parmi lo hauberc en plusieurs leus ançois que la meslée remansist; mais an la fin lo prist Lioniax parmi la gorge as poinz, que il avoit et durs et forz, si l'estrangla veiant toz cels qui l'esgardoient. Et de celui lyeon porta messires Yvains, li filz an [roi U]rien la pel en son escu, et perce fu-il apelé [li chevalier]s au lyeon.

« Quant Lyoniaus ot lo lyeon ocis, si com vos avez oï, si s'en monta en la sale enhaut et se fist desarmer : et lors furent mandé li clerc qui les proesces des chevaliers de la maison lo roi Artu metoient en escrit, si com li contes l'a autrefoiz conté. Et fu Lyoniaus as compaignons lo roi acompaigniez à cels de la table réonde, por la proesce qui en lui estoit et por l'amor de Lancelot son coisin. Après furent les tables mises, si asistrent au mengier; et qant il orent mengié et les tables furent ostées si vint la damoiselle devant lo roi, cele qui lo lyeon amena à cort, et prist congié de lui et de la reïne et de toz les autres; et s'anpartirent celui jor méesmes entre li et Lyonel, et errèrent tant par lor jornées que il vindrent là où la dame ert qui s'amor li avoit donée. Si fist moult grant joie del' chevalier qant ele sot qu'il estoit de la table réonde.

« Ensi remest Lyoniaus avec sa dame, nè plus ne parole cist contes de lui nè d'aventure qui li aveuist, car il a son conte tot entier; ençois retorne à parler del' roi et de sa compaignie. »

Dans le MS. B. nous trouvons une variante à ce récit. Bien que Geniève échappe au supplice elle ne rentre pas d'abord dans ses droits : elle se retire dans le pays de Sorolois qui appartient à Galehaut, l'ami de Lancelot, tandis que le roi Artus continue à vivre avec sa prétendue épouse. Au bout de deux ans celle-ci tomba malade et « commança à porrir de les piez en amont. » Berthelais aussi fut ateint du même mal. Avant de mourir ils déclarent au roi qu'ils l'ont trompé. L'épouse légitime rentre dans ses droits : les barons de Camelide qui ont prononcé le jugement qui la condamnait vont au devant d'elle pour lui demander pardon de leur offense, ce qu'ils firent en toute humilité, car ils « descendirent tuit de lor chevaus et coupèrent de lor chauses lor avanpiez et les manches desi au cotes, et rooignèrent lor trèces, dont li plusor avoient moult beles. » Après cela une députation de nobles et d'évêques la ramène à la cour de son époux, où bientôt une réconciliation générale a lieu. Cette version me semble la plus simple et la plus ancienne.

Du reste ce passage ne parle pas de la première avanture de Lionel, mais plus tard au f°. 84 v°. nous trouvons qu'un beau jour « avoit esté Lyoneax noviax chevaliers, et le jor méisme s'estoit combatu au lion coronné de Libe, qui estoit amené à cort por veoir à merveille, que onques mès lion coronné n'avoit esté véu en la terre de Bretaigne : si l'ocist Lyoniax par sa grant proesce, si com li contes qui de lui est l'a devisé. Et celui jor otroia-il la peau del' lion [à Yvein] à porter en son escu porce que messires Yveins li avoit aidié son escu à porter la veille de la Pentecoste et li avoit fet fère d'or frès. Et li escuz estoit colorez de quatre colors, d'or et d'azur, d'argent et de sinople; et celui escu porta Lyoneax tant et dès lors en avant porta messires Yveins l'escu de sinople à la bande blanche por amor de Lancelot, qui le portoit blanc à la bende vermeille de beline. »

Les mots si com li contes qui de lui est l'a devisé ne se rapportent-ils pas naturellement au passage que nous a conservé l'autre manuscrit? Et cela ne prouve-t-il pas que celui-ci était plus complet que le second?

intitulé: Romvart, Beiträge zur Kunde mittelalterlicher Dichtung aus Italienischen Bibliotheken, p. 453—512. Je désigne celles-ci par la lettre K.

Le roman de Lancelot, dont le conte de la Charrette fait partie, continue le roman du Saint-Graal [1]), et contient le récit des amours de Lancelot et de Genièvre, l'épouse du roi Artus. C'est l'histoire

Di Lancilotto, come amor lo strinse;

et si le romancier nous décrit, dans un style toujours pur et quelquefois éloquent, toutes les peripéties de cette passion, il nous montre aussi son dénoûment tragique — le seul dénoûment possible pour une liaison que la morale condamne.

Si au premier abord il nous semble une reproduction du roman de Tristan, comme l'ont fort bien observé MM. Schmidt [2]) et Théod. de la Villemarqué [3]), une étude plus attentive nous prouve à l'évidence qu'il est puisé à des sources différentes. Or, ceci nous amène la première question à résoudre: d'où les romanciers prirent-ils l'idée du Lancelot?

On est d'accord qu'en général les romans du cycle d'Artus sont d'origine Bretonne ou Galloise. Et certes, après les investigations de M. San-Marte [4]), Lady Charlotte Guest [5]), et M. Théodore de la Villemarqué [6]), ce point n'admet plus de doutes dans le genre de ceux qu'ont emis M. A. W. von Schlegel [7]), ou M. Ampère [8]).

Toutefois le roman de Lancelot semblait faire exception: du moins telle est l'opinion d'un savant fort compétent en cette matière, de M. Paulin Paris. Dans son livre remarquable sur les Manuscrits français de la Bibliothèque du Roi. Tom. I. p. 177, il s'exprime ainsi à ce propos:

« A mon avis on ne peut revendiquer en sa faveur une origine bretonne: la plupart des noms de lieux et de personnages, le caractère chevaleresque des récits, l'absence de tout autre intérêt que celui dont l'amour et les tournois sont la source; enfin le talent pro-

---

[1]) Voyez ici p. XXIX, note 1 et M. Paulin Paris, Les Manuscrits françois etc. Tom. I, p. 152—153.

[2]) Wiener Jahrbücher der Litteratur, XXIX, 80.

[3]) Voyez le passage cité plus bas, page XIV.

[4]) Die Artur-Sage und die Märchen des rothen Buchs von Hergest; Quedlinburg und Leipzig, 1842.

[5]) The Mabinogion from the Lfyfr Coch o Hergest and other ancient Welsh Manuscripts, London 1838.

[6]) Contes populaires des Anciens Bretons, précédés d'un essai sur l'origine des épopées chevaleresques de la Table-ronde, Paris 1842.

[7]) Essais littéraires et historiques, Bonn 1842, p. 373, 378 suiv.

[8]) Histoire littéraire de la France avant le 12e siècle, Tom. I, p. 378 suiv. Voyez aussi à l'appui du texte Sir Fred. Madden, Introduction to Syr Gawayne, p. IX, et M. Ferd. Wolf, dans son livre admirable Ueber die Lais, Sequenzen und Leiche, p. 69 suiv. et surtout p. 249—252.

digieux de style que l'on ne peut guère manquer d'y reconnaître pour peu que l'on ait
étudié l'ancienne langue françoise, tout dans le roman de Lancelot du Lac révèle une
invention purement françoise. Supposer que, dans les anciennes traditions bretonnes, on
ait pu trouver toutes les circonstances de la passion mutuelle de Genièvre et de Lancelot,
c'est prétendre que Mlle de Scudery avoit pu emprunter réellement à Xénophon son
énorme roman de Cyrus, c'est admettre quelque chose de plus invraisemblable encore;
car dans l'œuvre de Mlle de Scudery les noms Grecs du moins ont tous été respectés. »

Une telle exception n'avait pas paru naturelle à plusieurs savants antiquaires, qui ont
vu dans le nom du héros un nom breton ou cambrien, tels que M. Witaker [1]), ou une
traduction d'une appellation celtique, tels que M. Southey [2]) et Lady Guest [3]). Celle-ci
s'est approchée bien près de la vérité, quoique son étymologie ne semble pas satisfaisante.
M. Théod. de la Villemarqué a repris la question et y est entré bien plus avant: il démontre
à l'évidence, non seulement que le nom de Lancelot est une traduction d'un nom gallois,
mais aussi que les situations les plus notables du roman se retrouvent dans les traditions
bretonnes. Cet examen se fait dans l'article qu'il a consacré à notre héros dans le Ier volume
de ses Contes populaires des Anciens Bretons, p. 63 suiv.; et l'on m'approuvera, je l'espère,
d'avoir reproduit cet article en entier.

«On s'étonnera peut-être de me voir ranger ce héros de roman à côté d'Arthur et de
Merlin, car son nom n'est point gallois et son histoire paraît n'être qu'une reproduction
de celle de Tristan..... Je l'ai cru moi-même longtemps; mais une étude plus approfondie
des romans dont il est le sujet m'a fait changer d'avis.

«La plus ancienne rédaction française de cet ouvrage, la rédaction rimée [4]), s'est perdue
dans les transformations en prose qui seules existent aujourd'hui, on en ignore la date
précise, mais on s'accorde à la croire du milieu du XIIe siècle: celle qui s'en rapproche
le plus par l'ancienneté étant la version de Gauthier Map, je m'y suis arrôté, et, après
en avoir constaté les situations les plus notables, je les ai cherchées dans les traditions
bretonnes d'une époque antérieure à la composition de l'œuvre primitive; elles peuvent se
réduire aux suivantes: l'enlèvement de Lancelot par Viviane, et son éducation dans le

---

[1]) «The name of Lancelot is an appellation truly British, and significative of royalty; Lance being a Celtic term for a
spear, and Leod, Lod, or Lot, importing a people. He was therefore a British sovereign; and since he is denominated
Lancelot of the Lake, perhaps he resided at Coccuin, in the region Lennis, and was the monarch of Lancashire.»

[2]) Morthe Artur, Introduction p. LII. Voyez aussi Ellis, Specimens of early Romances, vol. I, p. 271.

[3]) Mabinogion I, 91: «Lancelot du Lac is generally considered as an exception to the general rule, that all the
heroes of the Arturian Romances are of Welsh origin. But it has been suggested to me by a learned Antiquary, that
this distinction does not really exist, the name of Lancelot being nothing more than a translation of *Paladr-ddellt*,
(splintered spear) which was the name of a knight of Arthurs court, celebrated in the Triads.»

[4]) Je reviendrai plus tard à cette supposition qui n'est pas tenable.

palais magique de la fée, où il grandit en grâce, en vaillance, en courtoisie, en générosité dans la pratique de toutes les vertus chevaleresques; son séjour à la cour d'Arthur où il reçoit l'ordre de chevalerie; la condamnation à mort et l'enlèvement de la reine; la poursuite de Lancelot par le roi Arthur et leur réconciliation aux prières d'un saint apostole; enfin la pénitence de l'amant de Genièvre et sa pieuse mort dans le cloître.

«Le nom de notre héros doit nous occuper avant tout. L'usage à prévalu d'écrire Lancelot d'un seul mot; mais les plus anciens manuscrits supposent l'apostrophe, car ils portent souvent Ancelot sans article[1]). Or, à quelle langue appartient ce mot? Evidemment au français: *Ancel*, en langue romane, signifie *servant*[2]), et *Ancelot* est son diminutif[3]). Mais, de ce que le nom du héros est français, s'ensuit-il que le roman a une origine semblable? Si, par hasard, Ancelot était la traduction du nom d'un personnage gallois, dont l'histoire s'accorderait en tout point avec le roman? Eh bien, c'est ce que je crois avoir découvert: on trouve, en effet, dans les traditions galloises du VIe au XIIe siècle, un chef dont le nom *Mael*[4]) répond exactement à celui d'*Ancelot*, et à qui les anciens bardes, les triades, les chroniques et toutes les autorités galloises ou étrangères prêtent les mêmes traits, le même caractère, les mêmes mœurs, les mêmes aventures qu'au héros du roman français.

«I. Comme le romancier, Taliesin, poëte contemporain, vante la beauté du prince Mael, la blancheur éclatante de ses dents et l'or de sa chevelure; mais il lui reproche ses mœurs dissolues[5]). Un autre barde, qui paraît avoir vécu trois siècles plus tard, allègue, à l'appui de l'accusation de Taliesin, le fait des amours adultères du jeune chef breton avec la reine Gwennivar et l'enlèvement dont il se rend coupable[6]). Cet enlèvement est, à la vérité, un peu plus brutal, un peu moins chevaleresque dans les poëmes gallois que dans le roman. Ainsi, le jeune Mael, sachant que Gwennivar devait venir se promener dans un bois, se dépouilla de ses habits, se fit une ceinture de feuillage, se blottit derrière un buisson, près du sentier de la forêt, et dès qu'il vit passer Gwennivar, il s'élança, la saisit dans ses bras, et, comme les dames de la suite de la

---

[1]) N'est mie de la fable *Ancelot.* (Romau d'Ogier; Musée britannique; biblioth. reg., 16; E. IV, mss.)

[2]) Ains n'ai regret que gent fillotte M'emble, an sieu tor, josnes *ancels* (Barbe de verrue).

[3]) Ainsi *boissel* (boisseau), diminutif *boisselot*; Michel, Michelot, etc.
[*Ancel*, sans diminution, était tout aussi bien en usage comme nom d'homme: voyez p. e. les œuvres de Rutebeuf, publiées par M. Achille Jubinal Tom. I, pag. 87, 88, 396: voyez aussi le roman de Pathonopée de Blois, ed. de Crapelet, et les Manuscrits françois, etc. par M. Paulin Paris, tom. 3, p. 84, 85.]

[4]) Mael, *serviteur.* (Walter, Dictionnaire gallois.) Mael, *domestic, man of duty.* (Owen, Welsh Diction.)

[5]) Myvyrian, t. I, p. 27.

[6]) Ibid. ibid., p. 175.

reine, qui le prenaient pour un satyre, s'enfuyaient effrayées, il la mena dans son royaume [1]); mais le fait est le même au fond.

« Les triades confirment l'autorité des poésies bardiques en faisant de Mael un grand prince contemporain d'Arthur, et en lui supposant des rapports avec lui [2]). D'autre part, le code des lois de Houel, promulguées au X⁰ siècle, nous apprend «qu'après le triomphe définitif des Saxons dans la Grande-Bretagne et leur établissement dans le cœur de l'île, les indigènes se réunirent au bord du fleuve d'Af pour élire un roi; qu'il en vint une multitude du nord et du midi, du pays de Gwened et du pays de Powys, de celui de Rennuk et du Deheubarz, de la terre des Silures et du Glamorgan, et que leur choix tomba sur le chef Mael, dont l'accession au trône arriva l'an 560 [3]).»

«Gauthier d'Oxford, un siècle et demi plus tard, fait ainsi son portrait: «Le chef Mael, dit-il, était un grand homme: il soumit maint roi; il était fort, vaillant et dur; il excellait en toute chose; mais il se livrait aux vices de Sodome et de Gomorrhe...» Il fut le successeur immédiat d'Arthur, ajoute le chroniqueur gallois, et mourut de frayeur dans un couvent où il s'était retiré, ayant vu *le spectre jaune* (la peste) à travers les fentes de la porte de l'église [4]).

«II. En rapprochant ces divers témoignages de passages empruntés à des écrivains latins du même pays, on les éclaire et les complète. Gildas, le plus ancien de tous, et qui vivait, comme Taliesin, du temps de Mael, mérite d'être entendu:

«Dragon insulaire! s'écrie le moine satirique en l'apostrophant, toi qui es supérieur à un grand nombre par ta puissance aussi bien que par ta méchanceté; fameux par tes largesses, mais plus fameux encore par tes péchés; redoutable par les armes [5]), mais plus redoutable par tes violences, prince Mael [6]), depuis combien de temps ne te vautres-tu pas, comme à plaisir, dans la fange d'une vie aussi abominable que celle des habitants de Sodome? N'as-tu pas opprimé le roi ton oncle dans les premières années de ton adolescence? Pressé du désir de changer de vie, n'as-tu pas embrassé l'état monastique... devenant de corbeau colombe? [7]) »

---

[1]) C'est ainsi que le barde Daviz ap Gwilim, au XIV⁰ siècle raconte la tradition populaire du X⁰. (Barzoniaez, p. 220.)

[2]) Myvyrian, t. II. p. 358.

[3]) Myvyrian, t. III, p. 261, et Wotton, Leges Wallicae.

[4]) Ibid, t. II, p. 258.

[5]) Largior in dando.... robuste armis. (Gildas, Epistola de excidio britannic. ap. Gale.)

[6]) Mælo-cune, en gallois *Mael-gun*, chef Mael: ses contemporains ne le désignent pas autrement. La plupart des écrivains postérieurs. surtout quand ils font allusion à sa jeunesse, ne lui donnent point le titre de *gun* et l'appellent simplement *Maelwas*, Mael le Jeune (*gwas*, en construction *was*, juvenis). Voyez Davies, Diction. gallois.

[7]) Nonne in primis adolescentiae tuae annis avunculum tuum regem.... oppressisti... nonne cupiditate invectus ad vitam revertendi rectam, monachum te vovisti? (Gildas, loco citato.)

« Caradoc, abbé de Lancarvan, qui à écrit, dans la première moitié du XII° siècle, la vie du moine Gildas dont il est ici question, développe le passage qu'on vient de lire: le prince que Mael opprime dans sa jeunesse est le roi Arthur, et il l'opprime en séduisant et enlevant sa femme Gwennivar. L'historien ajoute qu'Arthur poursuivit le jeune Mael; qu'il assiégea, avec une armée innombrable, la forteresse où il s'était retiré; et que les deux princes allaient en venir aux mains, quand le sage Gildas, accompagné de l'abbé de Glastonbury, interposa son autorité, engageant le ravisseur à rendre sa femme au roi Arthur et à se reconcilier avec lui, ce qui fut fait d'un commun accord [1]).

« Ne dirait-on pas que Gildas et son historien connaissaient le roman de Lancelot? Le chef valeureux, libéral, débauché, séducteur et ravisseur de la reine Gwennivar, et qui embrasse l'état monastique, n'est-il pas le preux, l'honorable, le courtois et galant servant d'amour de Genièvre qui se fait ermite? L'abbé réconciliateur n'est-il pas l'apostole anonyme du roman? Tous les traits principaux de la fiction ne se trouvent-ils pas dans l'histoire?

« Aucun type à coup sûr, ne prêtait un plus vaste champ aux inventions des romanciers. Mais à quelle littérature appartient l'honneur de l'avoir dégrossi, poétisé, enluminé du vernis chevaleresque? Ici il faut recourir aux dates. Or, vingt ans au moins avant toute composition romanesque sur le sujet de Lancelot (et je suppose toujours la plus ancienne de l'année 1150), nous trouvons métamorphosée, dans les traditions galloises, la physionomie primitive du chef cambrien : en le touchant de sa baguette magique, la chevalerie l'a transformée, et si le cœur du guerrier des bardes respire encore sous son armure, cette armure est d'un chevalier: le héros qui la porte, à en juger par le témoignage de Geoffroi de Monmouth, est «le plus beau de l'île de Bretagne; le plus honorable de tous, le plus valeureux, le plus fameux par ses exploits chevaleresques. [2]) » Or les romanciers français ne peignent pas Lancelot sous des couleurs différentes.

« J'ai indiqué, à l'article d'Arthur, le caractère primitif de Genièvre, d'après les autorités galloises et les romans; je n'y reviendrai pas. Je noterai pourtant un fait sur lequel les unes et les autres ont gardé le silence, et dont le romancier de Lancelot s'occupe longuement, je veux parler des diverses condamnations et délivrances de la reine. Elles paraissent avoir un fondement historique, et sont appuyées sur l'autorité d'un bas-relief

---

[1]) Glastonbury... obsessa est ab Arthuro, cum innumerabili multitudine propter Guennivaram uxorem suam violatam et raptam ab iniquo rege Mael-was...... paratum est bellum intra inimicos; hoc viso, abbas comitante, Gildas intravit medias acies; consuluit Mael-was regi suo pacificere.... Reddita ergo fuit per pacem et benevolentiam. (In vita Gildae, c. 19.)

[2]) Omnium fere Britanniae pulcherrimus; largior caeteris; robustus armis, et ultra modum probitate praeclarus. (Galfridus Monumethensis, Historia briton., lib. XII, c. 1). (Dans l'édition de Giles, XI, 7 p. 205.]

antérieur au XIIe siècle. « Une des femmes d'Arthur, accusée d'adultère et condamnée à être dévorée par des chiens, dit l'historien Kirchwood, s'enfuit en Écosse, et y passa le reste de ses jours. Près du lieu où elle fut enterrée s'élève une pyramide avec un bas-relief représentant, d'un côté, des chiens qui dévorent une reine, de l'autre, des hommes qui la poursuivent [1]. »

« En assignant l'Écosse pour refuge à l'épouse d'Arthur, la tradition écossaise rattache la fuite de la reine à l'histoire de ses amours avec le chef Mael, qui, selon les bardes gallois, avait dans ce pays des domaines où il la mena [2]).

« Puisque j'ai parlé de traditions populaires, je crois devoir dire un mot, en finissant, de la fable de l'enlèvement et de l'éducation de Lancelot dans le pays enchanté de Viviane, au pays des fées. Prouver que cette fable convient réellement au type original gallois serait chose assez difficile; mais il le serait beaucoup moins de montrer qu'elle a ses racines dans les plus anciens souvenirs celtiques, et que les romanciers, par leur habitude constante de transporter des aventures intéressantes d'un personnage inconnu à un héros en vogue, ont attribué à Lancelot l'histoire de quelque favori sans nom de la tradition.

« La même fable est en effet racontée et chantée par les paysans de la Basse-Bretagne et du pays de Galles [3]), peuples d'une origine commune, séparés depuis plus de douze siècles, ce qui lui suppose une antiquité bien antérieure à la composition romanesque. Pour se l'approprier, le poëte français n'a eu qu'à mettre les noms de Lancelot, de sa mère et de la fée Viviane à la place de noms inconnus.

« En résumé, Lancelot est un héros imaginaire substitué à un personnage historique gallois, dont le nom a la même signification en français qu'en langue celtique, et dont la figure, les mœurs, les aventures, le caractère prosaïque et jusqu'à la physionomie poétique et chevaleresque, présentent une identité parfaite avec son homonyme. »

Je n'ai rien a y ajouter: cette première question me paraît résolue sans réplique; mais deux autres, intimement liées l'une à l'autre, se présentent aussitôt à l'esprit. Qui est l'auteur du roman ? en quelle langue fut-il écrit primitivement ?

En réponse à la première de ces questions on met en avant deux noms. Gauthier Map et Robert de Borron; et les partisans de l'un et de l'autre auteur s'appuyent également sur un témoignage ancien, et qui paraît n'admettre aucun doute, pour prouver leur assertion. Voici d'ailleurs ces passages.

[1]) Highland's rites and customs, p. 60.

[2]) Myvyrian, t. I, p. 175.

[3]) *Revue de Paris*, Visite au tombeau de Merlin (t. XLI, mai 1838). Barzas-Breiz, Chants populaires de la Bretagne, t. 1, p. 25, et Davies (*Philosophy and Rites of the british druids*).

En faveur de Gauthier Map on peut, en premier lieu, revendiquer le témoignage du texte du Lancelot lui-même :

« Si se taist atant maistre Gauthiers Map de l'istoire de Lancelot del' Lac, car bien l'a tout mené à fin selon les coses que en avindrent. Et défine ensi son livre si outtréement que après che n'en porroit nus raconter qu'il ne mentist de toutes choses » [1]).

MS. B. f°. 264 et 265:

« Lors s'asistrent as tables por mengier, quar ten en estoit : si furent servi richement. Et com il orent mengié longuement et par loisir li rois commanda que l'en li féist venir les clers qui les aventures as chevaliers de leienz metoient en escrit. Lors dist li rois à Boorz que il déist ses aventures que il avoit véues ; et il lor commença à conter de chief en chief, si com il les avoit véues là où il avoit esté. Et quant il ot conté les granz aventures et les granz merveilles deu seint-Graal qu'il avoit véues et eles furent mises en escrit mot à mot si com il les avoit devisées et contées, oiant toz ; et furent gardées en l'aumaire de Salebières, dont *mestre* GAUTIERS MAP les trest por avoir l'estoire dont il voloit fère son livre deu Graal por l'amor deu boen roi Henri son seigneur qui l'en avoit prié, et li fist l'estoire translater de Latin en Francois. Si s'en test atant li contes que il n'en dit plus à ceste foiz des aventures deu Graal. »

« Après ce que *meistre* GAUTIER MAP ot treitié des aventures del' Graal asseiz soufisamment si com il senbloit, si fu avis au roi Henri son segnor que ce qu'il avoit feit ne devoit soufire, se il n'acontoit la fin de ceus don il avoit feit devant mencion, et coment il morurent de qui il avoit les proesces ramentéues en son livre ; et por ce comença-il ceste deraaine partie. Et qu'ant il l'out mise ensemble il l'apela *La Mort au Roi Artur*, porce que vers la fin est escrit coment li rois Artus fu navreiz en la bataille de Salebières, et coment il se parti de Grifleit, qui tant li fist conpaignie que après lui fu nus hom qui le véist vivant. Si commença meistre GAUTIERS en tel manière ceste deraine partie. »

Ensuite, Hélie de Borron, le continuateur du roman de Tristan pendant le règne de Henri III, dit :

« Et méismement je croi bien touchier sor les livres que *maistres Gautiers Maup* fist, qui fit lou propre livre de monsoingneur Lancelot dou Lac. » [2])

Le nom de Robert de Borron se lit également dans un manuscrit du même roman [3]):

« Moult seroit chose desplaisant, se dit maistre Robert de Borron, qui commenceroit une œuvre belle et délictable à ouir espécialement aux jeunes chevaliers et escuiers, voir aux jeunes dames et damoisselles, qui la lairoit imparfaicte. Car toute chose imparfaite

---

[1]) MS. de la bibl. nat. n°. 6782 (Paulin, Paris, les Manuscrits françois, etc. Tom. 1, p. 146); Cf. MS. 6772 (l. l. 131).
[2]) M. Paulin Paris, les Manuscrits françois etc. Tom. 1, p. 139.
[3]) Bibl. nation. n°. 6783. Voyez M. Paulin Paris, Les Manuscrits françois etc. Tom. 1, p. 148.

désire avenir à quelque utille et proufitable perfection. Et pour éviter au bruit de non achever et parfaire les choses par moy commenciés, veulx venir à la perfection et achièvement de ce segond mien livre..... Si commenceroy ce second livre à la naissance du très-vaillant, très-preux et le meilleur du monde né qui fut à son temps, c'est assavoir de messire Lancelot du Lac. »

Arrêtons-nous ici un instant pour examiner qui était l'un et l'autre de ces auteurs.

Quant à Gautier Map, quoique M. Schlegel prétendait qu'il était « bien connu, » [1]) longtemps on a été obligé d'admettre avec M. Ginguené [2]), qu' « il y a, sur ce qui le regarde, quelques obscurités qu'il serait difficile d'éclaircir. » La principale de ces obscurités est que Rusticien de Pise dit dans le roman de Méliadus de Léonnois [3]) : « Après s'en entremist *messire* Gautier Map, *qui fut chevalier le Roy*, et devisa cils l'ystoire de Lancelot du Lac. »

Il n'était donc pas même avéré s'il fut *chevalier* ou *prêtre*, ce qui fit même présumer à Roquefort [4]) « qu'il y auroit eu deux personnages de ce nom. »

Nous verrons bientôt qu'il n'y a plus de doute possible : il est donc plus que probable que, par mégarde, on ait substitué la qualification de *messire* à celle de *meistre* (dont nous retrouverons d'autres exemples en parlant de Robert de Borron), ce qui ensuite aura donné lieu au *chevalier le roi*.

Si les doutes sur sa personne sont levés, nous en sommes redevables à M. Thomas Whrigt, qui lui a consacré un excellent article dans sa *Biographia Britannica literaria* (*Anglo-Norman period*) dont nous nous plaisons à reproduire la partie intéressante pour notre sujet.

« Gauthier Map, dit-il, était un des hommes de lettres les plus remarquables à la court de Henri II. Il était natif de la frontière du pays de Galles, probablement du Gloucester-shire ou du Herefordshire [5]); et ses parents avaient, d'après son propre témoignage, rendu

---

[1]) Essais littéraires et historiques, p. 382. [2]) Hist. Litt. de la France, Tom. XV, p. 496.

[3]) L. l. p. 495.

[4]) De l'état de la poésie françoise dans les XII₀ et XIIIᵉ siècles, p. 149.

[5]) « Il s'appelle lui-même un habitant des marches (qui marchio sum Walensibus, De Nug. Cur. Distinc. II, cap. 23), et nomme les Gallois ses compatiotes (compatriotae nostri, Distinc. II, c. 20). Il nous raconte tant de légendes du Here-fordshire dans le livre cité, qu'il y a lieu de supposer qu'il fut né dans ce comté. Il appelle l'Engleterre *mater nostra* (Distinc. IV, c. 1). »

Voilà probablement la raison pourquoi il nous parle bien souvent, en calculant les distances, de lieues galloises (*lieus galeches*), à côté des lieues anglaises (*lieus englesches*). Du reste, dans le roman du chevalier au lion, Chrestien de Troies parle aussi de *lieus galesches*, Lady Guest, Mabin. I, pag. 136 b. Parle-t-il de ces lieues, quant il les compare (l. l. p. 169 a)

Au lieus qui el païs sont,
Que à mesure des noz font
De deus une et de quatre deus?

d'importants services au roi Henri, tant avant qu'après son avénement au trône. (De Nug. Cur. Distinc V, c. 6).

« Map fit ses études à l'université de Paris, où, comme il le raconte, il fut témoin de beaucoup de tumultes entre les étudiants et la bougeoisie (L. l. V, c. 5); et dans une autre partie de son livre il nous dit qu'il suivit les cours de Gerard la Pucelle [1]), ce qui eut lieu probablement en l'année 1160 ou bientôt après, lorsque cet éminent professeur est reputé avoir commencé ses cours à l'université. Bientôt après il paraît avoir été à la cour du roi d'Angleterre, et admis dans sa faveur. Il était un des familiers de Thomas Becket, et répète des conversations qu'il eut avec cet homme remarquable avant son avènement à l'archiépiscopat de Canterbury (l. l. II, 23), ce qui arriva en 1162. — En 1173 Gautier Map présida aux assises de Gloucester comme juge ambulant [2]), et il n'est pas probable qu'à cette époque il n'eut pas atteint l'age de trente ans. Dans la même année il était avec la cour à Limoges, et il fut chargé de pourvoir aux besoins de l'archevêque Pierre de Tarentaise (l. l. II, 5); il paraît aussi avoir accompagné le roi pendant la guerre qu'il fit à ses fils (l. l. IV, 5). Le premier événement suivant, qu'il nous raconte, de sa vie, est une mission à la court de Louis-le-jeune, roi de France, avec lequel il vécut quelque temps sur le pied de l'intimité. Bientôt après il reçut l'ordre de son roi de se rendre au concile que le Pape Alexandre III avait convoqué à Rome, et pendant son voyage il reçut l'hospitalité à la cour de Henri-le-libéral, comte de Champagne (l. l. V, 5). A ce concile Map jouit d'une telle considération qu'il fut député pour controverser avec ces députés de la secte des Vaudois, qui commençait alors à lever la tête, qui furent envoyés à Rome pour obtenir l'autorisation papale pour prêcher et lire les écritures en langue vulgaire (l. l. I, 31). Ce concile était probablement le concile du Latéran qui fut tenu en 1179.

« Gauthier Map nous informe qu'il fut l'ennemi personnel de Geoffroi, fils illégitime du roi, qui fut plus tard archevêque de York; mais que sa propre influence auprès du souverain le protégea contre son ressentiment. Map avait résisté à plusieurs actes d'extorsion et d'injustice de Geoffroi, et avait répondu à ses menaces par des ricanements mordants. Lorsque Geoffroi fut élu au siége de Lincoln, vers l'an 1176, Map fu nommé pour lui succéder comme chanoine de la cathédrale de St. Paul (l. l. V, 6), et avec cet emploi il tint aussi celui de grand-chantre de Lincoln [3]). Il jouissait aussi de plusieurs autres charges

---

[1]) « De Nug. Cur. Distinc. II, c. 7. Vidi Parisiis Lucam Hungarum in schola magistri Gerardi Puellae. »

[2]) « Madox, Hist. Excheq., vol. I, p. 701, from the Mag. Rot. 19, H. II. Giraud le Cambrien nous raconte que Map besogna souvent avec les juges ambulants. »

[3]) « Dans une charte de Ralph de Diceto, reproduite par Tanner, Map est décrit comme: a Lincolniensis Ecclesiae praecentor et noster concanonicus. »

ecclésiastiques d'un moindre ordre, tel que celle de curé de Westbury dans le Gloucestershire [1]).

«Il paraît que Map occupait un emploi particulier à la cour du jeune roi Henri, après son couronnement, jusqu'à sa mort prématurée en 1182. Il montre une grande affection pour la mémoire de ce prince, et il excuse ses erreurs (l. l. IV, 1). On peut déduire des anecdotes racontées par lui-même et par Giraud le Cambrien qu'il accompagna le roi Henri II dans presque tous ses voyages. Il était à sa suite en Anjou bientôt après l'élection de Geoffroi à l'archevêché de York, en 1183 (l. l. V, 6). En 1196 Map fut nommé archidiacre d'Oxford [2]); et depuis cette date nous le perdons entièrement de vue [3]).

«Nous devons ces détails de la vie de Gautier Map principalement à son propre traité *De Nugis Curialium*. Il était évidemment un homme, non-seulement d'un grand savoir et d'une lecture étendue, mais aussi un homme qui se sentait beaucoup de goût pour la littérature légère. Sa mémoire paraît avoir été farcie de légendes et d'anecdotes, et il fut généralement admiré pour son esprit prompt et sa belle humeur. Il parle de soi-même comme jouissant de la réputation de poète (l. c. I, 10; II, 2; V, 1), mais il ne nous donne aucune indication à propos du caractère des compositions par lesquelles il eut droit à ce nom. Le latin qu'il écrit est très-inégal; mais nous ne sommes peut-être pas entièrement compétents pour prononcer un jugement à cet égard, parce que le texte, dans l'unique manuscrit de son ouvrage en prose latine qui nous soit parvenu, est extrêmement corrompu. Son style n'est en général pas pur, souvent il devient lourd à force d'embellissements; et ses écrits sont trop entremêlés de jeux de mots et de bouffonneries. — Sa connaissance du monde était évidemment fort étendue, et ses observations sur les hommes et la politique sont judicieux et pleins de finesse. Quelquefois il s'élève au dessus des préjugés de son temps, comme dans sa rélation d'Arnoul de Brescia dans son livre De Nugis Curialium, tandis que d'autres fois il est sous l'influence de la plus forte superstition, comme dans ce qu'il raconte dans le même ouvrage des miracles de l'archevêque Pierre de Tarentaise et du moine Grégoire de Gloucester. — Map se fait remarquer par le même amour pour les légendes populaires de sa patrie qui distingue son ami Giraud le Cambrien. Son apperçu de l'histoire des rois Anglo-Normands jusqu'à son propre temps, avec lequel il termine son traité De Nugis Curialium, est invaluable.»

Pour ce qui concerne Robert de Borron, M. Wright en dit [4]): «Ses œuvres existent,

[1]) «Giraldus Cambr. Spec. Eccles., dans l'appendice à l'Introduction des Poèmes latins communément attribués à Gauthier Map, p. XXXI et XXXIV.»

[2]) «De cantore Lincolniensi Waltero Map in Oxenefordensem archidiaconum translatione facta. Rad. de Diceto col. 685; cf. Joh. Bromton, Chron. col. 1271.»

[3]) Je ne sais donc pas sur quoi repose l'assertion dans l'Hist. litt. de la France, Tom. XV, p. 496, qu'il vivait encore en 1210.

[4]) L. c. p. 310.

mais concernant l'histoire de sa personne, nous sommes presqu'entièrement dans l'obscurité. Nous lui devons le *Roman du Saint-Graal* et celui de *Merlin*, qui forment la première partie de la série complétée par Gauthier Map. »

Dans plusieurs manuscrits de ces ouvrages il est réellement nommé comme l'auteur du *Saint-Graal* et du *Merlin* [1]), tandis qu'un seul copiste le mentionne comme auteur du *Lancelot* [2]). Il est probable que ce scribe, voyant que le roman de Lancelot faisait suite à celui du *Saint-Graal*, et n'ayant pas encore connaissance des paragraphes finals du roman dont il commençait la copie, a cru pouvoir en toute conscience attribuer le Lancelot à l'auteur de l'ouvrage précédent.

Du reste ce n'est pas là l'opinion de M. Paulin Paris : dans la composition de ces romans il donne deux rôles différents aux deux écrivains. En exposant son opinion nous entrerons en même temps dans la seconde question que nous nous sommes posée: Dans quelle langue le roman de Lancelot fut-il écrit primitivement ?

Voici son raisonnement, tiré de l'excellente dissertation sur les romans de la Table-ronde insérée dans le I. volume des *Manuscrits françois de la Bibliothèque du Roi*, Tom. I. p. 160 suiv.

(P. 167.) « Ces récits (Le Saint-Graal, Merlin, Lancelot, le Bret, la mort d'Artus, le Tristan), chacun en particulier, ont-ils été, comme la grande histoire des Bretons, écrits en latin avant de l'être en françois ? Pour ce qui est du *Saint-Graal* il n'est guère permis d'en douter. Cette branche est imprégnée d'un caractère de mysticité qui révèle clairement la science et la subtilité d'un théologien du premier ordre. Ce n'est pas un chevalier, et moins encore un jongleur, qui pouvoit connoître aussi bien les évangiles apocryphes, les légendes des premiers siècles du christianisme, les fantaisies rabbiniques, et enfin la mythologie des anciens Grecs. Dans le Saint-Graal il y a de tout cela. Il y a, de plus, une théorie du sacrifice de la messe, une explication de la mystérieuse présence du Sauveur dans l'eucharistie qui doit être le fait de l'imagination la plus haute et la plus splendide. Certes, à la fin du XIIe siècle, un chevalier [3]), anglois ou françois,

---

[1]) Voyez M. Paulin. Paris, l. c. Tom. I, pag. 122, 129.   [2]) Voyez plus haut, pag. XIX—XX.

[3]) D'où vient la certitude que Robert de Borron était un chevalier? Est-ce parce que ce nom figure honorablement dans le *Doonsdaybook* et dans l'*Anglicanum Monasticon*, comme dit M. Paris (l. l. p. 209)? Ou parce que son parent Hélie de Borron dit qu'il descendait des gentis paladins des Barres (Paulin Paris l. c. p. 139)? Mais cela n'empêcherait en aucune manière qu'il n'eut été prêtre. J'aime mieux croire que c'est parce qu'on attache à son nom la qualification de *messire*. Mais nous avons vu que Gauthier Map, lui aussi, est quelquefois nommé *messire* au lieu de *maistre*: la même mutation n'aurait-elle pas lieu pour Robert? Réellement, dans le roman du Saint-Graal, en vers, publié par M. Francisque Michel on trouve bien vs. 3461 :

Messires Roberz de Beron,

mais tout aussi bien, vs. 3155:

Meistres Robers dist de Bouron.

Voyez aussi le passage du Lancelot cité plus haut, p. XIX in fine.

n'auroit jamais osé toucher à des matières aussi délicates ; sa main auroit tremblé, son cœur auroit défailli, et son indécision auroit donné le signal aux bûchers chargés de punir sa témérité sacrilége. Ainsi le *Saint-Graal*, quand même il ne mentionneroit pas à chaque page la coopération d'un écrivain latin, c'est-à-dire ecclésiastique, accuseroit encore à chaque page cette coopération. Il faudroit encore la supposer; pourquoi donc refuserions-nous notre confiance aux paroles mêmes du livre qui la constatent, paroles que nous voyons reproduites dans tous les manuscrits? Ces manuscrits remontent au commencement du XIII⁰ siècle ; alors Gauthier Map étoit mort depuis assez peu de temps et c'est à lui qu'ils attribuent ce travail remarquable. Gauthier Map, latiniste et théologien fort célèbre, étoit chapelain du roi d'Angleterre Henry II. Celui-ci, qui prenoit le plus vif intérêt aux anciennes histoires bretonnes, étoit françois d'origine comme on le sait. Parvenu au trône d'Angleterre, il voulut que les chants, les lais, les épopées des bardes ou jongleurs galliques fussent rédigés exactement. Mais comment les réunir? A quoi les rattacher? Comment donner à ces nouveaux récits droit de bourgeoisie dans le système der connaissances historiques? Les chants bretons étoient des lambeaux de traditions qui ne se joignoient à rien, ni aux origines troyennes, ni aux révélations religieuses. Henry, dans cet embarras, dut naturellement charger un clerc de donner à tout cela une forme convenable. La tâche étoit assez malaisée: les uns disoient d'une manière, les autres de l'autre. Celui-ci admettoit une série de rois bretons que celui-là rejetoit. Gauthier Map, au milieu de tant d'imaginations, ne laissa pas dormir la sienne. Pour mettre tout le monde d'accord, il en appela à ses propres souvenirs scolastiques; il combla les principales lacunes des récits populaires; il rejeta ce qui contrarioit l'ensemble de ses additions. Nous voyons la preuve de la liberté qu'il se donna dans le passage suivant du Saint-Graal relatif aux prédications de Pierre ou *Perron*, dans la Grande-Bretagne. Map, je le suppose, avoit introduit dans son récit le personnage de Saint-Pierre pour concilier les traditions bretonnes avec la tradition admise des voyages du saint apôtre dans l'Occident.

« « Ensi fu li roi Luces crestiennés par l'amonestement de Pieron : quar messire Robers de Boron qui ceste ystore translata de latin en françois s'i accorde bien, et la vielle ystore s'i accorde bien ausi. Mais neporquant, l'ystore del Brut ne le dit pas né ne s'i accorde del tout. Car sans faille, cil qui la translata en romans ne savoit riens de la halte ystore del Saint-Graal. Parquoy nul ne se doit merveiller s'il ne fist mencion de Pierron. » Wace, effectivement, traduisit le Brut vers 1155, il étoit donc tout simple qu'il ne connût pas la *halte ystore* du Saint-Graal, que Map et Robert de Boron publièrent dix ou quinze ans plus tard. Enfin ces derniers poussèrent l'audace jusqu'à donner au Saint-Graal une origine purement divine, en déclarant que Dieu en étoit le véritable auteur. Toutefois, ils eurent soin de revenir plusieurs fois sur cette fraude sacrilége, d'avouer que *l'histoire étoit extraite de toutes les ystoires* et d'ajouter enfin que Gauthier Map l'avoit mise le premier en latin pour aider messire Robert de Borron à la transcrire en françois.

« Le travail de Gauthier Map n'est pas seulement attesté dans le *Saint-Graal ;* Hélie de Borron, le continuateur infatigable de Robert, le cite encore et aux mêmes titres dans les épilogues du roman de Tristan qu'il acheva et de la branche du *Bret* qu'il composa toute entière. Dira-t-on que ce travail latin n'a jamais été retrouvé? Mais il en est de même de la traduction latine faite au XVe siècle par Antoine d'Arezzo du Decameron de Boccace. Révoquera-t-on pour cela le témoignage de Laurent de Premierfait, qui déclare avoir fait sur ce latin sa translation françoise? Non sans doute, et les deux ouvrages de Gauthier et d'Antoine auront disparu par des causes analogues. Tous deux, n'ayant pu servir qu'à défaut d'une traduction françoise, devinrent inutiles dès que cette traduction fut composée; et l'on prit, dès lors, aussi peu de souci de leur conservation qu'aujourd'hui des brouillons dont les imprimeurs se sont servis, ou des notes que nous avons recueillies avant de rédiger nos livres.

« Ceux qui nient la force des précédents témoignages auxquels, pour moi, j'ajoute une entière confiance, ne connaissoient pas un passage curieux d'un annaliste du XIIe siècle, répété par Vincent de Beauvais : seul il pourroit cependant donner quelques doutes sur l'existence d'un texte latin quelconque. J'ai dit que l'auteur du *Saint-Graal* faisoit remonter à Dieu lui-même la rédaction de son ouvrage et qu'il plaçoit en l'année 707 ou 717 l'époque de cette révélation; on trouve dans Helinand sous cette date le récit suivant :

«« Hoc tempore, in Britanniâ, cuidam eremitae monstrata est mirabilis quaedam visio « per Angelum, de sancto Joseph, decurione nobili, qui corpus Domini deposuit de cruce, « et de catino illo vel paropside in quo Dominus coenavit cum discipulis suis; de quâ ab « eodem eremitâ descripta est historia quae dicitur de *Gradal:* Gradalis autem vel Gra- « dale dicitur Gallice scultella lata et aliquantulum profunda in quâ pretiosae dapes, cum « suo jure, divitibus solent apponi, et dicitur nomine *Graal*..... Hanc historiam latine « scriptam invenire non potui, sed tantum gallice scripta habetur a quibusdam proceribus, « nec facile, ut aiunt, tota inveniri potest. Hanc autem nondum potui ad legendum sedulo « ab aliquo impetrare; quod mox ut potuero, verisimiliora et utiliora succincte transferam « in latinum. »

« Ce passage est fort curieux, car Hélinand, comme on le sait, mourut dans les premières années du XIIIe siècle. Il est donc bien constaté que le Saint-Graal françois fut rédigé sous le règne de Henry II d'Angleterre et non pas sous celui de Henry III, comme plusieurs savants ont mieux aimé le dire. Des barons françois composant, au XIIe siècle, un ouvrage aussi beau que le *Saint-Graal, Lancelot* et surtout le *Tristan,* c'est là, sans doute, un événement digne de singulière considération; et l'on en doit conclure que la langue françoise, à son aurore littéraire, s'étoit élevée bien plus haut qu'on ne le suppose en général. Mais, quant aux inductions qu'on pourroit tirer du texte d'Hélinand contre Gauthier Map, elles ne seroient pas, à mon avis, fondées. Si le compilateur historique n'avoit pu se procurer les traductions françoises destinées cependant à être repandues, pourroit-on s'étonner qu'il n'eût pas découvert le travail latin destiné suivant toute probabilité à ne pas voir le grand jour? Hélinand, d'ailleurs, ne conteste pas son existence; seulement il dit qu'il n'a pu l'examiner, et cela est bien différent.

« Au reste, je crois devoir borner aux conceptions religieuses répandues dans la plupart des romans de la Table ronde, le travail des latinistes. Une fois les bases suffisamment creusées, les origines bien ressoudées aux traditions connues les plus incontestées, les écrivains vulgaires n'avoient plus besoin d'autres guides que les jongleurs populaires. Mais indépendamment de tout le *Saint-Graal*, les théologiens peuvent encore revendiquer l'histoire de Galaad, fils de Lancelot, et le dénouement général du récit, c'est-à-dire la quête et la découverte du Saint-Graal. Le début de Merlin rappelle aussi fort heureusement les premiers chapitres du livre de *Job*; mais le reste de cette branche, se retrouvant sommairement dans le livre de Geoffroy de Monmouth et dans son imitateur françois, l'auteur du roman de *Brut*, on en doit conclure que Robert de Borron avoit dès lors cessé de recourir à la docte imagination de Gauthier Map. L'influence des arrangeurs ascétiques ne reparoît plus que vers la fin du récit général, quand il s'agit d'offrir aux lecteurs françois la conclusion miraculeuse de tant d'événements miraculeux.

« La *Quête du Saint-Graal*, rédigée plus tard par Hélie de Borron[1]), semble en effet continuer l'œuvre latine de Gauthier Map. Mais cette dernière branche, dans tout ce qu'elle a de religieux, est trop clairement indiquée dans la première pour qu'on puisse y reconnoître une autre main, ou du moins une autre influence. Nous limiterons donc au *Saint-Graal* et aux premières pages de *Merlin* le travail de *Gauthier Map*; et si nous trouvons encore dans quelques épisodes de *Lancelot du Lac*, et dans les derniers livres de la table ronde l'élément religieux dont Map avoit fait la base inébranlable du récit, nous le séparerons encore des traditions véritablement bretonnes, avec lesquelles on crut devoir les faire marcher de front,

Pour orner leur éclat et non pour le cacher. »

Il faut avouer que ce système est aussi ingénieux qu'il est développé d'une manière claire et brillante.

[1]) Je ne puis admettre ni cette date ni cet auteur. La *Quête du Saint-Graal* est bien l'ouvrage de Gauthier Map, comme le passage cité plus haut l'atteste. D'ailleurs dans le cours du roman de Lancelot nous avons plusieurs passages qui prouvent que cette *Quête* entra de suite dans le plan de l'ouvrage, voyez p. e. ici pag. XXVIII. note 1re; et dans le texte p. 20, ainsi que l'introduction du 2e vol. de mon édition hollandaise du Lancelot, p. CXXXVI, CXXXIX.

Toutefois, malgré tout le respect que l'on doive porter à une opinion signée du nom de M. Paris, au jour où nous sommes on ne « s'y accordera » plus. Si M. Paris a été le premier qui en France a disserté sur les in-folios qui contiennent ces romans, d'autres ont suivi le chemin qu'il leur a ouvert, et les résultats de leurs travaux nous font envisager la question sous un jour nouveau.

Depuis que M. de la Villemarqué a prouvé que le prototype du Saint-Graal se retrouve dans les poésies bardiques [1]; que l'histoire de Merlin a une origine pareille [2], et que d'ailleurs le roman en prose est une amplification d'un conte en vers [3] (et qui pourrait bien être la « vielle ystore » mentionnée p. XXIV), tandis que le récit de la génération mystique d'Artur est bâti sur une tradition également bardique [4], — le raisonnement de M. Paris est en grande partie sapé par la base.

Certes, le passage cité de Hélinand est fort curieux: de son temps l'histoire de Lancelot « *tantum gallice scripta habetur.* » Ces mots constatent un fait historique, tandis que les assertions des copistes qui attestent un original latin, traduit par Borron ou Map, me paraissent basés sur une erreur, que M. Wright a déjà indiquée [5].

Pour ce qui concerne le roman de Lancelot je suis entièrement de l'opinion du savant antiquaire Anglais quant il nous assure [6] « qu'il est probable qu'une grande partie des incidents du récit fut l'œuvre de l'imagination de l'écrivain lui-même [7], quoique l'ensemble fut fondé sur des croyances populaires fort répandues de son temps. L'amour des légendes qui caractérise le traité *De Nugis Curialium*, est fortement en harmonie avec l'opinion que Map ait été *l'auteur* du Lancelot. » Et nécessairement il a agi de la même manière que Hélie de Borron, qui, d'après M. Paris lui-même [8], « avoit suivi d'assez près les traditions écrites ou chantées par les bardes de l'Armorique. »

Or, nous lisons dans le roman même qu'il connût plusieurs *contes* ou traditions, comme p. e. *li contes des Brectes* [9], *l'istoire des ovres Mellin* [10], *li contes de Lionel* [11],

---

[1] Contes populaires des Anciens Bretons, Tom. I, p. 192 suiv. Voyez aussi les Göttinger Gel. Anzeige 1843, Tom. II, p. 1011 suiv.

[2] L. c. p. 47 suiv.

[3] L. c. p. 43.

[4] L. c. p. 18. Göttinger Gel. Anz l. c. p. 1017.

[5] Biographia Britannica, p. 304.

[6] L. c. p. 304.

[7] Je mets hors de compte les passages assez nombreux qu'il a empruntés au Roman du Saint-Graal auquel le Lancelot était destiné à faire suite.

[8] Les Manuscrits françois etc. Tom. 2, p. 345.

[9] MS. B. f°. 2 v°: « Eles savoient, *ce dit li contes des Brectes*, où estoit la force des paroles » etc.

[10] MS. A, f°. 9 v°: « Et quant vint au chief de doze ans si fu amenez [Mellins] à Uter-Pandragon, si com *l'estoire de ses ovres* lo tesmoigne et dévise. »

[11] Voyez plus haut, page XII, la note.

l'estoire de la vie Helain le blanc [1]); d'ailleurs il parle de *Lais Bretons* [2]) et il cite même celui *d'Orfers* [3]).

En outre il a connu beaucoup d'autres traditions auxquelles il semble renvoyer [4]).

Cependant ce n'est pas à ces sources que l'auteur du roman de Lancelot dit avoir puisé: il prétend avoir eu à sa disposition un rélation bien autrement authentique.

A plusieurs reprises il atteste que le roi Artus faisait écrire par ses clercs, dans des régistres tenus à cette fin, et qu'il qualifie du nom de « *les livres des aventures*, » les hauts faits de ses chevaliers, d'après leurs propres récits. Je donne les textes en note [5]).

Ces régistres, dit-il, étaient «*gardées en l'aumaire de Salebières* [6]).»

Ce n'est pas là une assertion nouvelle ou inusitée. Dans le roman de Berthe nous li-

---

[1]) MS. B. fº. 123 vº: «Si ouvra tant à cele assenblée la grace de Deu et la volenté d'envie que la damoisele conçut Helain-le-blanc, qui puis fu emperières de Constantinoble, et passa les boucs Alyxandre, si comme l'estoire de sa vie le dévise; et ci avant méismes en parlera cist livres en la Queste del' Graal.»

[2]) MS. B. fº. 92 vº: «La damoisele li tret avant beles paroles et géue et rit et gabe.... et *chante lais Bretons* et autres notes plesanz et envoisiées; et ele avoit la voiz haute et clère et langue bien parlant Breton et François et mainz autres langages.»

[3]) MS. B. fº. 128 vº: «Li rois Bademagus fu assis en un faudestueil d'yvoire qui moult estoit riches; et devant lui avoit un harpéor qui li notoit *le lai d'Orfers;* et plesoit tant au roi à escouter qu'il n'i avoit nul qui mot osast dire.»

Le même lai est cité dans le roman de Flore et Blanceflor, publ. par M. Im. Bekker. vs. 863, ainsi que dans le *lai de l'Espine*, attribué à tort à Marie de France (ses œuvres Tom. 1, p. 556). Je renvoye à la note de Roquefort à la page citée, et surtout au livre excellent de M. Wolf, Ueber die Lais etc., p. 55 et 238 suiv.

[4]) Voyez p. e. l'introduction du 2ᵉ volume de mon édition hollandaise, p. XX, LXIV etc.

[5]) MS. A. fº. 165 vº. «Celui jor furent mandé li clerc qui metoient an escrit les proesces as compaignons de la maison lo roi: si estoient quatre. Si avoit non li uns *Arodiens de Coloigne*, et li secons *Tontamidez de Vernax* [MS. B. *de Nervax*]. et li tierz *Thomas de Tolete*, et li quarz *Sapiens de Baudas*. Cil quatre mestoient en escrit quanque li compaignon lo roi faisoient d'armes Si mistrent en escrit les avantures monseignor Gauvain tot avant, porce que c'estoit li comancemenz de la queste, et puis les Estor porce que do conte méisme estoient branche, et puis les aventures à toz les .xviij. compaignons. Et tot ce fu del' conte Lancelot, et tuit cist autre furent branches de cestuit; et li contes Lancelot fu méismes branches del' Gréal, si qu'il i fu ajostez.

MS. A. fº. 177 vº. (voyez la note ci dessus p. XII)

MS. B. fº. 114 vº. a. «Si les aventures qui Lancelot estoient avenues oï li rois moult volentiers et la raïne; et enremet les fist li rois metre en escrit porce que après lor mort fussent ramentéu.»

MS. B. fº. 130 rº: «Si fist li rois venir avant les clers qui metoient en escrit les aventures de laienz; et mistrent en escrit les aventures Lancelot issi comme il lor conta.»

f. 192 rº. b. — vº. a: «Celui jor après disner fist li rois Artus venir devant lui toz les compeignons de la table réonde, ceus qui leienz estoient; et quant il furent devant lui il les fist asséer et apela les clers de leienz, cil qui les aventures as chevaliers metoient en escrit, si lor fist aporter *les livres des aventures*..... si dist li rois à Lancelot: «Lancelot ...., vos avez trové aventures plusors que nos volons oïr, si seront mises en escrit avec vos autres aventures.»»

fº. 218 rº. a: «Totes ces aventures fist li rois metre en escrit porceu que li oir qui après lui venissent séussent les merveilles que Lanceloz avoit fètes en sa vie»

l.l. b. «Quant misires G. ot dit si furent misses ses aventures en escrit einsi comme il les conta. Après conta Hestor les soes, qui moult furent volentiers escotées, quar moult estoit bon chevaliers de son aige; et furent mises en escrit einsi comme il les conta.»

Voyez aussi le passage cité plus haut p. XIX.

[6]) Voyez le passage entier plus haut p. XIX.

sons (p. 2) que le poëte fit la connaissance du moine Savari dans l'abbaye de Saint-Denis,

> Qui le livre as ystoires me montra, ou je vi
> L'ystoire de Bertain et de Pepin aussi.

Dans la chanson des Saines il est dit (T. 1, p. 3):

> Dont ancor est l'estoire à Saint-Faron à Miax;

et un des manuscrits de la chanson des Lorrains [1]) proclame hautement:

> Mais or porrés la droite estoire oïr
> Si con ele est à Coloigne en escrit. [2])

Dans le roman de Cligès nous trouvons un témoignage pareil (Ms. de Cangé 73, f. 54 v°.):

> Cette estoire trovons escrite
> En un des livres de l'aumaire
> Monseignor Saint-Père à Biauvez;
> De là fu li contes estrez,
> Qui témoingne l'estoire à voire.

C'est dans ces régistres que Gauthier Map prétend avoir puisé: « dont mestre Gautiers Map les trest por avoir l'estoire dont il voloit fère son livre. » C'est pourquoi il pouvait appeler son récit une « histoire extraite de toutes les histoires » [3]), puisqu'il qualifie sa source du nom de « *li contes des estoires* » [4]).

Ces *livres des aventures* étaient rédigés en latin, comme on peut naturellement conjecturer des noms des clercs, et le roi Henri « LI *fist l'estoire translater de latin en françois.* » Ces paroles sont claires et ne laissent aucun doute: elles nous prouvent que l'ouvrage de Map était écrit *en Français*. Si ce passage a été mal interprété, s'il a donné lieu à des déductions fausses, nous voyons déjà d'anciens manuscrits propager ces erreurs: ainsi notre manuscrit A omet le pronom LI, et dit simplement du roi « qui fist l'estoire translater de latin en françois; » et ainsi de même le manuscrit cité dans l'Histoire littéraire de la France Tom. XV, p. 497.

Du reste le traducteur flamand ne partagea pas cette erreur: il dit expressément que Map écrivit en Français [5]).

[1]) Chez Mone, Untersuchungen zur Geschichte der Teutschen Heldensage, s. 193.

[2]) Dans le fragment flamand de cette chanson on nomme l'abbeye de Saint-Séverin à Bordeaux. Voyez mon édition, II, 34.

[3]) M. Paulin Paris, Les Manuscrits françois etc. Tom. 1, p. 170.
Les différentes parties du roman portent des titres différents. Par exemple, dans le manuscrit A f°. 6 v°. on lit que lorsque la mère de Lancelot se plaint de la perte de son fils et se nomme la reine aux grandes douleurs, « Por cest non qu'ele se mist est apelez cist contes el commancement *li contes de la reïne as granz dolors.* » La partie que nous publions porte le titre de *li contes de la charrete*, voyez ici p. 2.

[4]) MS. A. f°. 8 v°: « De ceste manière de deiable fu estraiz Merlins, ce dit *li contes des estoires.* »

[5]) Voyez le Tom. 2° de mon édition hollandaise, p. 76, vs. 11147 et 52.

Après cet exposé il est clair que tout ce que M. Paris a bâti sur la supposition que Gauthier Map écrivit en Latin devra être retranché par la critique [1]).

Or, s'il est prouvé que Map a composé son roman d'après des traditions orales et écrites [2]), il ne peut plus être question d'une *rédaction rimée* antérieure à la rédaction en prose: si M. de la Villemarqué en parle comme d'une chose hors de doute [3]), il caresse une hypothèse chimérique dont on aura facilement raison par cela seul qu'elle n'est fondée sur aucune donnée historique, quoique M. Val. Schmidt [4]) aussi bien que M. Ginguené [5]), ayent émis l'opinion qu'en général tous les romans en prose sont des transformations de contes rimés.

D'ailleurs, ceci nous conduit à traiter la question générale si les romans en prose sont antérieurs aux romans en vers. C'est encore à M. Paris que nous nous adresserons en premier lieu pour lui demander son opinion. Dans le 3e volume de ses *Manuscrits françois*, p. 219 il s'exprime ainsi à propos de l'Erec de Chrestien de Troies:

«Erec est le fils de *Lac* ou Lancelot du Lac; c'est donc une imitation des romans de la Table ronde.»

La raison n'est pas fort concluante, parce qu'il reste à constater que *Lac* serait véritablement le même nom que *Lancelot du Lac*. Or, quoique M. Leroux de Lincy l'affirme [6]), il me semble que le contraire est prouvé par ce passage du roman d'Erec lui-même:

---

[1]) Sir Frédéric Madden dit dans son *Introduction to Syr Gawayne*, p. X: « Il est vrai que ces écrivains renvoyent unanimement à un original Latin duquel ils prétendent avoir traduit: et quoique l'existence d'un tel ouvrage soit mise en doute par Ritson, Scott et Southey, je ne me trouve toutefois pas authorisé à la nier. Southey écrit: «Je ne crois pas qu'aucun de ces romans ait jamais existé en Latin. Par qui ou pour qui pourraient-ils avoir été écrits en cette langue?» (Préf. à la Morte Arthur. p. XVI). Je réponds tout simplement qu'il n'est pas plus déraisonnable de supposer qu'un ouvrage Latin ait existé sur les exploits d'Artur que sur ceux de Charlemagne. Je pourrais même y ajoûter pour l'information de ceux qui y ont intérêt, que j'ai moi-même lu pas moins de *cinq romans en latin*, qui existent toujours en manuscrit, et dont quelques-uns sont d'une étendue considérable. Trois de ces romans ont trait à Artur, Mériadoc, Gauvain et d'autres héros bretons; le quatrième est l'original de la *Tale of Constance* de Chaucer; et le cinquième est le *chevalier au cygne*. »

Ce passage a perdu beaucoup de son poids pour la critique de l'origine du Lancelot depuis que nous savons ce qui donna lieu à l'idée d'un récit latin. Du reste, tout dépend ici de la date de ces textes latins: quant à celle du roman de Gauvain, Sir Frédéric lui-même la fixe au XIVe siècle (p. XXXIII).

Si l'on attache quelque importance à savoir si Map a écrit en France ou en Engleterre, le texte du roman nous répondra. MS. B. fo. 279 vo: « Au jor que la Toz-Sainz fu venue furent asenblé en la cité de Bonoye tuit li haut home qui *deçà la mer* avoient signorie et del' réalme d'Escoce. » Il parle évidemment des barons Anglais; le *deçà la mer* est donc fort clair.

[2]) C'est aussi l'opinion de Sir Frédéric Madden dans l'ouvrage cité p. X et XXIX.

[3]) Voyez plus haut p. XIV.

[4]) Wiener Jahrbücher der Litteratur, XXIX, p. 81.

[5]) Hist. litt. de la France, Tom. XV, p. 246. « Il est certain que ce roman (Tristan) ne fut mis en prose, *comme tous les autres*, qu'après l'avoir été en vers. »

[6]) Roman de Brut, Description des Manuscrits, p. XXV.

> Devant toz les bons chevaliers
> Doit estre Gauvains li premiers:
> Li secons Erec li filz Lac,
> Et li tierz Lancelot dou Lac [1].

Ailleurs il est appellé, Lac *roi d'outre-Galles* [2]).

Du reste M. Paris ne s'en tient pas à ce seul argument; il en tire un autre de ces vers:

> D'Erec li fil Lac est li contes,
> Que devant rois et devant contes
> Dépécier et corrompre suelent
> C'il qui *contrerimoier* vuelent.

«Par ce mot *contrerimoier*, dit-il, il faut entendre, à mon avis, *faire de la prose*, notre poëte s'adresseroit donc ici aux auteurs des grands romans en prose de Tristan, de Lancelot et du Saint-Graal. On a fréquemment soutenu que les poëmes composés par Crestiens sur les traditions bretonnes étoient antérieures aux livres de Robert de Borron et de Luces de Gast; le passage que l'on vient de lire est peu favorable à cette opinion, car Erec et Enide est certainement l'un des premiers romans de Crestiens de Troyes.»

L'explication donnée du mot *contrerimoier*, autant que la conclusion que M. Paris en tire me semblent sujets à caution. Les vers cités sont précédés de ceux-ci:

> Crestiens de Troies
> *A tret d'un conte d'avanture*
> Une mult bele conjointure,
> Par qu'on puet prover et savoir
> Que cil *etc.*
> D'Erec li fil Lac est li contes.

Il résulte de ces vers que l'histoire d'Erec était dans la bouche des conteurs et jongleurs. Or, c'est contre cette classe de gens que les poëtes de cour tonnent à qui mieux mieux. C'est d'eux que Wace disoit [3]):

> Tant ont li contéor conté,
> Et li fabléor tant fablé,
> Pour lor contes ambeleter,
> Que tout ont feit fable sanbler.

---

[1]) Voyez aussi le roman du chevalier à la manche, dans le 2⁰ volume de mon Lancelot, pag. 99, col. 3, où le même nom se retrouve:

> Erecs vader was Lac die coninc.

Dans le Perceval, parmi d'autres chevaliers, on cite (MS. de la bibl. nation. fonds de Cangé **73**, f⁰. 400 r⁰. b):

> Si fu Cador de Cabriel
> Et Hagueniax et Cadriel,
> Cyrions de Cuiteniac,
> Et si fu Erec li filz Lac.

(Voyez le passage entier dans le second volume de mon édition du roman de Gauvain (Walewein), pag. 192—193.

[2]) Voyez San Marte, Die Artursage, p. 301, 303.

[3]) Roman de Brut vs. 10040 (Tom. 2, p. 76—77).

« Lorsque les jongleurs, dit M. de la Rue [1]), se permettent d'altérer les ouvrages des trouvères, Chrétien de Troyes les appelle des contrerimoieurs. »

Contrerimoier serait donc *falsifier les rimes*.

Les auteurs cités dans la note précédente s'accordent à approuver cette explication, qui d'ailleurs sera mise hors de doute par la citation suivante, empruntée au roman de Méraugis de Raoul de Houdenc [2]) :

> Qui de rimoier s'entremet,
> Et son cuer et s'entente met,
> Ne vault noient, quanque il conte,
> S'il ne met s'estude en cel conte,
> Qui touz jours soit bon à retraire ;
> Car joie est de bon œvre faire
> De matire qui touz jours dure ;
> C'est des bons contes l'aventure
> De conter à bon conteour ;
> Cil autre, qui sont rimeour
> De servanteis, sachiez, que font,
> Noient dient, car noient n'ont,
> Leur estude et leur mots qu'il dient :
> *Contrediseur* noient ne dient
> Point de leurs sens, ainz sont de crus
> Qui tout boivent leur sens par eus.

L'épithète de *contrediseur* employée ici par le poëte pour désigner les mauvais rimeurs équivaut absolument à celle de *contrerimoieur*.

Jusqu'ici nous n'avons à aucun titre le droit de proclamer les romans en prose antérieurs à ceux en vers : d'ailleurs c'est une question qui jusqu'à ce jour n'était pas facile à résoudre car les dates certaines de la composition des deux genres de romans nous manquent. Pour ne nous arrêter qu'à Chrestien de Troies, quelle est la date de la composition de la Charrette, du Chevalier au lion, du Perceval? Tout ce que nous en savons c'est que ce furent probablement les dernières œuvres qu'il composa, car dans le prologue du roman de Cligès il ne cite que celui d'Érec [3]). Or, de ces trois, *le chevalier au lion* semble avoir été composé avant les deux autres [4]) que le poëte n'a pu achever parce qu'il confia

---

[1]) Essais hist. sur les bardes etc. Tom. I, 255. Voyez aussi De la Villemarqué, Contes pop. des anc. Bretons, Tom. I. p. 160; F. Wolf, Jahrb. für Wissenschaftl. Kritik, 1837, 1°. n°. 116 Dr. W. L. Holland, Ueber Crestiens de Troies und zwei seiner werke, s. 22.

[2]) Elle est tirée d'un MS. de la bibliothèque impériale de Vienne et est imprimée dans le recueil de M. Adalbert Keller, intitulé Romvart, p. 590.

[3]) Voyez M. Paris l. c. Tom 3, p. 218, ou M. Holland, Ueber Crestiens de Troies etc., p. 30.

[4]) Voyez cependant plus bas, où nous fixerons, approximativement du moins, la date de ce roman.

à Godefroi de Leigni le soin de continuer la Charrette [1]) et que, pour ce qui regarde le Perceval, probablement la mort l'a surpris au milieu de son travail. Or, la date de cette mort n'est pas bien certaine et l'on vacille entre 1191 et 1198 [2]). Il dédia son Perceval (ou plutot *Li contes del' Graal*, comme il l'appelle lui-même [3]), au *cuen Philippe de Flandres*, qui ne peut avoir été que Philippe d'Alsace qui régna de 1169 à 1191; et *li contes de la charrete* est dédié à *ma dame de Champeigne*, dont il ne nous dit pas le nom, mais qui, d'après M. Ginguené [4]) et le baron de Reiffenberg [5]), n'a vraisemblablement été autre que *Marie de Champagne*, la fille de Henri-le-libéral comte de Champagne, qui en 1185 fut mariée à Baudouin de Constantinople et mourût en 1204 à St. Jean d'Acre [6]).

On s'est demandé à quelle époque Chrestien, qui probablement était natif de la ville dont il porte le nom, aurait quitté la Champagne? [7]) Je ne serais pas étonné qu'il eut suivi la fille du comte en 1185 lors de son départ pour la cour du beau-père du roi de France, du beau-frère du comte Philippe. Ceci me porte à fixer la date de ces deux romans de 1185 à 1191, parce qu'ils doivent avoir été commancés à peu près en même temps, et ainsi avant la mort du comte [8]), et que l'allusion à la ville de Gand (Charrette vs. 6721) semble prouver qu'effectivement ce conte ne fut rimé par lui qu'après son départ pour le Hainaut ou la Flandre.

Il me semble que Gauthier Map était à cette époque trop lancé dans les affaires sérieuses de la vie pour s'occuper à écrire des romans; tout nous porte à croire qu'il dût composer le Lancelot bientôt après 1160, lors de son entrée dans la vie.

Si Chrestiens rima *le conte del' Graal*, d'après une rédaction plus ancienne,

Dont li cuens li bailla le livre,

il composa le conte de la Charrette d'après les indications de la comtesse, car, dit-il,

Matière et san li done et livre
La contesse.

[1]) Il me semble que c'est bien là le sens des derniers vers:

Car il l'a fet pour le bon gré
Crestien.

[2]) Dr. Holland, Ueber Crestiens de Troies etc., p. 17—19.

[3]) L. c. p. 11—12.

[4]) Hist. Litt. de la France, Tom. XV, p. 253.

[5]) Philippe Mouskes, Tom. I, Introduction, p. CXLII.

[6]) Il n'est pas improbable que la fille du comte qui acceuillit si bien Gauthier Map (voyez plus haut, p. XXI) suggérât à Chrestiens la matière de ce conte.

[7]) Dr. Holland, l. c. p. 14.

[8]) Cela a probablement porté Roquefort à opter pour l'an 1190 (Gloss. de la Langue Rom. Tom. 2, p. 762), et après lui Ginguené l. c. p. 255 et Raynouard, Journ. des savans, 1820, p. 614.

v*

Voyons si c'est la prose de Gauthier Map dont il veut parler, quant il assure qu'il raconte *si com li contes afiche* (vs. 464), ou si ce *conte* est aussi la source où a puisé Gauthier. La solution de cette question devient possible par la comparaison des deux auteurs, puisque nous mettons aujourd'hui sous les yeux du public l'une et l'autre version. Cette comparaison ne sera pas inutile, car s'il est prouvé que Chrestien travailla sur la prose de Gauthier Map, il est évident que si l'on trouve ensuite des analogies entre le Lancelot et le Perceval, on ne soutiendra pas que ce conte en vers a servi à la rédaction du roman en prose.

Or, voici ce qu'une étude comparée nous apprend.

Le fond des deux récits est le-même, et en général les détails aussi.

Je ne m'arrêterai pas à mettre en regard les passages des deux récits qui nous frappent par la similitude des expressions : il faudrait presque reproduire les textes en entier, tant elles sont nombreuses ; je me borne à faire remarquer que cette coïncidence prouve indubitablement que les deux rédactions n'ont pas été rédigées sur une tradition orale (*contes*) mais que l'un des deux doit nécessairement avoir servi de base à l'autre.

Or, il ne sera pas difficile à établir lequel des deux est antérieur à l'autre. Nous en chercherons les preuves dans les différences que présentent les deux récits. Si nous trouvons que l'un a pour mérite la simplicité et le naturel, qu'il ne vise pas à l'effet, qu'il raconte tout bonnement sans s'inquiéter beaucoup de la forme, qui par là même pèche quelque peu par la sécheresse ; s'il ne s'adresse que fort peu à l'imagination et encore moins à la raison, s'il ne raisonne pas ; — si l'autre, au contraire, cherche à nous captiver par des descriptions plus brillantes, s'il montre moins de naturel mais plus de savoir-faire, si les détails et la forme lui font parfois oublier le fond, si son style est fleuri, si bien souvent il a l'intention bien marquée de faire, non seulement de la poësie, mais aussi un peu de philosophie, s'il aime à s'entendre raconter et raisonner, — nous pourrons déjà en tirer la conclusion que le premier a servi de modèle au second. Et tout cela se voit de prime abord : il suffira d'un simple coup-d'œil pour s'en convaincre. Si nous trouvons ensuite que dans le premier bien des choses s'expliquent fort naturellement, parce qu'elles sont des conséquences nécessaires de faits racontés dans une autre partie de l'histoire du héros, — tandis que ces choses ne trouvent qu'une fort maigre explication dans le second, parce qu'il ne peut pas mentionner ces faits antérieurs ; si dans le second on trouve des allusions fortuites au roman de Lancelot qui ne se trouvent pas dans le premier, — notre conclusion n'en sera que plus probable ou plausible.

Or, la comparaison que nous allons mettre sous les yeux du lecteur prouvera que d'après ce raisonnement la prose de Gauthier Map a été le modèle sur lequel travailla Chrestiens de Troies.

Il va sans dire que tout ce qui dans la prose a directement rapport aux autres parties du roman, tout ce qui sert à lier le conte de la Charrette à ce qui précède, ne se trouve pas dans les vers de Chrestien. Ainsi, il n'y est pas fait mention de la mort de Galehot ; de sorte que si dans les deux versions le roi Artur tient sa cour le jour de l'Ascension (p. 1 et vs. 30), Gauthier nous dit que « fu moult povre la cort et moult troblée », tandis que le poëte l'appelle « riche et bele » (vs. 32). Du reste, dans les deux versions, un chevalier se présente « toz armez de hauberc et de chauses de fer » (p. 2 et vs. 46). Dans la prose il se fait connaître pour Méléagan, et il vient pour combattre Lancelot, qui est absent : ne le trouvant pas, il propose au roi de livrer combat à un chevalier quelconque : s'il est vaincu, les chevaliers de la cour d'Artur qui sont prisonniers dans le royaume de Gorre seront mis en liberté : s'il est vainqueur la reine le suivra en prison. Dans les vers de Chrestien l'étranger ne se nomme pas, ne parle pas de Lancelot et vient tout bonnement à la cour pour faire la proposition concernant la reine. (Les vers 62, 71, 72, 73 se retrouvent à peu près verbalement dans la prose.) Keu le sénéschal se met à sa poursuite et lui livre combat. La prose raconte tout bonnement ce combat ; le versificateur, qui a plus de prétention au savoir-faire littéraire, n'en parle pas, mais il le laisse deviner au cheval de Keu qui sort de la forêt sans son cavalier (vs. 258—265). Jusqu'ici le poëte n'a pas mentionné Lancelot, et lorsque celui-ci se présente enfin aux yeux de Gauvain il n'est pas nommé : c'est tout simplement *un chevalier*. En ne nommant pas le héros des aventures qui suivent, Chrestien éveille, certes, la curiosité, mais il n'explique pas comment son héros se trouve là. D'ailleurs, s'il nous laisse dans le doute sur sa personne, à plusieurs reprises il nous fait entrevoir qu'il est l'amant de la reine, et que l'amour seul lui fait avoir bon marché des convenances, p. e. vs. 365—374. Et cela déjà nous prouve clairement que l'histoire de Lancelot devait être connue aux lecteurs du roman de la Charrette.

Quant Lancelot et Gauvain sont arrivés au château où ils passent la nuit, dans la prose le premier se couvre le visage et ne veut pas se montrer pour ne pas être reconnu : ce n'est que plus tard, lorsqu'il hasarde sa vie pour regarder la reine qui passe, que Gauvain le reconnaît (p. 12). Dans les vers cette reconnaissance n'a pas lieu (vs. 569), ce qui prolonge bien le mystère, mais ce qui n'est guère naturel. Lorsqu'ils sont partis, la curiosité de la dame du château s'éveille pour savoir qui est ce chevalier (p. 13). Elle se doute que c'est Lancelot, et c'est pourquoi elle envoye après lui une demoiselle à qui elle donne des instructions pour s'assurer si elle présume la vérité. Cela explique parfaitement l'aventure qui suit (p. 14—16). Le versificateur préfère encore ici le mystère au naturel. La dame qui rencontre les chevaliers au *karefour* y arrive sans qu'on nous apprenne comment (vs. 607) ; elle enseigne au chevalier de la charrette le chemin qu'a pris la reine, et, comme dans la prose, avant de se séparer de lui, elle lui fait promettre *un guerredon à son gré ;*

mais lorsqu'il la rencontre de nouveau (vs. 933) le poëte a oublié qui elle est. Elle fait d'emblée promettre au chevalier qu'il couchera cette nuit avec elle;

> Et cil dès que il ne puet mialz
> L'otroie si com ele vialt (vs. 956),

une inconvenance que le prosateur ne leur fait pas commettre. — Avant de faire recevoir par son héros l'hospitalité[1]) chez cette dame, le conteur en vers intercale ici un épisode (vs. 730—930) qui ne se trouve pas en cet endroit dans la prose, mais qui pour cela n'en est pas moins emprunté au roman de Lancelot.

Si plus tard (p. 16) le prosateur se souvient de l'avanture du *val aux faux amants*, dont il est parlé antérieurement dans le roman de Lancelot[2]), le versificateur naturellement n'en parle pas. Lorsque Lancelot arrive dans le cimetière merveilleux (p. 20) il y voit «bien .xxx et iiij.» tombes. Le prosateur ne nous en donne pas de détails mais le poëte nous dit (1860):

> Et s'avoit lettres sor chascune
> Qui les nons de ces dévisoient
> Qui dedanz les tonbes girroient.

Ce sont Gauvains, Looys, Yvains (ou Amaugis, et Méraliz, etc. voyez les Variantes).

C'est là une réminiscence du roman de Lancelot: le chevalier de ce nom en arrivant au château de la Douloureuse Garde y entre dans un cimetière où il trouve des tombes portant les noms de ceux qui devraient y trouver leur dernière demeure, MS. A. f°. 65 r°. [3]).

D'ailleurs, quant le chevalier de la charrette a enlevé la lame qui couvre la principale de ces tombes il y trouve, dans la prose, le corps de «Galahat le fil Joseph d'Arimatie» (p. 20); dans le roman en vers au contraire l'inscription de cette lame porte simplement que (vs. 1900)

> Cil qui lèvera
> Cele lame seus par son cors
> Gitera ces et celes fors
> Qui sont an la terre an prison.

C'est encore là une imitation du même passage du roman de Lancelot où nous lisons que «El milieu del' cimetire si avoit une grant lame de métal trop merveilleusement ovrée à or et à pierres et as esmaus; et si i avoit lettres qui disoient: «Ceste lame n'iert jà

---

[1]) Quant ils se mettent à table dans le château le versificateur dit simplement, vs. 1031 :

> Et manjurent ansanble et furent,
> Tant que del' manjer lever durent.

Le prosateur y ajoute quelques détails sur la manière dont ils furent servis (p. 14) qui rappellent le roman de Perceval. — Ce passage serait-il interpolé plus tard ?

[2]) Voyez l'introduction du second volume de mon édition de la traduction flamande, p. LXIX.

[3]) Voyez l'ouvrage cité, p. XXIV.

levée par main d'ome ni par efforz, se par celui non qui conquerra cest Doloreus-Chastel, et de celui est li nons escriz ci-desouz.»»

Le versificateur ne nous dit pas que le chevalier trouve rien sous cette lame, ce qui est fort naturel, parce que tout ce qui, dans la prose, se rattache au Saint-Graal n'a pas trouvé place dans le roman en vers.

Du reste, l'avanture mysterieuse qui lui arrive ensuite dans la prose (p. 20—22) est omise par Chrestiens pour la même raison.

Enfin Lancelot et la demoiselle se quittent: dans la prose elle lui dit (p. 22) «ai tant fet que ge sai vostre non,» et c'était là le résultat qu'elle voulait obtenir. Si dans les vers de Chrestien elle part sans soupçonner ce nom (vs. 2000—2010) on voit bien que le trouvère s'inquiète fort peu du naturel, et qu'il ne tient pas à expliquer la raison des derniers événements.

Dans ce qui suit Chrestien n'a plus suivi son modèle pas à pas : il a passé sous silence la première avanture, et il y a quelque différence dans le récit de ce qui a lieu dans le château où Lancelot trouve l'hospitalité, ainsi que dans la rélation du combat suivant p. 24—25.

Lancelot apprend que les prisonniers se sont soulevés et qu'un combat est engagé : il vole à leur secours. Le versificateur ajoute au récit de la prose, que Lancelot et les siens entrent, à la suite d'un chevalier qu'ils poursuivent, dans une forteresse où ils se trouvent enfermés (vs. 2312—2333).

> Et cil en furent molt dolant
> Car il cuident qn'anchanté soient.

Ceci est fort peu naturel, car il n'y avait aucune raison plausible pour faire penser à quelque enchantement. Aussi le poëte n'a-t-il intercalé cet épisode que pour parler de certain anneau que le chevalier portait au doigt,

> Don la pierre tel force avoit
> Qu'anchantemanz ne le pooit
> Tenir puis qu'il l'avoit véue.

Il tenait ce talisman d'une dame :

> Cele dame une fée estoit
> Qui l'anel doné li avoit,
> Et si le norri an s'anfance.

Or, bien que son anneau ne lui servit pas à grand chose en cette occasion, il nous prouve qu'ici encore le poëte reproduit une réminiscence du roman en prose. Cette fée dont il parle, c'est la dame du Lac, et nous savons que quant elle envoya Lancelot à la cour du roi Artus, (MS. A. f. 52 r°) «Lors traïst la dame de son doi un anelet, sel' met à l'anfant en son doi, et li dit qu'il a tel force qu'il descuevre toz anchantemanz et fait véoir.»

Plus tard la prose parle de cet anelet (p. 32, cf. vs. 3125) en disant simplement que Lancelot « esgarde l'anelet que sa dame dou Lac li ot doné. »

J'ai à faire remarquer une différence qui démontre aussi clairement la priorité de la composition de la prose. Lorsque Lancelot a surmonté tous les obstacles, et qu'il a délivré la reine, le roi Bandemagus le mène vers Keu (p. 38). Et tantost comme Kex le voit si se lieve encontre lui tant comme il puet et dist: « Bien veigniez, li sires des chevaliers! Certes, moult est hors del' s'en qui devant vos enquiert et enprent chevaleries. » — « Porquoi ? » fet-il. — « Por ce que vos achevez ce que ge enpris comme fox. » Et ensuite ils se mettent à déviser comme de vieux amis.

Certes, ce langage affectueux dans la bouche de Keu nous surprend, car tous les autres romans de ce cycle nous peignent le sénéschal comme brutal et vindicatif, d'un mauvais caractère enfin. Chrestien s'y accomode, car au lieu des paroles citées il lui fait dire « au premerain mot » (vs. 4007):

> « Com m'as honi! » — « Et je de quoi,
> Fet Lanceloz, dites-le moi,
> Quel honte vos ai-ge donc feite ? »
> — « Molt grant, que tu as à chief treite
> La chose que ge n'i poi treire,
> S'as fet ce que ge ne poi feire. »

Voilà un tout autre langage: c'est le dépit brutal, l'envie, qui est tout-à-fait dans le caractère que le trouvère attribue à Keu (voyez vs. 5184).

Ne doit-on pas déduire de la comparaison de ces deux passages que le caractère de Keu s'est peu à peu modifié? Ses vertus ont dégénéré en défauts, en vices même: de vif qu'il était, il est devenu brutal; de valeureux, fanfaron; de magnanime, envieux. Le caractère outré de messire Keu devait le rendre ridicule, surtout en le comparant à un autre chevalier dont le caractère a une fixité tout aussi stéréotype dans tous les romans, le brave Gauvain, le personnage chevaleresque par excellence [1]). Si celui-ci est le héros choyé de tous les romanciers, c'est qu'il a su mériter leurs suffrages par son caractère aimable et son esprit toujours égal, qui ne dépasse jamais les bornes, ni dans ses vertus ni dans ses défauts. — Le bon sens, la juste apréciation des faits qui modifia, en plein moyen-âge déjà, le portrait de Keu, dût enfin, quand les mœurs changèrent et les besoins littéraires de l'époque se développèrent, jeter du ridicule sur tous ces chevaliers errants, qui firent les délices d'un autre siècle, — et le chef-d'œuvre de Cervantes parût.

Il est clair que, le mauvais caractère de Keu une fois posé et accepté, il n'eut pas été permis à un écrivain qui se respectât quelque peu, de rétrograder. Ainsi l'ouvrage qui le

---

[1]) Voyez sur lui Sir Frederick Madden, Introduction to Syr Gawayne a collection of ancient romance-poems relating to that celebrated knight of the round table, ou le second volume de mon édition flamande du roman de Gauvain (Walewein), p. 1.

peint en beau n'a nécessairement pas connu la nouvelle tradition, et est antérieur à ceux qui le font méchant et ridicule.

Il n'est pas sans intérêt de pouvoir, ne fut-ce qu'approximativement, fixer la date de ce changement. —

En poursuivant l'étude comparée des deux rédactions de notre roman nous trouvons une différence non moins remarquable entre le poëte et le conteur.

Lorsque Lancelot se présente devant la reine, celle-ci, au lieu de lui témoigner toute son admiration et toute sa reconnaissance pour les exploits qu'il a entrepris pour la sauver, ne veut pas même lui parler (p. 37; vs. 3945 suiv.) Plus tard elle lui en dit la raison. Chez le poëte c'est parce qu'il est monté dans la charrette (vs. 4484—89), ce qui était un deshonneur.

Cette réponse dénoterait chez Genièvre la plus noire ingratitude, parce que c'est pour elle que le chevalier a bravé l'opinion du monde; d'ailleurs c'eut été pour elle plutôt une raison d'être fière, que de se montrer courroucée. — Si Chrestien est réduit à un si pauvre expédient, c'est qu'il ne pouvait pas donner la vraie raison parce qu'elle se rattache à une partie antérieure du roman de Lancelot. Voici la raison bien plus naturelle que donne Gauthier Map (p. 40):

«Et Lanceloz li requiert por Deu qu'ele li die porquoi ele ne vielt l'autre jor parler à lui; et ele li dist: «Donc ne vos en alastes-vos de la grand tor de Londres senz mon congié?» Et il dit que moult bien l'avoit forfait. — «Encor i a, fet-ele, autre greignor achaison.» Lors li demande son anel, et il li dist: «Dame, véez-le ci.» Si li mostre celui de son doi.

— «Menti m'avez, fet-ele, ce n'est-il mie.» Et il jure quanque il puet jurer que si est; et il cuide vérité dire. Et ele li mostre celui que ele li avoit doné, tant qu'il conoist que ce est-il; et il a trop grant duel de ce qu'il a porté autrui anel. Et il le sache de son doi, si le giète parmi une fenestre tant comme il puet. Et la raïne li conte coment une damoisele l'avoit aporté, le soen anel, et la merveille qu'ele avoit dite; tant qu'il se requenoist que Morguein la desloiaux l'a décéu etc.»

Ceci se rapporte à un fait qui s'était passé pendant une captivité de Lancelot chez Morguein la fée, qui le retenait par haine pour la reine [1]. Voulant semer la discorde entre lui et sa maîtresse elle lui demande l'anneau qu'il porte à son doigt, et qu'il a reçu comme gage d'amour de Genièvre. Sur son refus elle l'endort au moyen «d'une herbe que li mondes apele sospite [2]» et lui enlève son anneau qu'elle remplace par un autre tout

---

[1] Gauthier Map raconte en détail les motifs de cette haine et les évènements qui amenèrent Lancelot en sa prison. Voyez l'introduction du second volume de mon édition hollandaise, p. LXIX—LXXIV.

[2] MS. A. f°, 96 r°.

pareil. En attendant elle envoye une demoiselle à la cour du roi Artus, pour lui dire que Lancelot s'est fait hermite «en oiance de si vil péchié et de si orrible comme de son seignor le roi, qu'il l'avoit longuement honi de sa fame.» Ensuite elle rend à la reine son anneau comme si Lancelot le lui eut renvoyé. Genièvre feint de ne pas y croire en disant: «Jà Dex n'ait de m'ame pitié se Lanceloz ne laissast ainz trère l'œil de la teste qu'il déist si grant outrage comme ceste damoisele aconte, nais si fust de moi et de li si comme ele a dit.» — Toutefois, malgré cette protestation, qui ne lui sert qu'à sauver les apparences, elle n'est pas rassurée sur la fidélité de son amant, comme le passage cité du conte de la Charrette nous le prouve.

La comparaison de ce passage dans les deux versions suffirait pour démontrer la priorité du récit en prose et sa connexité avec le grand roman.

Le passage qu'on lit dans la prose de pag. 45, al. 3, à la pag. 49 n'est pas reprodruit par Chrestien, qui n'a que faire du personnage de *Bohort:* il reprend le récit au moment où le roi fait crier un tournoi à Pomeglai. S'il donne à cette assemblée une autre cause que la prose (vs. 5359 suiv.), la dame de Noauz qu'il introduit à cette occasion (vs. 5369) prouve de nouveau qu'il connaît le roman de Gauthier, dans lequel cette dame joue un rôle [1]).

Dans la description du tournoi Chrestien ajoute bien des détails qu'on ne trouve pas dans la prose. Parmi les chevaliers doit il cite les noms, se trouve (vs. 5776) *Governauz de Roberdic*, que nous retrouvons dans le roman d'Erec sous le nom de *Caverrons de Rebedic* [2]), ainsi que (vs. 5788)

> « Ignaurès li covoitiez,
> Li amoreus et li pleisanz ! »

Ce nom, et surtout les épithètes qu'il y ajoute, semblent indiquer que Chrestien n'écrivit son roman qu'après la composition du *Lai d'Ignaurès* par le trouvère Renaud.

> Cest lais ki as amans doit plaire (vs. 636),

a été publié par MM. Monmerqué et Francisque Michel (Paris, Silvestre, 1832). Il est regardé par les éditeurs [3]) «comme une production du XIIe siècle;» néanmoins il me semble postérieur au roman de Lancelot, qui ne le nomme pas en cet endroit.

Du reste, la description de ce tournoi nous donne une nouvelle preuve que le conte en vers a pour base le roman de Map. Lancelot en se rendant à cette assemblée reçoit les armes *vermoilles* du séneschal de Méléagant (vs. 5499) et plus tard (vs. 6026) il est désigné comme

> Cil qui porte l'escu vermoil.

---

[1]) Voyez mon édition hollandaise, Tom. II, Introd. p. XXI—XXII.

[2]) Cité par San-Marte, Die Arthur Sage, p. 308.

[3]) Notice, p. 3.

D'où vient que vs. 5957 le poëte l'appelle le chevalier

As armes de sinople taintes?

C'est qu'il oublie pour un moment la couleur des armes qu'il lui a prêtées, en jetant les yeux sur le récit en prose où il trouve que son héros « porte escu de sinople, taint à trois escueles d'argent » (pag. 50).

La fin du conte versifié suit la prose sur le pied: si l'on y remarque les mêmes amplifications que dans les autres parties, il faut avouer que Godefroi de Leigni n'est pas plus naturel que son devancier; en comparant la manière dont la prose et les vers racontent comment la sœur de Méléagant eût connaissance de la prison de Lancelot on s'en apercevra sans beaucoup de peine. Ensuite on remarquera facilement que Godefroi reste au-dessous de Chrestien dans le maniement du langage, qui chez lui est moins clair et moins élégant. Aussi n'a-t-il pas, comme Chrestien, l'habitude d'un auditoire noble et distingué, car il cite à plusieurs reprises les proverbes des manants, ce dont le premier se garde scrupuleusement. Enfin en comparant les amplifications que Chrestien ou Godefroi ont données bien souvent à la simple narration en prose (p. e. vs. 711—25, 1332—43, 1471—95, 3148—84, 5771 suiv., 6226 suiv., 6983—7000) on se convaincra facilement de la vérité de ce que nous avons affirmé plus haut; et l'on ne se refusera plus à la persuasion que Chrestien a brodé sur le canevas que lui fournissait le récit plus simple de Map.

Si l'avant-dernière œuvre de Chrestien est postérieure à la prose de Gauthier Map, à plus forte raison faudra-t-il convenir que le dernier roman qu'il rima, celui que la mort ne lui permit même pas d'achever, n'est composé qu'après le Lancelot.

Si nous trouvons donc des rapprochements entre ce roman et le Perceval il serait déraisonnable de prétendre que Map les eût puisés dans l'œuvre de Chrestien. Réellement, Map raconte l'entrée dans le monde du héros Gallois à peu près de la même manière que le trouvère. Voici du reste le texte lui-même (d'après le manuscrit B) qui nous mettra à même de faire quelques observations. Lancelot à quitté la cour du roi Artur: plusieurs chevaliers se sont mis en quête de lui, mais sans résultat.

« Mès por çou que il ne trouvèrent Lancelot se test li contes de totes les aventures qui lor avindrent, fors d'Aglooval, qui erra .ij. anz entiers et ne trova qui novelles li déist de Lancelot. A la parfin ot tant chevauchié que aventure le mena chiez sa mère, la bone dame qui ert de grant lignage; mès par coros de son seignor qui mort estoit, et de ses fix prodesomes et bons chevaliers, qui ocis avoient esté, el ert si desconfortée que ele se tenoit trop povrement. Et quant ele vit Aglooval et ele le conut, ne demandés mie se ele out grant joie, quar il avoit .v. ans passés que ele n'avoit véu, ains quidoit bien que il fust morz. Et quant ele conut si plora assés de la joie que ele out.

vi*

Quant Aglooval fu descendu maintenant vint un vaslet devant lui, beaus et jones et simples et bien talliez de cors et de membres; et n'avoit mie plus de .xv. anz passés. — «Beau fix, fet sa mère, conoissiés ceste efant?» — «Dame, fet-il, nenil.» — «Jà est-il, fetele, Perceval vostre frère, li plus jones de toz mes eflanz.» Quant Aglooval ot ceste parole, si le cort bésier quar bien samble home qui à grant bien doie venir se Dex le garisoit ainz de bonté com il a fet de beauté. Si li fet si grant joie come il pot plus, et dist à sa mère: «Cest effant enmenrai-le ò moi à la cort le roi Artu, si rechevra l'ordere de chevalerie de la main le roi.» — «Cher beau fix, fet la mère, que est cen que vos dites! Jà Dex ne plaise que chevaliers soit, quer de chevalerie ne porroit mie à greinor honor venir que mi autre effant ont fet, qui en sont mort à dolor et à glaive. Et puisque li autre sont mort ge garderai cestui; quar jà, se Deu plest, por dolor qui li aveigne ne le perdrai. Ha, beau fix, ne savés-vos que j'avoie jadis si bele mesnie de .vi. dont Damedeu m'a si délivrée qui ne m'a lessié fors que vos que je ne quidoie pas hui-matin avoir.» — «Dame, fet-il, que en béés-vos affeire?» — «Je vuil, fet-ele, que il sert ò moi tant come je vive, com cil que j'aim de si grant amor que je morroie maintenant s'il partoit de moi, quar de totes mes pertes et de totes mes meschances n'ai-je plus de confort.» Et il s'en test atant et parole d'autre chose. Quant il fut ore de mangier si mangièrent bel et richement; mès rien que Aglooval voie lienz ne li plest tant come la beauté de son frère, et dist assoi-méesmes que trop seroit grant damage se si beauz enfens com il est usoit sa joventé entor sa mère; car si com il dit il ne pot estre s'il est chevalier en tel aage com il est orendroit qu'il ne viegne à grant chose, se Dex i veut metre conseil aceu qui est de totes pars estrais de bons chevaliers. Quant la table fu ostée Aglooval s'ala esbatre en un jardin, et sa Dame li envoia Perceval por fère lui compaignie. Et li enfès à qui il en estoit bel, et qui plus désiroit la compaignie de son frère que de sa mère, trova Aglooval gesaut soz un pomier. Si le salue molt bel et s'asiet lés lui. Et [Aglooval] li demande si il vendra à la cort le roi Artu por estre chevalier?

— «Certes, fet Percheval, je ne désirai onques riens taut com estre chevalier si plaisoit à nostre seignor; et se je quidoie que vos me menisiés à la cort le roi Artu et me féissiés fère chevalier je m'en iroie ò vos quant vos vos en iriés.» — «Voire, fet Aglooval, beau frères, si desirés tant à estre chevalier, certes ce m'est bel, et je vos créant loiaument que je vos i merrai si tost comme je partirai de cienz, et ce sera prochainement: en nule manière je ne demorroie longuement en cest païs. Mès ge voil que vos de ceste chose ne parlez jà. Quar se madame le savoit ele vos feroit garder de si près que jamès ne vos en porriez partir.» Et li enfès dit qu'il n'en parleroit jà à home né à feme.

Quatre jors demora lienz Agloval: si fu serviz et chier tenuz de sa dame et de toz cels de leienz. Au .v. jor s'en parti, et dist à Perceval son frère: «Ge ne demor jà plus ceienz ainz m'en irai le matin. Remandrez-vos ceienz ou vos vendrez ò moi? » — « Sire, fet Perceval, ge vos créantai que je m'en iroie ò vos, si m'en aquiterai si bien que je vos servirai totes les hores que aler vos en voulrés. » Cele nuit dist Agloval à sa mère: « Ge ai ceianz demoré grant pièce, et plus por l'amor et por la pitié de vos que por autre chose, quar greignor mestier éussé-je d'erre que de séjorner: por ce vos pri-ge que vos me doigniez congié en tel manière que je m'en puise demain aler. » Quant la mère voit qu'il s'en velt partir et ele voit qu'il n'i seroit plus, si li done congié tot en plorant. Et l'endemain, si tost comme li jors apparut, se leva Perceval, qui molt estoit en grant effroi de ceste chose, si apparella à son frère ses armes et son cheval si que tot fu prest quant Agloval se leva à l'ore de prime. Quant il orent oï messe et disné, si demande Agloval ses armes; et l'en li aporta maintenant. Et quant il fu appareilliez et armez si commande sa dame à Deu, puis monta et s'en parti. Et quant il fu fors de la ville Perceval vint à sa mère et li dist: « Dame, donez-moi congié que je convoi mon frère dusqu'à l'entrée de cel boschéel qui lais est. » — « Beax filz, fet sa mère, alez donc: à Deu vos comment. Et gardez que vos ne demorez, et menez un esquier ò vos qui vos fera conpaignie. » Et Perceval qui n'a mie corage de revenir si tost comme ele quide, ne velt pas que nus alle ò lui; mès ele dit que si fera, et fet atant un esquier apparelier et monter, et li commande qui li rament son effant. Et il dist que si fera-il, se Deu plest. Atant s'enpart Perceval de sa mère, et un esquier ò lui: si chevauchent entre ax .ij. tant qu'il ataignent Acgloval à l'entrée du boschéel; et Agloval ert alez telement atendant son frère, et quant il le vit venir si fu moult liez. Si entrent en bois, et vont parlant ensanble de mainte chose, tant qu'i fu haute de jcr. Si ennuia à l'esquier, et dist à Perceval: « Ha sire, r'alon-nos en arière; ne savés que nostre dame nos dist? Certes, je criem moult que ele soit à malèse quant ne vendrons mès hui de jors arrière, ce voi-ge bien. » — « Coment, beauz amis, si t'aiht Dex, quides-tu que je m'en soie partis de ma mère por si tost r'aler arière? Sachiez veraiement que je ne retorrai jamès devant que je soie noviaz chevaliers, et aie esté à la cort lo roi Artur, qui chevalier me fera, se Dex li plest, ainz que je revoie ma mère; et porcen vuil-ge que tu t'en alles arrière à nostre hostel, et di à madame ma mère que ele n'ait mie poor de moi, quar je m'en vois à la cort le roi Artu ò mon frère; et bien sache-ele que de quel ore que j'aurai liu et tans je li revendrai voier, come cele que je [el] mont [plus] aim; et je le doi bien fère, car ale m'a norri moult soef. » Quant li escuiers ot ceste parole si est tant dolent que nul plus; si commance à plorer moult tendrement, et dist: « Ha sire, por Deu merci, que est cen que vos dites? Einsi n'en ferons-nos mie. » — « Si ferai, fait-il, saches-tu. » — « Sire, fet-il, puis que il est eisi, lessié moi aler ovvos et servir vos chevalier come j'ai fet effant. » — « Je l'otrai, fet Perceval, mès il covient avant que t'ales à ma mère dire-li ce que ge li mant; et quant tu auras fet li message, si t'en revien à la cort le roi Artu.» Et cil le mercie de cest don, et dist que cest message fera-il bien. Si s'enpart atant de son seignor, et vient à ore de vespres à l'ostel sa dame. Et quant il fu descenduz et il out dites ses noveles telles com il les savoit, la mère qui tant amoit Perceval commencha lors à plorer et manda maintenant le chapelain et se fist confesser et reçut corpus domini, et trespassa deu siècle le soir. Et l'endemain quant ele fu misse en terre se parti l'escuier de lienz, et chevacha tant qu'il vint au recet à un chevalier qui haet Aglooval sus toz hommes, donc il avint, si tost com li escuierz se clama de par Agloval, qu'il le fist laienz ocire et geter en une fosse. Et Aglooval avoit séjorné .ij. jors en une abeie porcen que il fu un poi déhétiez: si s'en parti au plus tost que il pout. Si avint que il passa par devant l'us au chevalier il ceu jor que li vaslet avoit esté ocis: si le retrova en fosse et le reconut bien.

En cen qu'i regardoit or isi de lienz un vaslet et une damoisele, et il lor demande qui ceu vaslet ocist? Et il dist: «Li vaslet de lienz: por l'amor d'Aglooval, par qui il se reclama.» Et quant il ot ceu, si lace son heaume et dist à Perceval qui plorit por le vaslet, que il atende. Et il dit que si fera-il. Et il entre leienz et trove le chevalier tot armé séant, por Agloval qu'il avoit véu de loing venir, qui est venu sor lui, qui le haet morteument. Si li demande porqui il avoit son sergant ocis? — «Comment, fet-il, es-tu donc Agloval, qui mon frère occis?» — «Qui que ait esté ton frère, je sui Agloval.» Lors decent de son cheval, et li cort sus, l'espée trète; et cil refet tot autretel. Si dure tant la meslée que li sires de l'ostel ne pot plus sofrir ainz vet genchisant çà et là; et cil qui le het de mort [le fiert] si que por heaume nè por coife de fer ne remaint que il ne li face l'épée sentir dusqu'en cervel; et cil chiet mort. Et quant cil de lienz voient lor seignor mort si s'entornent fuiant li un çà et li autre là, quar grant poor out que Aglooval nes ocie; et quant il voiet lor seignor mort, si le traine fors de lienz et le gete en un fossé plein d'ève, et se remet en son chemin. Et Perceval out pris li vaslet mort et l'out mis sus le cheval devant lui. Atant s'enpartent de lienz et emportent le vaslet mort dusqu'à la première abeie qui troveront et le feront mettre en terre maintenant. Et se mistrent en lor chemin, et chevachèrent tant par lor jornées que il vindrent à Carduil en Gaules où li rois tint sa cort le jor de la Tosainz; et tuit li compagnon de la queste i estoient venu, dolent et corcié, fors solement li trois cosin; mès il n'avoient rien trové. Quant li rois le vit, si le reçut à grant feste et li dist qui devoit bien repairier quar .ij. anz avoit bien passés et plus qu'il ne fu à cort. Et il resgarde et voit toz les .xxxij. compaignons qui estoient parti de cort: et quant il furent revenu, et il orent contées lor aventures donc il n'i out nus qui séust noveles de Lancelot, donc li rois fu dolent et tuit li autre. Mais sus toz ceuz qui en parlèrent empèsa-il à la roïne, quar ele set si bien que tuit ce mal a esté par li; si est tant dolente que ele ne set que cuidoit fére, nè il n'est hom à qui al osast dire, si en quide bien morir. — L'endemain que Agloval vint à cort regarda li rois emmi le palès, et vit Perceval qui servoit as tables; et demande qui il est? Et l'en li dit. Et il dist que Dex l'amendast, quar moult ert beaus. Quant il orent mengié si vint Agloval devant le roi et li dist: «Sire, li enfès donc vos demandastes est mes frères: si le vos ai amené por fère chevalier, quar je cuit que il sera preudom.» — «Certes, fet li rois, vos avés fet moult bien et vos en sai boen gré, et ge le ferai volentiers chevalier quant vos plèra.» Perceval respont: «Sire, donc vos prié-ge por Deu, que vos me faciés demain chevalier.» — «Volentiers,» fet li rois. Si vella cele nuit Perceval en la mestre-igliese de Carduil, et l'endemain le fist li rois chevalier. Et quant il fu ore de disner li rois vint en palès por mangier, et li compaignon furent assis en lor sièges, cil de la table-roonde à une part, et li autre chevalier à autre; et Perceval s'asist as plus basses tables, là où li chevalier meins renommé de proece se soient. Et quant il fu assis moult pensis, si vint devant li une damoisele la roïne, la plus sotil overière de soie que l'en séut en monde; mès ele n'avoit onques donc parlé, donc cil de lienz l'apeloient la dameoisele qui onques ne menti, et la conoissoient tuit par ce nom.

Quant la damoisele l'out regardé grant pièce si commencha à plorer, et lors en avint une aventure mervellose, qui fu tenue à grant miracle: si dut-ele bien estre, quar cele qui onques n'out parlé dist à Perceval: «Perceval, sergant Jesu-Crist, virges et nés, vien-toi soier el haut sige de la table-ronde, delés le siége périlleus.» Et cil est toz hesbahis, et ele le prent par la main et le meine dusque ù siége périllos, et l'asiet lés le siége périllex à la destre partie, et li dist: «En cest siége serra li boenz chevalier, et tu lés lui à destre, porceu que tu li resembleras de virginité; à sénestre serra Boorz; et encor saront bien cil de cest ostel la sénefiance de ceste chose.» Et il s'asiet là où elle li commande. Et quant ele li out assis, si li dist: «Soviegne-toi de moi quant tu seras devant le Saint Graal, et prie por moi, quar je trespaserai prochainement.» Si s'enparti atant, et vint en la chambre la roïne, et se cocha, nè onques puis ne parla, fors au jor qui li aportèrent corpus domini; et quant ele vit venir, si out poer de dire: «Beau sire Dex, merci!» nè plus ne dist, ainz trespassa quant ele out recéu son sauvor. Si tindrent à grant mervelle cil de lienz comment il iert avenuz; et firent si grant honor au cors comme l'en devoit fère à pucele de si haut lignage; et il la mistrent en la mestre-iglise de Carduil. Quant la dameoisele fu enterrée si mistrent cele aventure en escrit, porceu que cil la ramentéussent qui après lor mor vendroient. Si retindrent osex Perceval, et moult li firent grant honor, et si distrent que il seroit des compaignons de la table-roonde et seroit avant mis por les aventures metre à fin. Si le firent remanoir à cort, ou vosist ou non, quar plus volentiers fust-il alés querre Lancelot si tost com il oï parler de sa chevalerie qu'il ne revint. Mès Agloval et li autre compaignon le tindrent en tel manière, que li contes ne dit pas qu'il fust muis à celui point de cort, ainz i out grant pièce demoré, se ne fust une parole qui fu dite, et si vos dirai quele.

Un jor à l'entrée d'iver avint que li rois assist au disner à Carduil son chastel, et devant servoient quatre chevaliers de quatre ages. Li un d'entor .xviij. anz, et li autre trois d'entor .xl. anz, [et li autre] d'entor .lxxx. ans. Entre les juenes chevaliers estoit Perceval, qui avoit la chière simple. Et Keuz li seneschauz, qui grant pièce l'out regardé le mostre à Mordret et li dist qui l'en sanble? — «Il me sanble simple chevalier, qui mius aime la pès que la gerre.» — «Certes, fet Keuz, si est-il à mon encient; et encor pert-il bien à son escu que onques coup n'i out féru de lance.» [Ceste parolle oï uns fols de la court: si dist à Perceval chou que chil avoient dit. — «Il dient, fait le fol, que en vostre escu n'ot onques cop férut »¹)]. Et de cil a-il trop grant honte. Si li demande qui sont cil qui ceu ont dit? Et il ne li sut dire, fors que il sont de la table-roonde; et neporquant il mostre Keuz et Mordrez. Et il croit bien que il ont ceste parole dite: si s'en test et pense que à cort ne demora-il plus, ainz se metra en la queste de Lancelot, nè jamès ne retornera devant que il sache veraies novelles de sa mort ou de sa vie. A ceste chose pensa tote jor Perceval: au soir quant Agloval fu cochiés et li autre par lienz, Perceval vint à un son esquier où il moult se fiuoit, et li dist: «Aparele-moi mes armes et mon cheval.» — «Ha sire, fet li vaslet, je seroie honnis se je remanoie après vos, quar vostre frère m'ociroit; mès s'il vos plest que je aile ò vos, je vos apparelerai maintenant.» — «Va donc, fet Perceval, quar trop me tai-ge.» Et li vaslet vient asses armes et li aporte, et il s'arme au plus tost que il pout, et monte en son cheval, et prent son escu et son glaive et s'enpart de liens, lui et son esquier. Et quant il sont fors deu chastel si se metent en lor chemin. Et quant il ont chevachié .x. lieues englesches si trovent une meson ville et gaste, donc li mur estoient partit; et Perceval dist à l'esquier qu'il a t[al]ent de dormir. — «Sire, fet li esquiers, donc vos reposés huimès ci, et ge garderai vos chevauz.» — «Tu les atacheras et tu dormiras.» Et cil dit que il ne dormira mie; et Perceval tant l'en prie, qu'il aresne les chevauz et s'endort. Quant Perceval voit qu'il est endormis, si pensse que il n'en porra mius lesier à soen qui ne vet nule compaignie; quar cen que il fera desormès, soit à los ou à blasme, il veut si covertement fère, que nus n'en sache, quar il bée à tel cose fère donc il ait le los et renommée. Si vient à son cheval et monte, le vaslet dormant, et erre tant qui fu fors de la forest au matin que il commencha à plovoir et fère trop mautens, quar ivers estoit jà; et il chevauche dusqu'à hore de prime. Lors regarde devant soi, et voit un chastel qui soiet sor une ève noire et parfonde, et ert un chastel apelez Galenton. Et il i vient cele part quar ço ert sa voie; et quant il est venuz au pont, si voit un chevalier tot armé, sans heaume et sans escu, qui estoit liez

¹) Cette phrase étant omise dans le Ms. est copiée dans le N⁰. 6793

parmi le ventre de une chainne de fer grosse et fort, et fu atachié à une chaine, et la
chaine au perron. Et quant cil qui ert en chaine voit venir Perceval si li dist: « Ha che-
valier, se tu es de la messon le roi Artu ou chevalier aventuros, vien-moi aidier à geter
d'ici; et tu le dois bien fère, quar sui-je chevalier come tu es. »

Quant Perceval voit le chevalier, si vet cele part, et dit que de cen ne li faudra-il mie.
Si li demande comment il porra aidier? — « Se vos, fet-il, avés si bone espée qui ceste
chaine puisse trenchier, ge sui delivers, et autrement non. » Et il dit que jà por espée ne
demorra, si la devoit bruisier parmi. Si fet le chevalier aprochier dou perron. Et cil li de-
mande comment il vodra fère? — « Ge vuil, fet-il, la chaine trenchier tes ares de vostre
hauberc. » Et cil se coche sus le perron, et Perceval tret l'espée, et fiert sus la chaine si
grant cop qu'il la trenche outre, et le hauberc si l'aconsuit si près que poi ne l'afola. Et
l'espée fu bone et trenchant, et bien i paint à cen que il trencha les deux dobles del' hau-
berc. Et la chaine si en ala tot outre parmi le chantel deu perron, qu'il le trencha tot
outre comme un motel de terre. Quant li chevalier voit ceu cop, si se seigne et dit: « Sire, à
férir ne sanblés pas homme, mès ennemi; mès je [criem] qui vos i avés vostre espée escotée. »
Et il adrece contremont, quar bien quide qui die voir. Si la regarde et la trove sainne et
entière: si l'en est molt bel, quar il aime or mius qui ne soloit. Lors voit un chevalier
armé de totes armes qui crie que mar délivra le chevalier, qu'il en morra. Quant Perceval
le voit venir si prent son glaive et vient vers lui, et l'aconsuit à l'entree deu pont, et le
fiert si que parmie le hauberc et parmi l'escu li met le glaive en l'espaule sénestre, si le
porte an l'ève tot envers. Si fust nées sanz faille se ne fust une nacele qui ert en l'ève.
Et Percheval prent le chaval et le donne au chevalier et li dit que il monte; et cil monte.
Lors li demande Percheval porqui il fu enchainez? Et cil li dist: « Sire, il avint aventier,
que je sui chevalier errant de la messon le roi Artu, aloie aventure querrant, tant que for-
tune m'amena à cest chastel; et quant je fui herbregiez la dame de lienz me vit si bel
à son avis, que ele me requist d'amors; et je li dis que je n'en feroie rienz s'ele ne s'en
venoit ò moi; et le créanta donc. Il avint que nos eisimes de cienz si tost com la porte
overte: si nos en partimes d'iloc por aler el réaume de Logres; mès cil de lienz nos pris-
trent et nos ramenèrent arrière, et mistrent la dame en prison et me lièrent si com vos
avés véu, et distrent que jamès ne maingeroie ainz i morroie de faim. Or vos ai-je dit
come ce fu. » — « Or vos prié-je, fet Perceval, que vos me dites vostre nom. » Et cil dit
que il a nom Patrides, et est niez li roi Bademagus. Et Perceval dit que li roi Bademagus
conoist-il bien. — « Sire, fet Patrides, or me dites comment vos avés non. » — « Perceval,
frère Agloval. » Tant ont parlé ainsamble qu'il vindrent au recet à un chevalier; et quant
il furent près, Patrides dist à Perceval: « Sire, decendés ceiains, quar nos i seron bien hébre-
giez por l'amor de moi et porcen que déservi l'avés. » Et il dit que il ne descendra pas. —

«Sire, fet-il, si ferés, quar vos ne maingés hui, et il en est bien hore.» Et tan le prie que il descent. Et quant cil de liaenz [le] virent si éurent moult grant joie, et moult honorent Perceval por l'amor de lui. Et quant il orent mengié si demanda Percheval à Patrides se il s'enroit?» — «Oïl, fet-il, à la cort le roi Artu.» — «Donc vos prié-je, fet Parceval, que vos me salués Agloval mon frère, et li dites que il ne me querre mie, quar je sui partiz de cort por oïr novelles de Lancelot.» Et dit que cest mesage fera-il bien. Lors s'en parti Perceval et se remist en son chemin, et Patrides erra tant que il vint à cort; et salua le roi de par Perceval, et li dist cen que en avoit véu et porceu que il se n'ert einsi alés. Et quant li rois sot que il s'en estoit eisi partis si sout moult maugré à Keu et à Mordret. «Et savés-vos, fet-il, de quoi vos avés enporié cest ostel? Sachiez veraiement que vos en avés osté le melor chevalier fors Gauvain; et s'il vient en age d'ome je sai bien que il vendra à greinor chose que vos ne quidiez, et porcen me poise-il qui s'en est alez devant que il fust plus durs et plus fors, quar desormès li covendra soffrir plus peinne et travellier qu'à son aage n'apartenist.» Moult parole li rois à Keu et à Mordret, et les blasme de cen qu'il ont dit de Perceval. Et Perceval qui s'en voit, chevache mainte jornée sanz aventure trover. Si li avint si bien qui ne trova onques chevalier donc il ne venist au desus, et il ert acostumés d'oïr messe et matines et totes les hores deu jor, et se tenoit chastes et se fesoit chascune semaine confès, et en tel vie menoit adès et tant qu'il out bien un an entier erré eisi, et out fet des plus beles chevaleries deu monde, et fu grant renommée de lui, et plus à la cort le roi Artu qu'en autre liu, quar illec venoient totes novelles des prodesomes. Quant il out bien un an erré en tel manière si avint un jor qu'il encontra Hetor à l'iessue de une forest, si atorné que ses armes ne valoient se petit non, quar ses escus estoit si dépéciez que il n'i paroit se cops no, et li haubers toz et li heaumes quasés et iert travessié; et ce n'ert mie mervelle, quar il avoit chevauchié .ij. ans sans getes de repos. Et quant il s'entreprochièrent si ne s'en conteconrent¹) pas, car onques mès ne s'èrent entrevéuz: si enbrachent l'escuz et s'aparellent de joster, et s'entreviennent si durement que li escu né li hauberc nes garantissent qui ne se metent les fers des glaives ès chars nues; mès il n'i a plaies donc il ne puissent toz garir. Et Hetor, qui plus bel jostoit que nus autres chevaliers, porte Perceval à terre par desus la crope de son cheval: puis point outre et atache son cheval à un arbre. Et Percheval se fu relevé moult dolens de ceste encontre, quar onques pius qu'il fu chevalier ne trova qui la sele li fist vidier: si tret l'espée et enbrace l'escu, et s'aparelle de mostrer la greinor proesce qu'il porra, quar il seit bien que cil que il a encontré n'est mie garçon: si cort l'espée trète. Et cil qui de cheste cose n'estoit pas à prendre et qu'il out acoustumé dès enfance li done si grant cop parmi le heaume come il pot amener des braz. Et Perceval qui trop bien ferrut

¹) S'entreconnurent?

d'espée et n'ert mie si travelliez comme Hetor, hauce li brant et li donc tex .iiij. cops que moult se tient cil à grèvé de recevoir-les sus son cors.

Lors commance la mellée si grant et si mervelleuse que nus nes voit qui à prodomes nes tigne; si se mervelle chacuns endroit soi de la proesce en son compaignon; més tant se défent chascuns endroit soi et soffrent angoises et plaiez granz et mervelloses qui s'entrefont menu et sovent come cil qui font de granz proesses et se dépiècent les escus et les haubers et se font le sanc voler de totes part. Si dure tant la bataille qui n'i a cil d'az deux qui n'ait tex .x. plaies en cors, donc un autres déust morir de la menor; et neporquant tant ont peiné et travellié que petit poent valoir lor cops, quar quant il mius se devoient entreférir lors lor tornent l'espées ès mains et volent à terre, et c'est la chose par quoi il se sont plus tenu en estant; nè il n'i avoit cellui qui déist mot por aventure qu'il véist avenir à son compaignon. Si meinent tant le premier assaut que à force les covient reposer et trère-soi arrière li uns de l'autre por reprendre lor alines et lor forces dont sont aques déssirant. Quant il se sont grant pièce entreregardé si dist Perceval à Hetor: «Sire, qui estes-vos? Ge le vodroie volentiers savoir, quar onques ne trovai si prodome com vos estes; quar vos m'avés mené à cen que onc ne me mena nus.» — «Certes sire, fet Hetor, si avés-vos moi, quar vos m'avés si cort tenu que je ne puis eschaper sanz mort. Si vos porés vanter quant vos m'aurés mort que vos avés ocis Etort des Marres, compains de la table-roonde, et frère monseignor Lancelot del' Lac.» — «Ha sire, merci, fet Perceval, puis que vos estes compains de la table-roonde ge me sui trop vers vos mesfet, quar auxi en sui-je compains, por quoi je ne me dénse ò vos combatre en nulle manière, et de c'est mesfet vos quier-je merci.» — «Comment, fet Hetor, estes-vos donc compains de la table-ronde?» — «Sire, oïl», fet Perceval. — «Et comment avés-vos non?» — «L'en m'apele, fet-il, Perceval de Gaules, frère Agloval.» — «Ha Dex, fet Hetor, quel meschance nos est avenue de cen que vos m'avés ocis par tel mesaventure!» — «Sire, fet Perceval, se vos vos plaigniez de moi, je me puis autant plaindre de vos, quar vos m'avés ocis et en savés partans la vérité.» En tel manière gissent à terre et se démente li uns chà et li autres là, tant que vint à hore de vespres; et lors dist Hetor à Perceval: «Sire, montés sur vostre cheval, et alés si près à destre en cele forest, où vos troverés un hermite: si li dites qui il me viegne voir, et aport ò lui mon sauvor, car onques ne fui en tel crieme de mort com je sui orendroi.» — «Si m'aït Dex, fet Perceval, je n'en ai poer, quar je ne quit mie que jamès puisse monter sus cheval.» Einsi furent li dui chevalier ensemble tant que la nuit fu oscure, et lors fu li tans oscurs que li uns ne pout voier l'autre. — «Sire, fet Hetor à Perceval, ge me mur. Por Dé, se vos poés vivre, et aventure vos meine à la cort, si tost com vos veirés Lancelot, mon frère, si le me salués; més por Deu d'enconter-li ma mort ne vos en chale jà, nè ma mesaventure, quar il vos en sauroit maugré à tort. » Et cil dit que de cest mesage fère n'avera-il jamès lesir, quar il ne quide mie voier le jor de demain.

Au point que il èrent en tel péril et en tel angoise qui quidoient veraiment morir, virent vers aux venir une claire si grant com se li solax descendist sor ax : si se mervellièrent moult que cen poet estre. Il regardent et voient un vessel qui estoit fet en senblance de galice, et fu covers de un blanc samit; et devant venoit .ij. encensiers et .ij. autres le siuvoient emprès. Mès il ne voient mie qui les portoit, nè qui le vesel sostenoit, et neporquant li veseauz lor samble sainte chose, et tant il pensent de bonté que il enclinent; et maintenant lor avint une si bele aventure qui se sentirent sain et hétié et gari des plaies qu'il avoient; et ne demora gères que li sains vesseauz s'en ala si se devient, qu'il ne sourent qu'il ert devenuz. Achiés de pièce parla Perceval et dist à Hetor : « Sire, avés-vos véu cen qui nos est avenu? » — « Oïl, fet Hetor, verément l'ai-ge; voir mès je ne sai mie bien que ce est; et neporqnant si tost com il fu entre nos je sui gariz des plaies que vos m'aviés fètes, si que je sui orendroit ainci sain et hétié comme je fui onques plus. » — « Parfois, fet Perceval, tot autel puis dire de moi. Bien nos a Dex secorus par sa grace et par sa pitié, quar autrement ne visson-nos jà le jor. Or poons-nos dire veraiement que nostre sire au pitié de nos quant il nos a envoié garison par si bele aventure. » Longement parlent ensamble de ceste chose. Si demande li uns à l'autre que ce poet estre qu'il ont éu devant az. « Certes, fet [Perceval] je endroi moi ne puis savoir que ce est. » — « Je le vos dirai, fet Hetor, puis que vos n'en savés : sachiés veraiement que c'est li sains Graal par qui tantes mervellosez aventures sont avenus en réaume de Logres et en maintes autres terres. » — « Sire, fet Perceval, ce que pot estre..... » — « Ce vos dirai-je bien, fet Hetor. Li sainz Graaz est li vesseaus où nostre sire menga li [jour] de Pasques où ses deciples en la meson Simon le liepros. » Lors li conte coment Joseph d'Arimacie l'avoit aporté eu réaume de Logres. « Si en a l'en puis, fet-il, véus tex miracles que de la grace de lui en ont esté si oir repéus : que einsi en est encor li rois Pelles repéus, et li et tote sa mesnie, et sera tant com il séjornera en cest païs. »

— « Pardeu, fet Perceval vos me contés mervelles, et je crois bien que seoit voirs, et por le grant poer et por li grant vertu que a esprové en nos vos di-ge que jamès ne serai quiese devant que véu n'aie apertement, si est otrié à home mortez que il le voie. » Lors rendent graces à Deu de cen que si bele merci lor avoit fete. Si attendent illoc dusqu'au jor. Au matin quant li jors aparut se levèrent en estant, et se vont entrebesier, et done li uns à l'autre sa foi que jamès jor qu'il vivent ne s'entrefaudront, ainz seront desormès compaignon loial, puis que ensamble ont esté sané et gari. Si preunent lor armes telles com il estoient : si vont tant quérant lor chevaus que il les trovent. Quant il sont montez, si dist Perceval : « Sire, que ferons-nos? » — « Ce que vos plera, » fet Hetor. — « Et qu'aliés vos quérant, fet Perceval, quant nos nos entre-encontraines?» — «J'aloie, fet-il, quérant monseignor Lancelot, mon frère, que je ne vi deus ans passés, ainz l'ai puis tant quis que j'en sui tot las, nè encor n'en ai-je novèle oïe qui me plèse. Si en sui moult dolent, quar c'est li muidres chevalier deu monde, et li plus beaus.» — «Comment, fet Perceval, et puis que il fu perdus ne n'oïstes parler?» — «Certes, fet-il, nenil; si ai-je encor greinor espérance de vie que de sa mort, quar se il fust morz il ne péust estre que nos n'en oïson aucunes noveles.» Et il s'i acorde bien et dist: «Or movon, fet Perceval, ensemble, por savoir se Dex [nos] menroit en lieu où il fust et où nos en ouisson noveles.» Si se metent andui au chemin et chevauchent mainte jornée essamble; mès atant se test or li contes et retorne à Lancelot.

En comparant ces pages au Perceval de Chrestien [1]) on remarque parmi bien des similitudes des différences notables, qui ont leur origine dans ce que les deux romanciers, bien qu'ils suivirent les mêmes traditions, les arrangèrent chacun à sa manière, suivant les besoins de leurs œuvres respectives. Effectivement, la plus ancienne version de la première partie des aventures de Perceval, version plus ancienne même, à ce qu'il paraît, que le mabinogi de Peredur, était dans la bouche des conteurs et jongleurs, et se retrouve dans les ballades que l'on chante encore en Armorique [2]).

Je ne fixerai l'attention que sur un seul fait: Chrestien, qui veut nous faire assister à la civilisation graduelle de son héros, qui d'un villain va le transformer peu à peu en un chevalier accompli, pose la même antithèse dans l'ordre moral: d'un impie il le métamorphose en le parfait chrétien qui se rend maître du Saint-Graal. Voilà pourquoi il nous raconte:

> Ce sont cinq ans trestot entier
> Ains que il entrast en mostier;
> Nè Dieu nè sa crois n'aora,
> Tot ainsi cinq ans demora; [3])

Map, au contraire, pour qui Perceval n'est qu'un personnage secondaire, ne nous montre pas toutes les phases de cette transfiguration: il assure que Perceval «ert acostumés d'oïr messe et matines et totes les hores deu jor» etc. (Voyez p. XLVIII). En cela il n'a fait que suivre la tradition connue jusqu'à son temps, car, comme l'a fort bien observé M.

---

[1]) Voyez Lady Guest, The Mabinogion, Tom. 2, p. 386—394, et M. San-Marte, die Arthur-Sage, p. 223—236.

[2]) Voyez les deux ballades dans le Barzaz-Breiz, Chants populaires de la Bretagne par M. Théod. de la Villemarqué, 3° éd. Tom. I, p. 129. Voyez aussi le Journal des Savants, Août 1847, p. 453 suiv.

[3]) MS. de l'arsenal, f°. 25, cité par San-Marte, p. 231. Voyez aussi M. Théod. de la Villemarqué, Contes populaires des Anciens Bretons. Tom. I, p. 186.

de la Villemarqué [1]), « l'impiété dans laquelle tombe Perceval est de l'invention des omanciers » postérieurs, et ne se trouve pas dans les plus anciennes traditions.

En commençant son œuvre, Map ne connaissait probablement que vaguement les légendes sur Perceval, et ce n'est qu'à mesure qu'il avançait dans son travail qu'il en a pris plus ample connaissance. Au f°. 12 du manuscrit A, il dit de la reine Genièvre : « C'estoit la plus très-bele fame dont onques nus éust oï parler el poïr lo roi Artu ; et sachiez que onques à son tans el réaume de Logres ne n'ot une qui s'apareillast à li de grant biauté, fors que deus seulement. Si fu l'une dame d'un chastel qui siet an la marche de Norgales et des Frans : si a non Carevilte, li chastiaus ; et la dame ot non Heliene-sanz-per, et cist contes en parlera çà avant. Et l'autre fu fille au roi méhaignié : ce fu li rois Pelles qui fu pères Perlesuax [l. Percesvax], à celui qui vit apertement les granz mervoilles del' Graal et acompli le siége périlleus de la Table-réonde, et mena à fin les aventures del' reiaume périlleus, aventureus (ce fu li règnes de Logres). Cele fu sa suer : si fu de si grant biauté que nus des contes ne dit que nule qui à son tans fust se poist de biauté à li apareillier. Si avoit non Amide en sornon, et an son droit non Héliabel. »

Ceci démontre clairement que dans ce passage Map suit une autre tradition que celle qui l'occupe plus tard, et qui lui fournit de nombreuses occasions à des allusions plus ou moins bien amenées, voyez p. e. pag. 11 et 14, ou à des épisodes, tels que le combat de Perceval et de Hestors (p. XLVIII suiv.) et plus tard une aventure de Bohort [2]).

Il me reste à parler du chevalier au lion. A plusieurs reprises nous trouvons ce nom mentionné dans le roman de Lancelot, p. e. manuscrit A. f°. 68 r° : « Laianz estoit emprison li rois Yders et Guivrez de Lanbale, et *Yvains de Lionel* » etc. [3]) Ensuite f°. 114 r°. parmi plusieurs chevaliers sont nommés « Caradues Briebraz, et Caradigais et *Yvains-del'-lionel* » etc. [4])

Ce nom, qui dans le roman d'Erec [5]) est orthographié *Yvains de Loenel*, pourrait faire croire que par son apparition même dans la prose de Map la priorité des vers de Chrestiens est démontrée. En l'affirmant on pourrait encore se tromper. En premier lieu : est-il bien

---

[1]) Contes populaires etc., Tom. I, p. 207.

[2]) Voyez mon édition hollandaise, Tom. II, p. 47. — Ces épisodes se trouvent également dans le Perceval de Chrestien : La table des chapitres imprimée par Lady Guest, Mabinogion, Tom. III, p. 394, porte:

« Ci devise comment Bohors de Gannes vit son frère que chevaliers emmenoient tout nu batant, et le lessa, et ala secourre une pucele que un grant chevaliers tenoit, et la vouloit corrompre.

« Ci devise comment Perceval et Hector se furent tant combatu que il cuidoient bien morir ; et estoit l'un d'une part et l'autre d'autre tout estendu ; et un angre vint atant le Saint-Graal qui les conforta. »

[3]) Voyez le passage en entier dans le second vol. de mon édition hollandaise, Introduction, p. XXV.

[4]) L. c. p. XLIX.

[5]) Cité par San-Marte, Die Arthur-Sage, p. 306.

sûr que ce nom soit pris dans le même sens que le surnom de *chevalier au lion?* En l'acceptant comme tel on semblerait, il est vrai, admettre la priorité de Chrestien; car dans le roman même de ce nom, personne ne le connaissait lorsque Yvains se l'applique, et on lui répond (Mabinogion Part. 2, p. 188 b):

> — Onques mais ne vos véimes,
> Nè vostre non parler n'oïmes.

Et plus tard :

> N'onques oï parler n'avoie
> De chevalier que je séusse,
> En terre où esté éussse,
> Qui li chevaliers au lyon
> Fust apelez nus par son non.

(l. c. p. 210 b). Ceci semblerait assez clair; mais d'un autre côté, si les derniers romans de Chrestien sont postérieurs au travail de Gauthier Map de trente ans environ, n'est pas probable que le roman d'Yvain lui soit antérieur; car pendant un certain temps il aurait composé toutes les œuvres qu'il nomme dans le roman de Cligès, ce roman lui-même, celui d'Erec et celui d'Yvain, pour devenir muet pendant vingt ou trente ans, et ensuite se remettre à rimer de plus belle.

Pour écrire avant ou vers 1160 des poèmes qui prouvent qu'il avait reçu une éducation soignée, qu'il avait étudié la littérature classique de l'antique Rome[1]), il dût avoir à cette époque au moins vingt-cinq ans, ce qui donnerait l'année 1135, au plus tard, pour celle de sa naissance. En 1185, en suivant la fille du comte de Champagne, il aurait eu cinquante ans sonnés, et la présence d'un trouvère de cet âge ne me semble pas fort naturelle dans la suite d'une jeune princesse; d'ailleurs dans son roman de la Charrette il parle de l'amour avec un feu qui me semble un peu vif pour un homme approchant de la soixantaine.

Du reste, on n'a pas besoin de recourir à ces conjectures qui sont toujours plus ou moins basées sur une hypothèse. Si l'auteur du roman de Lancelot nomme à plusieurs reprises *Yvains de l' Lionel* il n'a pas nécessairement eu en vue la tradition qu'a suivie Chrestien, car ce surnom, Yvain pouvait le devoir à une toute autre cause, qui est rapportée dans le roman même; voyez ici page XI—XII, la note.

Quoique Map ait probablement connu la fable du lion sauvé par un chevalier et qui lui reste attaché, parce qu'il en a fait usage dans la Quête du Saint-Graal[2]), il n'a pas pu connaître le roman de Chrestien parce que celui-ci est *postérieur à celui de la Charrette.*

[1]) Voyez la dissertation du Dr. L. W. Holland, Ueber Chrestien de Troies, p. 9–11.

Voyez mon édition hollandaise, Tom. II, pag. 27.

Lady Guest a déjà remarqué (Mabinogion, Part. II, p. 227) que cet épisode se lit aussi dans la Morte Arthur de Sir Thomas Malory. C'est du Lancelot qu'il passa dans cette compilation.

Cela ne sera pas difficile à établir, quelques citations ne laisseront aucun doute à cet égard. Dans les Mabinogion de Lady Guest, où ce roman est inséré, on lit, Part. 2, p. 178 coll. 1, qu'une dame raconte :

> Mes la reïne en a menée
> Uns chevaliers, ce me dit l'en,
> Dont li rois fist que hors dou sen
> Quant après lui li envoia ;
> Si cuit que Kex la convoia
> Jusqu'au chevalier qui l'enmoine.
> S'en est entrez en moult grant poine
> Mesires Gauvains qui la quiert :
> Jamès nul jor en repos n'iert
> Jusque tant qu'il l'aura trovée.

Puis l. c. p. 180, coll. 2 :

> Où trouver monseignor Gauvain ?
> Cil ne le préist pas en vain,
> Car ma fame est sa suer germaine :
> Mès la fame le roi demaine
> Uns chevaliers d'estrange terre,
> Si l'ala à la cort requerre,
> Neporquant jà ne l'en éust
> Menée por rien qu'il séust,
> Mès Kex, qui en enbricona
> Le roi tant qu'il la li bailla,
> La reïne, et mist en sa garde.
> Si fu fous, et celle musarde,
> Qui en son conduit se fia ;
>
> . . . .
>
> Et messires Gauvains li preuz
>
> . . . .
>
> Il est alé après celui
> Cui Dex doint et honte et ennui,
> Qui menée en a la reïne.

l. c. p. 190, coll. 1 :

> Atant vint l'autre suer à cort,
> Afublée d'un mantel cort
> D'escarlate, forré d'ermine.
> S'avoit trois jorz que la reïne
> Estoit de la prison venue,
> Où Méléaganz l'ot tenue,
> Et trestuit li autre prison,
> Et Lancelot par traïson
> Estoit remès dedenz la tor. »

Du reste, il ne serait pas étonnant que les détails de quelques épisodes de ce roman fussent pris dans le Lancelot de Map, tel que la folie d'Yvains, l. c. p. 167 suiv., ou l'exécution de Lunette.

Or, si ces trois romans de Chrestiens sont postérieurs au Lancelot, il faut bien, pour les raisons données plus haut, que toutes ses poësies le soyent.

On pourrait se demander si le Chrestien qui composa toutes ces œuvres est bien le-même personnage? M. Leroux de Lincy en doutait [1]), parce que dans un manuscrit, où le roman de la Charrette fait suite au conte de Cligès, celui-ci finit par ces mots:

Or commance oevre Crestien,

ce qui dénoterait que le Cligès et les ouvrages cités dans le prologue de ce roman, ne sont pas du même auteur. Déjà, cependant, le savant antiquaire avait conjecturé que le mot *commence* ne serait qu' « une faute de copiste, » qu'on doit rectifier en *finist*. Et réellement d'autres manuscrits portent:

Chi fenist l'œvre Crestyen. [2])

Aussi la rime et plusieurs locutions, autant que la manière de conter sont si semblables dans toutes ces productions que nul doute ne nous reste à cet égard. D'ailleurs dans le fabliau *Du chevalier à l'espée* [3]), il y a un passage qui nous apprend que c'était bien un seul et le-même personnage qui était reconnu pour l'auteur de tous ces romans; l'auteur reprimande Chrestien de n'avoir pas écrit le roman de Gauvain qui entrait dans sa spécialité:

L'en ne [4]) doit Crestien de Troies,

Ce m'est vis, par raison blasmer,

Qui sot dou roi Artu conter,

De sa cort et de sa meniée,

Qui tant fu loée et prisiée,

Et qui les fez *des autres* conte,

Et onques de lui ne tient conte.

Si un épisode du roman de Lancelot a fourni à Chrestien de Troies l'étoffe de son conte de la Charrette, d'autres poëtes ont puisé à la même source. Le fabliau du *Val des faux amans*, par exemple, n'est qu'un extrait rimé de notre roman en prose. Le Grand d'Aussy qui l'a analysé [5]) en dit: « On ne sera pas surpris qu'une aventure aussi brillante pour Lancelot se trouve dans le roman de son nom; mais pour la lier au reste de l'ouvrage il

---

[1]) Roman de Brut, Description des manuscrits, p. XXXI—XXXII.

[2]) Voyez Dr. W. L. Holland, Ueber Crestiens de Troies und zwei seiner Werke, p. 33.

[3]) Méon, Nouveau receuil de Fabliaux etc.. Tom. 1, p. 127; ou mon edition du roman de Gauvain (Walewein), Tom. 2, p. 35.

[4]) *L'en ne*, pour *l'en en*; cf. Diez, Grammat. der Roman. Sprachen, 2, 387.

[5]) Fabliaux ou contes etc. Tom. I, p. 83—89.

a fallu changer quelque chose au dénouement. Ainsi Morgain, après que les prisonniers sont délivrés, enlève le héros qui par là se trouve entraîné dans d'autres aventures. »

S'il a fallu changer quelque chose c'est dans la pièce versifiée[1]) qui a été extraite du roman en prose, où elle se trouve dans le MS. B. f°. 87 r°. suiv. [2]).

La conclusion de toutes ces recherches est :

1°. que Gauthier Map est l'auteur du roman de Lancelot, qu'il composa en français;

2°. que la composition des romans en prose, tels que le Merlin, le Graal, le Lancelot, est antérieure à celle des contes en vers de Chrestien de Troies.

Si ces points là, jusqu'ici douteux, sont sufisamment éclaircis, toutes les questions ne sont pas épuisées, tant s'en faut: une comparaison attentive des ouvrages en prose et en vers peut seule en donner la solution. Il serait donc vivement à désirer que l'on publia les œuvres complètes de Chrestien, de Robert de Borron et de Gauthier Map.

Je ne saurais mieux terminer cette préface, déjà assez longe, que par les paroles d'un savant antiquaire français: si elles lui sont dictées par sa modestie, je sens trop bien les défauts et les lacunes de mon travail, je pressens trop vivement les barbarismes de mon style, pour ne pas les faire valoir en toute humilité: « Nous nous estimerons heureux si la critique consent à nous pardonner les méprises que nous avons pu commettre, si elle daigne, à défaut de meilleurs titres, nous tenir compte de nos bonnes intentions. »

---

[1]) L'original sur lequel Le Grand travailla dût être en vers, car dans sa préface, pag. CI, il dit: « à l'exception d'un seul qui est mêlé de vers et de prose, tous ces fabliaux, ainsi que les romans, étaient versifiés. »

[2]) Voyez mon édition hollandaise, Tom. 2, Introduction, p. LXIX – LXXII).

JONCKBLOET.

LA CHARRETE,

EXTRAIT DU ROMAN DE LANCELOT DU LAC,

PAR

GAUTHIER MAP,

(MS. de la Bibliothèque nationale à Paris, in-f°. Colbert 2437, Regius 6939'.)

———————

Or dit li contes que quant Lanceloz se fu partiz de Sorolois et il fu hors de la terre, si f°. 100 r°. fist duel chascun jor, et menja petit et dormi ; si li vuida la teste, si forsena. Et fu en tel manière tot l'esté et tot l'iver jusqu'au Noel ; et ala par totes terres menant sa forsenerie. Et après le Noel avint que la dame de Lac qui l'avoit norri le querroit par totes terres ; si ala tant querrant noveles et encerchant enseignes qu'ele le trova la veille de la Chandelor, gissant en un boisson en la forest de Tintaguel en Cornoaille. Si l'en amena o lui et le gari, et le tint tot l'iver ; et le Karesme si revint en greignor beauté et en greignor force qu'il n'avoit onques esté nul jor, por ce qu'ele li prometoit qu'ele li feroit encor avoir autresinc grand joie comme il avoit onques éue greignor. Ne onques de la mort Galehot ne sot riens tant comme il fu aveques sa dame jusqu'au cinquiesme jor de l'Acension. Et lors ala à la cort le roi Artu, et sa dame li ot apareillié cheval et armes ; si li dist : « Lors vient li tens que tu recevras quanque tu as perdu, se tu l'oses fère. Saches qu'il te covient estre le jor de l'Acension ainz nonne à Camaalot, et se tu à cele hore n'i estoies tu ameroies mialz ta mort que ta vie. » — « Ha dame, fet-il, or me dites por quoi ? » — « Por ce, fet-ele, que la raïne en sera à force menée. Et se tu i es tu la secorras de là où nus ne fu onques rescox » — « Et ge vos jur, fet-il, que ge i serai ou à pié ou à cheval. » Lors li mostra la dame ses armes et son cheval, sel'fet movoir cinq jors devant l'Ascension, si qu'il vint à droit hore de midi à Camaalot en la place où Kex li séneschaux fu

1

abatuz et navrez por la raïne qu'il conduisoit, si comme *li contes de la Charrete* le devise.

A cel jor tenoit li rois Artus sa cort à Camaalot, qui est la plus aventureuse ville qu'il éust, et une des plus délitables. Mès ce n'estoit pas des hautes merveilleuses corz qu'il soloit tenir à la vie del' boen Galehot et tant comme Lanceloz dou Lac i estoit, donc chascuns cuidoit que mors fust; ainçois fu le jor la cort triste et dolente, et maintes lermes i furent plorées ainz qu'ele départist; car là où li rois fu venuz de la messe entra Lyoneax leienz, li cosins Lancelot, qui venoit de lui querre par mainz païz. Si li sailli li rois à l'encontre et la raïne, qui sor toz en fist joie et trop merveilleux duel. Et lors s'asist li rois au mengier quant Lyoneaux fu venuz, qui Lancelot avoit quis par maintes terres. Si en fu faiz granz li diaux de rechief, que onques n'i ot baron ne chevalier, ne dame, ne damoisele qui dolente n'en fust. Mès nus diaux ne se prenoit à la raïne. Cele fesoit duel et en apert et en repost: ele ne se cuevre por nului que duel ne face, ne nus ne l'en puet blasmer, car autresinc font tuit li autre. Ce jor fu moult povre la cort et moult troblée, car maintenant que Lyoneaux fu revenuz revindrent les noveles de la vaillant dame de Malohaut qui morte estoit; et ce fu dou duel de Galehot que morz estoit, car ele perdi en la mort Galehot à estre dame de .xxx. roiaumes; car il l'éust à fame s'il vesquist cel an seulement. — Grant fu la joie qui fu fète de Lyonel; mès tost fu en ire changiée quant il lor dist que ses cosins estoit perduz, et que bien cuidoit qu'il fust morz. Et li rois commence à plorer et dit que ce estoit por le duel de Galehot qui estoit morz. — «Certes, fet misires Gaugueins, il a grant droit, car après tel home ne déust nus hom voloir qu'il vesquist.» De ceste parole fu la raïne moult corouciée, car à la mort Lancelot ne s'acordast ele mie volentiers. Si dist encontre monseignor Gauguein: «Coment Gauguein, si n'est ore nul prodome remès en terre qui Galehot vaille?» Et il respont: «Dame, voir, ge ne le sai mie.»

— «Si est, fet-ele, vostre oncles au mains.» Et il s'en lieve et li cuers li angroisse, et les lermes l'en viennent aus iauz, et il s'entorne. Et ainsinc comme il s'en torne si dit: «Certes, dame, il le déust bien estre.» Ainsinc son remèses les paroles, et lors vint Kex li seneschaux, un bastonet à or en sa main, toz deffublez, et dit au roi que toz estoit prez ses mengiers, et qu'il est bien tens de mengier, car por aventure ne remandra-il mie. Li rois assist à mengier, ne mie por talant qu'il en ait, mès por sa cort reléescier. Si i mengièrent poi de tex i ot. Et Lyoneax fu avec la raïne en sa chambre, si se reconfortent de lor grant dolor et de lor grant duel. Quant li rois ot mengié si s'asist en une couche, et fu si dolenz qu'il ne li tint des granz envoiseures qu'il soloit fère, ainçois pensa. Et fu entor lui ses barnages toz esbahiz. Et là où il pensoit issi entra laienz uns chevaliers toz armez de hauberc et de chauces de fer, et s'espée çainte: et fu sanz heaume; et fu moult granz et moult bien taillicz de totes choses. Et vint tot contre-val la sale à granz pas, et tint par contenance sa main destre au pomel de s'espée. Et quant il vint devant le roi si parla moult fièrement, et dist si haut que bien fu oïz: « Rois Artus, ge vieig ci por fère connoistre que ge sui Méléaganz, fil le roi Badegamus de Gorre. Si me vieig en vostre cort esléauter et deffendre contre Lacelot de Lac, de la plaie que ge li fis l'autre an à boorder, por ce que j'ai oï dire qu'il se plaint que je l'ai navré en traïson. Or vieigne avant, car toz sui appareilliez de moi deffendre que ge en traïson ne l'ai navré, mès comme bons chevaliers, à droite goste. » — « Sire chevalier, fet li rois, nos avons bien oï parler de vostre proesce; et quex que vos saiez, vos iestes filz à un des plus prodomes dou monde de sa richesce, por quoi l'en vos doit bien pardoner une mesprison. Et Lancelot conoist-en bien en mon hostel, qui oseroit bien mostrer vers un meillor chevalier de vos une malvaistié s'il li avait fète. Mès tant sont alées les paroles par maintes terres de Lancelot que vos avez bien oï dire qu'il ne fu çaienz moult à grant tens, ainz est perduz; c'est granz dolors. Et s'il i fust et il séust que vos li éussiez mesfet, jà ne vos en covenist aatir de l'esprover, car il s'en séust bien sémondre. » — « Sire, fet Méléaganz, totes voies vos offré-ge bien que ge sui appareilliez de moi faire loial de ceste chose. Et s'il est çaienz, por Deu, fètes-le avant venir, car certes il n'a chevaliers el monde nul à cui ge m'esprovasse si volentiers. »

Tant corurent les noveles de ces paroles que ès chambres la raïne fu séue, où Lyoneax 100 v°. a. estoit. Et il saut maintenant sus et vient devant le roi et dit: « Tenez, sire, mon gage que ge sui prez de monstrer orendroit encontre Méléaganz que il en traïson navra monseignor de la plaie dont il parole. » La raïne vint à cest mot, si prant Lyonel à force et trait arrières. Si li dit: « Lyonel, leissiez ester, car quant Dex aura amené vostre cosin, s'il trove cest chevalier en leu où il en puisse avoir droit, il l'osera bien mostrer vers lui; ne il ne s'en tendroit à paié de chose que nus en féist se ses cors nel' fesoit. » A grant paine ont Lyonel de la bataille arrières tret. Et quant il voit que c'est remès si s'en torne et va jusqu'à l'uis de la sale; et lors retorne et dit au roi: « Sire rois, g'estoie chevalerie venue querre en vostre cort, mès point n'en i truis; et ainçois que ge m'en aille ferai-ge tant que ge aurai la bataille, s'il à çaienz tant de boens chevaliers comme l'en dit. Il est voirs qu'en la terre mon père a des genz de vostre resne moult grant partie en servaige et en essil, ne onques délivrer ne les poistes; mès or en seront délivré legièrement s'il estoit qui l'osast fère. Car se vos osiez baillier à un de vos chevaliers la raïne, que ge voi là, à mener dusqu'en cele forest après moi, ge me combatroie à lui par tel covent que se ge le conquerroie g'enmerroie la raïne en mon païs, et s'il la pooit de moi desfendre les prisons vos déliverroie. » — « Beax sire, fet li rois, se vos les avez en prison, ce poise moi, et ge l'amenderai quant ge porrai; mès por la raïne ne sont-il mie en prison, ne par la raïne ne seront-il délivré. »

Atant s'en part Méléaganz, si n'a nului laienz qui moult ne tieigne à grant folie l'aatine qu'il avoit fète de mener la raïne el bois. Et il est montez en son cheval, si s'en ist de Camaalot et s'en va trèstot son pas vers la forest, et regarde après lui sovent s'il verroit nului venir.

Et cil de l'ostel le roi en parolent, si dient de tex jà que moult a parlé comme musart, et de tex jà qui dient que de ce qu'il a dit ne fu se de proesce non. Messire Kex li seneschaux ot bien la parole oïe, si li pesa moult don chevalier, qui sanz bataille s'en aloit. Et il est venuz à son hostel, si s'est armez, puis revient devant le roi, sa ventaille abatue et ses manicles, et dist au roi: « Sire, ge vos ai assez servi, et de bon cuer, et plus por vostre amor avoir que por terre ne por trésor; et j'ai cuidié jusque ci que vos m'en missiez assez plus; mès non fètes, car bien m'en sui apercéuz. Et puis que vos ne m'eimez en vostre conpaignie ne vostre service ne veu-ge plus avoir en nulle fin, et ge m'en vois: si servirai tel qui m'enmera et tendra chier. »

Li rois amoit le seneschal de grant amor, si li dist: « Qu'est-ce, seneschaux, qu'avezvos éu? A quoi vos estes-vos apercéuz que ge vos aim mains que ge ne sueil?» — « Sire, fet-il, ge le voi bien, et ge demant congié, car aler m'en vueil, ne por riens ge ne remandroie. » — « Se nus, fet li rois, vos a mesfet, dites-le moi, et ge l'amenderai si hautement que vos i aurez honor. » Et il dit qu'il ne se plaint de nului; mès tote-voies s'en ira. De ceste chose est li rois moult angoisseux, si li dist: « Seneschaux, puis que remanoir ne volez, atendez moi tant que ge soie à vos revenuz.» Il s'en vet à la raïne et dit qu'aler s'en velt li seneschaux; «et j'aim tant son servise que moult en auraie grant duel s'il s'en aloit. Si vueil que vos l'en priez outréement, et ainçois li chaoiz au piez qu'il ne le face. » — « Sire, fet-ele, volentiers. » La raïne

100 v°. b. i est allée, si li dist: « Coment seneschaux, qu'est-ce que vos volez fère, qui aler vos en volez de monseignor? Ge vos pri que vos remaigniez outréement; et s'il est chose nulle por quoi vos soiez iriez ge le vos ferai avoir, quex qu'ele soit, s'avoir la puis. » — « Dame, fet-il, einsinc remaindroié-ge, se bien en estoie séurs. » Et apele le roi et il li craante à doner quant qu'il li demandera. — « Sire, fet li seneschaux, ge remandrai atant. Et savez-vos que vos m'avez otroié? Que g'enmenrai madame après le chevalier qui de ci s'en va, por nos genz de prison geter. Car donc seriez vos honiz se ainsinc sanz bataille s'en aloit de vostre hostel. » Qant li rois l'entent si est si iriez que par un poi qu'il n'ist del'sen, et mielz vousist-il perdre le seneschal tote sa vie. Mès la raïne en est dolente sor toz; et si avoit ele d'autre part tant de dolor comme nus cors en porroit plus sostenir; et c'estoit de Lancelot, dont nus ne pooit oïr noveles: si en estoit si conréé que toute en avoit perdu sa grant beauté qu'ele avoit devant éuc, et auques en avoit perdu de son grant sens. Mès ce la parcoroça qu'ele estoit otroiée à monseignor Kex à mener: si entre-elle en une chambre, si fet si grant duel qu'ele s'ocist.

Et entre lui et monseignor Ganguein avoient le jor tencié, car il disoit qu'après Galehot n'estoit nus prodom remès el monde. Et la raïne dit que si estoit li rois ses sires. Et il dist: «Dame, il le déust bien estre.» Teles avoient esté les paroles entr'aus deus; ne ele ne pooit croirre queque chascuns déist que Lanceloz fust morz; mès bien pensoit qu'il ·estoit [deshétiez] ou que soit enprisonez; et li cuers li disoit bien.

Ses palefroiz fu appareilliez et li rois l'envoie querre ès chambres où ele fet encor son duel. Et ele vient. Et quant Dodiniax-li-sauvaiges voit que totes voies ira, si vient au roi et dit: «Comment, sire, souferrez-vos que ma dame voist en conduit à Kex li seneschaux en la forest?» Et li rois dit que soufrir le covient puisque craanté l'a. — «Et se li chevaliers la conquiert vers lui, fet Dodiniax, menra l'en il donc quitement?» — «Oïl, fet li rois, car ge seroie honiz se nus hom de mon chastel la secoroit.» — «Donc, seroit-ce folie qui la li lesseroit mener en la forest qu'ele ne fust à Kex tolue; et s'il n'i avoit que moi si li iroie-ge tolir.» — «Non feroiz, fet li rois, que mes dons seroit fausez. Ne ge ne doi pas mentir; car roi ne se puet repentir de son créant.» — «Non, fet Dodiniax. — Donc di-ge que rois est plus honiz que autres hom, et qui rois viaut estre dahez ait-il.» Li palefroiz la raïne fu amenez, et ele fesoit merveillox duel. Et quant ele doit monter si resgarde monseignor Gauguien et li dit: «Ha beaus doz niés, à cui m'apercevrai-ge qu'après Galehot est tote proesce faillie?» Et lors se pasme. Et Kex li dit: «Dame, montez et n'aiez guarde, car ge vos en ramerrai saine et haitiée.» Et ele est montée. Il va avant tant qu'ele est hors de la ville, et lors retornent et un et autre que plus ne la convoie nus.

Et misires Gaugueins dit au roi que totes voies s'arn era-il, et se la raïne est conquise vers le seneschal il ira après jusqu'à l'entrée de Gorre. Atant s'est armez et montez en un moult boen cheval; et à deus de ses escuiers en fet deus mener en destre: si s'en ist de Camaalot en tel manière. D'autre part enmainne la raïne mesires Kex tant qu'il vint en la forest. Et Méléaganz qui venir le vit se fu très dedenz le bois en parfont, où chevaliers l'atendoient bien jusqu'à cent; et il lor conte l'aventure. 101 r°. a

Atant s'enbuschent li chevalier, et Méléaganz en revient arrières, si encontre mesire Kex. «Chevalier, fet-il, qui estes-vos?» Et il se nomme. «Et cele dame, fet-il, qui est?» — «C'est la raïne,» fet-il. — «Ce verrai-ge bien. Dame, fet-il, desvelopez-vos, si verrai se ce est la raïne.» Et ele se desvelope, et il voit que ce est-ele. — «Messire Kex, en ceste forest a moult ennuieux leu à conbatre deus chevaliers, et trop est espesse. Mès alons en la plus bele lande dou monde qui est ci près, où il fera moult beau joster.» Et Kex li otroie. — «Et alez, fet-il, avant, car ge sai bien où la lande est.» Méléaganz en vet avant, et Kex et la raïne le sivent de près le petit pas, tant que Lanceloz les voit de là où il est enbuschiez. Et il ot à son col l'escu vermeil à la bende blanche de belic. Il salue la raïne au plus covertement qu'il puet, et ele l'a sorquenéu; mès ne le par-ose cuidier que ce soit-il; si li rent son salu un [poi] plus liéement qu'ele ne féist à un autre, por la joie qu'il li a fète à l'encoutrer. Il dist à Kex : «Sire chevalier, qui est ceste dame que vos menez?» — «C'est, fet-il, ma dame la raïne.» — «La quele raïne?» fet-il. Et il dit : «La fame le roi Artu.» Et il l'aert tantost au frein. — «Et vos qui estes qui la menez?» — «Je ai non, fet-il, Kex li seneschaux.» — Vos ne la merrez en avant, fet-il; trop l'avez-vos menée.» — «Por quoi?» fet Kex. — «Por ce, fet Lanceloz, que ge la preig en conduit.» — «Encontre qui, fet misires Kex, la prenez-vos en conduit?» — «Encontre toz cels, fet-il, qui mener l'en voudroient, en avant de ci.» Et Kex li dist : «Beau sire, ge la maig par le commandement monseignor le roi por deffendre encontre un chevalier qui là m'atent.» — «Dame, dit-il, voir, ge n'enquerroie se vos non,» fet-il. Et ele dit qu'oïl, sanz faille. Et il se pense qu'il esgardera coment à monseignor Keu en avendra, car lors sera ses nons graindres s'il la conquiert vers le chevalier qui contre Kex l'aura conquise. Kex s'en part et la raïne et Lanceloz le sivent de loig. Et quant Kex vient en la lande li chevalier prent la raïne par le frain, et dit : «Dame, vos iestes prise.» — «Vos ne l'aurez pas, fet-il, si de legier encor ne l'avez-vos pas vers moi conquise.» — «Au conquerre, fet Méléaganz, vendrez-vos tost.» Lors se lance lais aval enmi le champ, et met le glaive soz l'aissele, si muet à monseignor Kex tant com li chevax le pot porter, et il à lui. Il murent de loig et vindrent tost, si s'entrefièrent ès escuz bien enhaut. Si peçoia mesires Kex son glaive, et Méléaganz apoia la soue par tel vertu que de l'escu est rompuz li cuirs, et les mailles dou hauberc sont descloeies, si que li glaives li ront dedenz les espaules : et il se pasme, et li chevax Kex s'entorne fuiant, aval la lande. Et Méléaganz prent la raïne, si l'enmainne aux chevaliers qui l'atendoient. Puis vient à Keu le seneschal, si le conroie tel que par un poi qu'il ne l'a mort. Et Lanceloz qui la raïne en vit mener fiert après des esperons. Et quant il voit qu'il sont tant si a tel duel que par un poi qu'il n'ist dou sens, car il voit bien que totes ces genz ne porroit pas un tot soul hom livrer mellée, s'aventure ne li aidoit. Et neporquant mialz aime à sa dame chalengier morir que vivre. Si lesse corre à toz les cent : si porte le premier à terre qu'il ataint dou glaive, et le cheval desoz le cors. Si l'a enpaint si durement que par mi le cors li est passez li fers trenchant; et li glaives est volez en pièces. Il met la main à l'espée, si lor cort sus et lor détrenche escuz et heaumes et haubers, si les deffouche et départ si durement que nus à cop ne l'ose atendre. Et lors sot la raïne que c'estoit-il; si l'en poise moult et beau li est. Il l'en poise por ce qu'ele ne puet estre rescosse par lui, et si l'en est bel por ce que moult le désirroit ainz qu'ele fust en la terre dont ele ne cuide jamès issir. Ainsinc vient une chose et desvient. Et Lanceloz se paine de très-bien fère por sa dame garder et por le grant besoig que il voit. Méléaganz oï la noise, si lessa Keu gisant à terre, et vient cele part. Si voit les merveilles que cil fesoit, et tantost li dist li cuers que ce estoit Lanceloz de

Lac. Il escrie les chevaliers, et Lanceloz le voit venir, si s'adresce, et cil à lui : si s'entre-
fièrent des espées sor les heaumes si durement que tuit li oeil lor estencelent.

Si est Méléaganz toz estonez si que au col dou cheval ne se retenist à terre fust chauz.
Et li chevalier relessent corre à Lancelot : et quant il les voit venir si lor adresce et fiert
de l'espée à destre et à senestre, et si vistement qu'il est avis à toz les autres que trois
ne quatre ne péussent tant de cops doner. Et il ne l'osent à cop atendre ; si ont son
cheval ocis, et il let corre à pié à Méléaganz qui encor estoit tot estonez. Si li repaie tel
testiée que dou cheval le porte à terre ; et il saut sor le cheval, puis relesse corre à toz
les autres, et détrenche quanqu'il en ataint. Et cil r'ont monté lor seignor : si ot prise une
lance et vient à Lancelot poignant, si li escrie que morz est. Et cil li trestorne isnele-
ment. Méléaganz le voit venir, qui moult le doutoit : si fiert dou glaive le cheval parmi le
cors, et il chiet mors. Et lors dit au chevaliers : «Alez vos-en ; ne jà en lui metre au
desoz ne metez paine, car ce seroit paine perdue, et domage i auriez ainz qu'il fust ne
morz ne pris.» Et cil se metent à la voie, si enportent Keu sor un cheval si angoissox
qu'il covient que l'en le sostieigne de deus parz. Lanceloz est à pié remès si angoissox
que plus ne puet ; et vet après la rote quanqu'il puet corre. Et quant il lasse si ne puet
aler que le pas ; et il va totes voies quanqu'il puet aler le pas, car honte et dolor li
estoit dou remanoir. N'ot guaires alé quant misires Gaugueins l'ateint : si ot encontré le
cheval monseignor Kex qui s'en fuioit.

Mesires Gaugueins salue le chevalier, mès il ne le quenoist pas, et il conoist bien lui :
«Sire chevalier, vos estes conbatuz, il i pert bien.» Et cil dit coment qu'il soit conbatuz
que mauvèsement l'a fet. — «Beau sire, fet misires Gaugueins, prenez un de ces chevax,
si montez ; car ge cuit que vos vos en saurez moult aidier, en tel leu porrez vos venir.»
Et quant il l'ot si saut el premier maintenant qu'il le pot tenir. Et mesires Gaugueins li
demanda coment il avoit non ? — «Ne vos chaut, fet-il, qui ge soie ; mès n'avez pas perdu
vostre cheval se ge l'enmaig, car autretel honte vos fis-ge jà, et cist vos iert encor bien
renduz.» Lors a mesires Gaugueins grant honte de ce qu'il a dit ; et tantost s'en part Lan-
celoz tant comme chevax li pot aler, cele part où il a la rote véue aler. Et quant il les
vient ataignant si les escrie ; et Méléaganz qui le voit venir dit à ses homes : «Véez-ci le
meillor chevalier qui ore vive.» — «Sire, font li chevalier, qui est-il ?» — «Nus n'ose-
roit enprendre ce que cist chevaliers a fet, fors un toz seuls, et ge cuit que ce soit-il. Mès
gardez que vos ne baez fors à son cheval ocirre si tost comme il vendra à vos ; car de
lui retenir sera nienz.» Lors relesse corre à Lancelot, mès il n'ose prendre glaive de
honte por ce qu'il n'an avoit point ; et il li vient l'espée en la main. Il s'entrefièrent ès
combles des heaumes si pesanz cops, qu'il n'i a celui à cui li mentons ne soit hurtez à
la poitrine. Mès Méléaganz est si estordiz qu'il ne set quel part li chevax le porte. Et

101 v°. a.

Lanceloz relesse corre à toz les autres: si lor livre si dure mellée et si cruel que tuit en sont esbahi. Mès tantost li r'ocient son cheval, et il r'est à pié remès. Si voit que Kex est mis en une litière qu'il ont fête à grant besoig, car grant poor avoient qu'il ne se moréust. Et la raïne s'en vait tel duel fesant que par un poi qu'ele ne s'ocit; car ele a moult grant poor que par nul home qui vive ne soit jamès rescosse des mains à Méléaganz, le plus delloial chevalier et le plus cruel qui onques nasquist de ventre de fame. Mès atant se taist ore de li li contes et retorne à Lancelot de Lac.

Or dit li contes que quant Lanceloz ot son cheval perdu et il fu à pié remès, si ala toute la rote tant qu'il oï un poi sor destre un charretier qui une charrete menoit. Et il va cele part grant aléure: si ataint la charrete à quelque paine, et voit sor les limons un naim cort et gros et rechignié, qui chace à une corgiée grosse un vieil roncin, qui estoit dedenz les limons. Il salua le naim, et cil li rent à moult grant paine son salu. — « Naim, sauroies-me tu dire noveles, fet-il, d'une dame qui par ci va? » — « Ha, fet li nains, tu paroles de la raïne. » — « Voire ; » fet-il. — « Désirres-tu moult, fet li nains, à savoir de li novèles? » — « Oïl, » fet Lanceloz. — « Et ge la te mosterrai à tes iaux, fet li nains, ainz demain prime, se tu fez ce que ge t'enseignerai. » Et il dit que si fera-il moult volentiers. — « Or monte, fet li neins, en ceste charrete et ge te mosterrai ton covenant, et te merrai jusque là où tu la porras vooir. »

A celui tens estoit charrete si lede chose que nus ne séist dedenz qui totes lois et totes honors [n'ot] perdues. Et quant l'en voloit à un home tolir honor, si le fesoit l'en monter en la charrete et mener par la ville dont il estoit, tant que de toz estoit véuz ; ne jà en nule ville ne géust, tant fust granz, c'une seule nuit. Et Lanceloz dist au nain qu'il ira plus volentiers après la charrete à pié qu'il ne monteroit dedenz. Et li nains dit que jà par lui ne sera avoiez s'il n'i monte. — « Craantes-me tu donques, fet Lancelot, que tu me merras jusqu'à ma dame se ge i mont? » — « Ge te craant, fet li nains, que ge la te mosterrai ainz demain prime. » Et il est tantost en la charrete sailliz.

Ainsinc l'enmaine li nains en la charrete: et quant il se regardent si voient monseignor Gauguein venir entre lui et deus escuiers. Li uns li maine un cheval en destre et son biaume, et li autres porte son escu et son glaive. Et quant il a la charrete atainte si demande au naim noveles de la raïne si comme avoit fet Lanceloz. Et li nains li dist que s'il monte en la charrete il li mosterra ou annuit ou le matin. Et il dit que jà, se Dex plest, en charrete ne montera, car trop poi conoistroit honor ne honte qui por charrete leroit cheval.

101 v°. b.

— « Chevalier, fet li nains, tu ne te hez pas tant comme fet cist maleurex chevaliers ci qui volentiers i est montez por savoir ce que tu demandes. » — « Certes, fet misires Gaugueins, c'est granz domages. » Et li dit: « Sire chevalier, car alez jus de la charrete

ainz que plus granz honte vos avieigne, et montez en cest cheval qui moult est boens ;
et ge cuit que vos vos sauroiz mielz aidier sor cheval que sor charrete. » — « En non Deu,
fet li nains, ca ne fera-il pas, car il m'a craanté à venir sor la charrete hui tote jor. » Et
Lanceloz li dit que n'ait-il guarde qu'il n'en descendra huimès. — « Certes, fait misires
Gaugueins, ce poise moi, quer ge cuit qu'il ait assez proesce en vos. Si sera granz dolors
quant vos en seroiz honiz ; qui honte en devra avoir si l'ait. » — « Sire, fet Lanceloz, car
sor moi ne le pren-ge pas. » Et misires Gaugueins li demande qui il est ? Et il ne li volt
conoistre. — « Vos déistes orainz, fet misires Gaugueins, que vos me donastes un cheval ;
si sauroie où ce fu moult volentiers. » — « Ne demandez jà, fet Lanceloz, por celui que
vos m'avez doné, car bien vos iert encore renduz. » Lors ne li ose mesires Gaugneins plus
enquerre por le cheval dont il parole. Si en let la parole ester et va après aus toutes
voies, et tant qu'il voit un chastel moult bien séanz qui estoit en l'oraille d'une forest ;
et il entrent enz. Et quant les genz voient le chevalier armé que li nains maine, si de-
mandent qu'il a forfet ? Mès il respont pas à chascun, ainz s'en va outre, et totes les genz
huient le chevalier et laidengent et gietent après lui boe ausinc comme à un veincu en
champ. Si en poise monseignor Gauguein trop durement et maudit l'ore qu'onques charrete
fu establie, et trop se merveille dou chevalier qui i puet estre. Tant ont alé que dou chastel
sunt issu hors : et li chastiex avoit non *L'entrée Galesche* ; si commençoit ilec la terre
au roi Badegamus, cele que l'en clamoit *Terre-Foraine*. Et en cele terre estoient li en-
prisoné, non pas en forteresces mès en viles sanz fremetez, et la terre tote close d'une
grant iaue parfonde et roide, et de grant marois mol et croulant, si que nus hom n'i pooit
à force entrer, si comme li contes a çà arrières devisé.

Quant il ont passé le chastel, si commence à avesprir, et il aprochent d'un petit chas-
telet, si entrent enz ; et deus damoiseles estoient enmi la cort : si font à monseignor Gauguein
grant joie, et demandent au naim dou chevalier de la charrete, qu'il a forfet ? Et il lor
conte coment et por quoi il estoit montez en la charrete. Et eles le desdaignent moult et
dient : « Coment osez-vos vooir nului, danz chevalier, qui estes menez et traïnez en char-
rete tot autresinc comme uns murtriers ! Puis que chevalier est honiz moult à vil cuer et
malveïs quant il el siècle plus remaint, mès en tel leu s'en fuie qu'il ne soit jà conéuz. »
Lanceloz ne respont mot à lor paroles, mais au naim dit : « Naim, quant me monsterras-tu
ce que tu m'as en covent ? » — « Alez jus, fet-il, car ge-le vos mosterrai ainz demain
prime, si comme j'ai dit. » — « Je alasse, fet-il, plus loig encore nuit se tu volsisses. »
Et il li dit que ainz l'estuet hébergier s'il vuelt savoir ce qu'il demande. — « Donc héber-
gerai-ge, » dist-il. Et lors va jus de la charrete, si a monté contremont les degrez en une
tór, et trove une blanche et bele chambre devers senestre ; et il entre enz, si se lesse en vue 102 ro. a.
des plus beles couches dou monde qui i estoit. Si clot fenestres qui estoient overtes por la

chambre plus ennobler; si se commence tot par lui à desarmer. Mès tantost i viennent dui vallet illeques, si le desarment. Et il voit un mantel à une perche pendre, si le prent et s'en afuble, et envelope sa teste que l'en ne le quenoisse.

Ne demora gaires que une damoisele vint leienz : et quant ele le vit en la couche gesir si en ot moult grant despit. Puis li a dit : « Qu'est-ce, sire malvès chevalier veincuz ? Que par mesaventure soit-ce, que vos iestes ci couchiez en une des plus beles couches de ceienz ne que ge onques véisse ! » — « Certes, fet-il, se plus riches fust ainz m'i couchasse. » — « Voire, fet-ele, ce verrai-ge partens se vos oseriez couchier en toz les riches liz que vos verroiz. » Ele s'en va et tantost vient misires Gaugueins laienz por vooir le chevalier, et l'autre damoisele einsinc. Misires Gaugueins li dist : « Sire, venez mengier, car ces damoiseles m'en ont sémons. » Et il est toz appareilliez et il respont basset que il ne mengera or pas, car il n'est pas ore hétiez. Et toz s'estoit envelopez ou mantel. Et la damoisele li dit : « Certes, il doit bien estre malades li chevaliers : et s'il conoissoit que honte estoit il ameroit mialz la mort que la vie, car en cest siècle est-il honiz, ne en sa compagnie ne mengeré-ge jà. Vos i poez bien mengier, fet-ele à monseignor Gauguein, mès vos seroiz einsinc honiz comme il est hore.» Lors en remaine la damoisele monseignor Gauguein en la sale : si sont au mengier assis, et totes voies font atorner à mengier au chevalier de la chambre ; mès il ne velt mengier en nulle fin. Quant misires Gaugueins ot mengié si demanda dou chevalier que il fesoit ? Mès en li dist que il ne velt mengier ennuit, et il i va et si li dit : « Beau sire, por quoi ne mengiés-vos ? Certes ge ne le tieig pas à sens, car vos alez en tel besoig où il vos covendra moult fère d'armes : si vos covient mengier, quelque mesestance que li cors ait, car prodom qui assez bée à fère ne doit lessier ses membres ne son cors anientir. Et par la rien que vos plus amez, mengiez, et se vos iestes iriez ne de perte ne de meschaance, si le mostrez là où vos vos en porroiz vengier. » Tant li dist misires Gaugueins qu'il li créante qu'il mengera. Et il s'en ist de laienz que pas ne li velt fère anui.

Et en aporte à Lancelot à mengier, et il menjue, et moult est pensis et angoissox. Après mengier vint à lui la damoisele qui l'avoit lédengié dou lit où il s'estoit couchiez. Si li dit : « Danz chevaliers, s'ore osiez vooir beau lit et riche ge le vos mosterroie. » — « Oseroie ? Donc, fet-il, auroie-ge poi de cuer. » Ele vet avant et il après : si trespassent la tor et viennent en une grant sale jonchiée de jonc menuz ; et fleroit si souef comme se totes les espices dou monde i fussent espandues. En un des chiés de cele sale avoit un lit moult granz et moult bel, et encontre celui d'autre part en avoit un assez menor, et plus bas estoit-il moult. Mès la damoisele li dit : « Or, sire chevalier, véistes-vos onques plus beau lit de cestui, ne plus riche ? » — « Damoisele, fet-il, j'ai véu cent tanz plus bel et plus riche que cist n'est. » — « Bien puet estre, fet-ele ; mès tel comme il est n'a i si hardi chevalier en la meson le roi Artu, s'il i osoit conchier, que honteusement ne s'en levast. » — « Coment qu'il soit, fet-il, dou lever, en celui lit me girrai-ge, por ce que l'en-le me contredit.» — «Se vos estiez, fet-ele, si hardiz que vos i méissiez le pié jà n'i perdriez mains de la teste.» — «En non Dieu, fet-il, ce verrez-vos, se ge m'i oserai couchier, et se ge i perdrai la teste.» Atant en revient en la chambre où il ot mengié, si prent s'espée, qui a un croc estoit pendue: puis vient arrière au riche lit. Et la damoisele li demande qu'il bée à fère? — «Je me bée, fet-il, à couchier en ce beau lit.» — «Fi, fet-ele, vos vos i coucheroiz? Gardez que jà nele pensez que onques de nul cors ne fu fet que l'en feroit del'vostre se vos i metiez le pié.» — «Or i parra,» fet Lanceloz.

Il s'en va deschaucier à quelque paine, et se despoille, puis s'est couchiez dedenz le lit; et la damoisele esgarde qu'il met s'espée à son chevez, et ele s'en va et conte partout laienz que li chevaliers honiz estoit el lit riche couchiez. Mesires Gauigueins demanda qué c'estoit? — «Quoi, fet la damoisele, si m'aïst Dex, li chevaliers charretiers s'est couchiez en un lit où nus ne jut onques qui morz ne fust ou mahaigniez.» — «Si m'aïst Dex, fet l'autre, il a bien fet, car puis qu'il est honiz en terre il doit bien sa mort porchacier à son pooir.» Et misires Gauigueins escoute les paroles et mot ne dit. Quant il fu tens de cou- chier si couchèrent les damoiseles monseignor Gauiguein ou beau lit qui ou chief de la sale estoit, et jurent li escuier et l'autre gent environ lui. Et quant la damoisele s'entornoit si dist à Lanceloz: «Sire veincuz chevalier, or vos aésiez ou lit, fet-ele, que premiers li mostra que jamès en autre ne gerroiz.» Et il prise moult poi quanqu'èle dit; ainz se sont leienz couchiez. Et li chevaliers à pensé moult longuement à ce qu'il aloit chaçant, ne nule rien ne le detient en son sens que la dame dou Lac, qui craanté li avoit qu'il rescorroit la raïne des mains à ses anemis. La nuit fu une pièce moult à maleise, car jamès ne cuidoit achever son désirrier, n'il ne vooit mie coment. Mès tant avoit esté le jor travailliez qu'il s'endormi.

Et quant vint droit entor mie nuit si comença à trenbler tote la meson: après i ot une noise moult grant que l'en pooit oïr de moult loig, et puis leva partot leienz un si grant estorbeillon qu'il enportoit la jonchéure de la meison et les robes des liz jusqu'au laces. Quant toz li estorbeillons fu remès si vint leienz une clartez, et estoit avis que tote la meison arsist. Et lors descent une lance parmi la fenestre de la meson tot contreval, et fiert ou lit Lancelot tot droitement. Cele lance estoit merveilleuse, car li fers est toz ver- mauz comme charbon de feu espris, et une flambe en sailloit inde et vermeille et longue comme uns penonciaux. Ele vint contreval bruiant autresinc comme foudre, et feri el lit Lancelot si durement que parmi le covertoir et les dras et la coute et le fuerre est en terre ferue plus de plain pié. Lanceloz saut sus et met la main à l'espée qui à son chevez estoit, et quant il ne voit nului entor li si fiert si en la lance qu'en deus pièces la fet voler. Puis arrache la piesce qui en terre fu férue, si la giete enmi la sale par mautalent. Puis a un mantiau mis à son col, si quiert partot laienz por savoir se nus li éust lanciée. Mès il n'i a nului trové. Lors revint a son lit, si s'est couchiez et dist que honiz soit comme coart qui li lança quant il ne féri de maintenant. Tantost s'est en son lit couchiez sanz dire plus, et misires Gaugueins li demande comment il li est? — « Bien, sire, fet-il, mès dormez-vos. » En tel manière se jut sanz effréer jusqu'au jor, et lors s'estoit endormiz. Et il comença à esclarcir : et li nains qui amené l'avoit leienz vient à l'uis de la chambre, si comença à crier : « Diva, chevaliers qui venis en la charrete, or sui prez que ge te rende ton covent. »

Lanceloz entendi la voiz en son [lit] dormant, et sailli sus en braies et en chemise, et met à son col le mantel et se lance hors de l'uis. Et li nains le maine à une fenestre devant les prez, et dit : « Esgardez là. » Et il esgarde, et voit la raïne et Méléagan delez lui, et Keu le seneschal que l'en porte en une letière. Et il esgarde moult doucement tant comme il la puet vooir, si se trait plus avant parmi la fenestre, et tant se trait hors petit et petit que toz est hors jusqu'au cuisses ; et tant pensa à ce qu'il esgarde que toz s'en oblie, si que par un poi qu'il ne chiet. Et lors vint misires Gaugueins qui levez fu, et les deus damoiseles avec lui ; et quant il trueve Lancelot en tel péril si l'aert au braz et le sache arrière et dit : « Ha biau sire, por Deu aiez merci de vos ! » Et Lanceloz se resgarde, si a grant honte de ce qu'il l'a einsinc trové. Et les deus damoiseles dient : « Ainz a moult grant droit si se tuoit, car il ne doit riens tant haïr comme sa vie, ne il n'aura jamès honor. » — « Certes, fet misires Gaugueins, donc n'en aura-il point en tot le monde de l'ennor, s'il n'en a assez. » Lors prent Lancelot entre ses braz et dit : « Ha beau doz amis ! Sire, por quoi vos iestes-vos tant vers moi célez ? » — « Por ce, fet-il, que ge doi avoir honte de toz prodomes vooir ; car j'ai esté en point et en leu de totes honors conquerre, et par malvestié i ai failli. » — « Se vos i avez failli, fet misires Gaugueins, ce n'est pas par vos copes, car ce set l'en bien que ce que vos lesseroiz à achever, il n'est pas encor nez qui l'achevast. » Quant les damoiseles l'oent à monseignor Gauguein si ennorer, si se merveillent trop qui il puet estre ; eles demandent à monseignor Gauguein : « Qui est cist chevaliers ? » — « Vos nel' sauroiz pas, fet-il, par moi son non ; mès tant vos dirai-ge que c'est li miaudres de toz les boens. »

Eles se traient avant, et l'une dit à Lancelot : « Sire, car nos dites qui vos estes ! » — « Damoisele, fet-il, uns chevaliers charretiers sui. » — « Certes, fet-ele, c'est granz domages. » Atant ont lor armes demandées, si se sont armé. Et l'ainz née damoisele dit à Lancelot : « Biau sire, coment nos vos aions ramposnez, nos ne vos devons pas faillir au par estroit ; et il a ceienz de moult beaus chevax et de moult boens : si en auroiz un tel come vos le voudrez prendre, et un glaive tel comme vos le voudrez meillor. » — « Damoisele, fet misires Gaugueins, granz merciz ; mès cheval ne prendra-il jà de nului tant comme g'en aurai nul. Et g'en ai deus bons et biaus, et il montera sor l'un. Mès le glaive prendrai-ge de vos, et il aura le mien. » Li cheval sont amené, si monte Lanceloz sor l'un et misires Gaugueins sor l'autre ; et la damoisele qui estoit de laienz dame les commande à Deu. Si s'en vont amedui ensenble. Mès moult ennuie à la damoisele de ce qu'ele ne set qui li chevalier est que misires Gaugueins a tant loé, et moult le voldroit conoistre ; et totes voies cuidoit-ele que ce fust Lanceloz mianz que nus autres, se ne fust ce que chascuns disoit qu'il estoit morz. Et totes voies le saura-ele se l'en puet por essaier home nului conoistre. Ele apele sa damoisele, qui moult estoit sage et cortaise. Si li dist   102 v°. b. qu'ele voist tot droit au carreforc des ponz ; et ele li ensaigne coment ele porra savoir se ce est Lanceloz ou non : si li enseigne comment ele en esploitera. Et cele est moult tost montée, qui moult estoit bele et riche et haute fame ; si va par la plus droite voie, comme cele qui bien le set, tant qu'ele vint à la droite voie au karreforc. Et quant ele se resgarde si voit venir les deus compaignons, et ele fet semblant qu'ele voille aler en autre sen ; et ele fu moult bien envelopée, si ne la conurent pas. Il la saluent, et ele els ; et il li demandent s'ele set de la raïne nules noveles, et ele dit que li filz an roi de Gorre l'en a menée en la terre de Bretaigne, de laquel terre nus qui i soit ne puet issir. — « Damoisele, fet misires Gaugueins, coment saurons-nos par où nos porrions en la terre aler ? » — « Ce vos enseignerai-ge bien, fet-ele, tel loier m'en porriez vos doner. » — En non Deu, fet Lanceloz qui plus en tenoit au cuer, nos vos en dorrons outréement ce que vos nos en demanderoiz. » — « Fianciez-le moi, fet-ele, andui, que chascuns me donra le premier don que je li demanderai. »

Et il li fiancèrent andui, et ele dist : « Véez-ci les deus voies d'ont l'une va au *pont de l'espée* et l'autre va au *pont perdu* que l'en claime *le pont sor l'eive.* » Après lor devise les costumes d'andeus les ponz, et si lor dit au partir : « Seignor chevalier, sovieigne-vos en quelque leu que ge vieigne à vos que chascuns de vos me doit un tel don comme il me porra doner. » Et il dient que ce n'oblieront-il mie. Atant s'enpart la damoisele grant ambléure, et va une viez voie herbue entre les deus chemins ; car la quele que Lanceloz tieigne, ele li sera au devant ainz qu'il soit gaires loig alez. Et li dui chevalier remestrent au karreforc, et Lanceloz dit à monseignor Gauguein qu'il preigne la quele que lui plera de ces deus voies ; et misires Gaugueins dit que moult sont andeus ennuieuses ; mès totes voies prent-il la voie au pont perdu. Et Lanceloz s'en ira au pont de l'espée, ce dit. « Et vos, fet-il à monseignor Gauguein, enquerrez et demandez de moi noveles partot là où vos ¡roiz, et si tost comme vos avez conquise l'entrée dou pont si alez à madame droit, car ainsinc le feroie-ge. Et mesires Gaugueins li craante. Atant s'entrecommandent à Deu, si se part li uns de l'autre. Et Lanceloz s'en va grant aléure, tant qu'il avespri durement. Et lors l'ateint la damoisele qui les noveles li enseigna. Il la salue et ele lui : puis li dist qu'il se vieigne o lui hébergier ennuit, et ele le hébergera moult richement. — « O vos,

fet-il, irai-ge hébergier en toz leux où ge vos sauroie; mès il est trop tost à hébergier.» —
«Li leux n'est pas, fet-ele, trop prez de ci, et se vos le passez, fet-ele, vos ne troveroiz
mès hui ue borde ne meison.» Et il dit que donc se hébergera il ovec li. Lors apele la
damoisele un soen vallet, si li dist qu'il voist avant, et li conseille qu'il fera; et cil s'en va
à esperon. Et entre Lancelot et la damoisele chevauchent l'ambléure petite, tant qu'il voient
la meson où il girront. La damoisele li dist: «Sire ge ne sui pas asséur en cest païs, car
l'en m'i het, et vos estes ennuit mès mis hostes: si vos requier que vos m'ediez se j'ai
mestier de vos.» — «Vos n'aurez jà, fet-il, mal en leu où ge vos puisse aidier.» —
«Granz merciz,» fet-ele. Et lors sont venu à la meison: si entrent en un moult beau baille
donc ele estoit close. Et la damoisele saut jus dou palefroi ainz que Lanceloz i poist estre;
et il descent. Et ele li dit; «Lessiez vostre cheval et me sivez là où ge vois. Et il si fet.
Et ele entre en une moult grant sale viez; si va outre, et puis entre en une chambre moult
bele et moult blanche. Et il fu nuiz; mès tortiz et cierges i avoit assez alumez partot laienz,
mès n'i apert. Et il passent cele chambre et viennent en une moult très-bele sale, et
troevent que la table est mise. La damoisele li deslace son heaume et li oste son escu, et
il tot par lui oste de ses armes le remanant. Et quant il est tot desarmez la damoisele li
met au col un grant mantel traïnant, vair d'escarlate, à un gros sebelin chenu. Il ont lavé,
si sont assis, et truevent mis le mès premier: si menguent. Et quant il ont un poi mengié
si viennent dui sergant, vestuz lor cors de haubergons, les espées çaintes, lor chapiaux
de fer en lor testes. Si issent d'une chambre: et tient li uns en sa main destre uu taillbeor
d'arjent, covert d'une grant escuele; et li autres tient une petite escuele et va avant. Et si
tost comme il sont hors de la chambre si traient lor espées nues et viennent à la table droit.

Et Lanceloz saisist une grant juste d'argent, plaine de vin, car il ne set que il feront;
et la damoisele esgarde quanqu'il fet. Li dui sergant metent les mès que il aportent desor la
table, sanz dire mot; et s'en revont. Et Lanceloz n'encerche riens de tot ce, ainz mengue
si comme il puet comme home dolenz. En tel manière furent servi tant comme li mengiers
dura. Après mengier se liève la damoisele et Lanceloz, et s'envont apoier à unes loges au
serain delez un moult bel jardin. Quant la damoisele i ot un poi esté ele s'en part et s'en
va, sanz dire mot, totes les loges: si entre en la sale et va outre en une chambre et de-
more une grant pièce. Et quant Lanceloz se regarde si ot une moult grant noise, et il
cort là. Si ot que la damoisele crie moult durement, et il s'en cort là tot droit. Si entent
qu'ele apele: «Beaus hostes, secorez-moi si comme vos m'avez en covent!» Il est venuz à
l'uis d'une chambre, si voit une moult grant clarté, et voit que un moult grant hom tient
la damoisele enverse en un lit de fust: si li est entre les deus jambes, et ele a descovertes
et les jambes et les cuisses qui moult sont blanches. Il avoit enmi leu de la chambre deus
homes qui tiennent deus haches, qui le lit gardent. Et quant il se velt lancier dedenz, si

103 ro. a.

aperçoit deus serganz qui gardent l'entrée de l'uis à deus espées totes nues. Il se pense qu'il porra fère; car s'il se met enz il ne porra eschaper sanz mort, se cil valent un denier, qui tiennent ces haiches et les espées. Et s'il ne secort s'ostesse donc sera-il honiz en totes corz; et dire li covendra quant il vendra à cort. Il cort tantost s'espée querre, et quant il l'a si saut arrières, et pense que cele sera honie ainz qu'il reviegne.

Lors se saigne et dit après: «Dame, à vos me commant, car se ge muir ci ert por vos.» Atant se fiert dedenz la chambre, et li dui qui l'uis gardoient le quident férir, mès il faillent. Si fièrent en terre lor espées amedeus, si que en pièces sont volées. Et il se hurte si durement à un de ceus qui les haiches tenoient, que tot estendu le porte à terre. Et li autres le quide férir parmi la teste, mès il giete le braz encontre, qu'il ot envelopé dou mantel; et la haiche fiert enz si durement que toz les peus en tremblent fors un tot seul. Et il se lance à celui qui s'ostesse tient, et le prent par les cheveux, si sache à terre. Et li autres qui chaez estoit saut sus et quide Lancelot férir parmi la teste, là où il tenoit celui; mès il saut arrières, et cil ne pot son cop retenir, si fiert celui que Lanceloz ot leissié parmi la teste, si que tot l'a fendu jusque ès espaules. Et Lanceloz giete les poinz, si prent la hache devers le fer et la tolt à celui qui la tenoit: si cort sus à toz les autres, et dit que tuit sont morz s'il estoient ancor autant. Et cele comence à rire: si le prent par le poig et dit: « Estez, beaux ostes, vos n'avez garde desormès, car bien avez mostré que vos valez.»

Lors s'en vont ensemble parlant tant qu'il viennent en la grant sale. Il passent outre et il viennent en une trop bele chambre petite. Si voit Lanceloz un moult beau lit appareillié de totes choses qui à beauté de lit coviennent. La damoisele prent Lancelot, si l'asiet devant le lit delez li, si a dit: «Beaus hostes, vos me devez un guerredon tel comme gel' vos demanderai, por ce que ge vos enseignai hui la voie; et ge le vos demant orendroit.» Et il dit que moult volentiers li donra, s'avoir le puet. — «Je le vos demant, fet-ele, sus vostre fiance, que vos gisoiz avec moi ennuit-mès dedenz cest lit.» Quant il l'entent si est si angoisseux, et li dit: «Damoisele, demandez-moi un autre don tel comme vos plera, et vos l'auroiz volentiers.» — «Bien le sachiez, fet-ele, ge ne vos demanderai nulle autre chose; mès ceste vos demant-ge par la foi que vos m'avez plevie.» En totes manières essaia s'il la porroit mettre hors de sa demande, mès ne puet estre. Et quant il voit que fère l'estuet, si dist qu'il i gerra por sa fiance aquiter. Maintenant s'en va cele couchier, et tantost va li chevaliers là où il devoit gesir. Et quant il se velt deschaucier si viennent laienz vallez assez, si se metent devant li à genouz et le deschaucent. Et les chandoiles sont estaintes: si se couchent et un et autre. Et la damoisele va Lancelot querre à son lit, et li dit que covent li tiegne, et que ovec li viegne gesir; et il i va moult dolenz. Cele se couche avant, et il après; mès c'est en chemise et en braies. Ne il ne li ose son dos torner por vilennie, ne son vis ne li ose abandoner, ainz se gist toz envers sauz movoir, et sans dire li mot. Et la damoisele escoute et oreille quanqu'il fera: et quant ele voit et sent qu'il n'en fera plus, si li dist: « Que est-ce, sire chevaliers, n'en ferez-vos plus? » — «Que volez-vos que ge face? fet-il. Se ge cuidoie que ge vos ennuiasse autretant com vos annuiez à moi ge m'en iroie de ci. » — « Coment, fet-ele, ennuié-vos ge?» — «Oïl, fet-il, bien le sachiez, plus que ne vos porroie dire. » — «Por quoi? fet-ele. Sui-ge si laide et si hideuse?» — «Vos iestes à moi laide orendroit et ennuieuse, combien que vos m'aiez pléu. » — «Certes, fet-ele, vos n'avez pas gramment de tort; et se vos me pardonez tant comme ge vos ai ennuié, ge vos leroie atant ester. » Et il dit que si fera se encor li avoit plus mefet. — «Et ge m'en vois, fet-ele: or vos gesiez et reposez trestot à eise, et ge m'en irai gesir en vostre lit. » Et il dit que non fera; « ains gerrez-vos ci, fet-il, et ge irai en mon lit gesir, qui tant est beaux; por ce, fet-il, que ge ne seroie jamès en terre où ge fusse conéuz, se toz li mondes savoit que ge i éusse géu ennuit, qu'il ne me fust reprové à toz jors mès. » — « Séurement, fet-ele, i porriez gesir, car se vos avez amie ele n'en sauroit riens. » — « Mes cuers, fet-il, le sauroit, qui en son leu seroit partot. » — «Si m'aïst Dex, fet-ele, assez en avez dit, et à qui que vostre cuer soit, il est loiaux, et bien i parut el val au faus amans. Or vos levez donques, et si vos alez gesir, que boen repos vos otroit Dex, et vos doint joie de ce que vos plus désirrez!» Il s'en part, et ele remaint, si pense bien en son cuer qui il est; et ele dit à soi-méesmes que ce n'est se Lanceloz non. Mès ele en voldra plus savor s'il puet estre, et pense en son cuer coment. Einsinc atent jusqu'au matin, et lors est levée ainz l'aube, et vient devant Lancelot, si trove qu'il se levoit jà; et ele dit que Dex li doint hui benaet jor! — « Et vos aiez, fet-il, bon aventure!» — «Sire, fet-ele, vos m'avez si bien renduz mes covenanz que ge m'en lo, ne jamès ne fera riens qui vos annuit. Et il est voirs provez qu'en nule terre ne crient riens pucele qui seule va; mès se chevaliers l'a en conduit et autres la conquiert vers lui, il en puet fère son talent comme de la soe. Et ge le di porce qu'en cest païs a un chevaliers, qui moult m'a longuement d'amors requise; mès sa proière i a perdue; et se vos m'osiez conduire par devant lui, ge iroie en vostre conduit hui tote jor. » — «Encontre un chevalier vos conduirai-ge bien, ou encontre deus, que vos n'i aurez mal sanz moi. » Et ele dit que ce est assez. Li cheval sont amené, et il montent, si s'en issent de la meison moult matinet.

Mès en cele terre estoit tex la costume, que si tost comme uns chevaliers i entroit si movoient mesage de la première ville où il venoit, et coroient par le païs, et disoient partot c'uns tex chevaliers venoit délivrer les emprisonez; et maintenant en savoit-en les noveles par toz les maus pas, ainz qu'il i fust venuz. En tel manière fu séue la venue de Lancelot, et distrent partot li message quel escu il portoit, et qu'il avoit sis en la

103 v°. a.

charrete, dont il ot puis maint grant blasme et maintes reproches. — Or s'en vont entre lui et la damoisele, si chevauchent jusqu'en droit tierce; et lors viennent à une chauciée longue et estroite, qui siet enmi un marès parfont et mol. Au chief de la chauciée estoit uns chevaliers armez sor un grant cheval, apoiez desor son glaive.

Et quant il voit venir Lancelot sel' conoist tot maintenant: et quant il vint près de la chauciée si li dist li chevaliers que il vet querrant?. — «Outre cele chauciée voldroie estre,» fet Lanceloz. — «Fi, fet li chevaliers, outre passerez-vos! Ele ne fu pas fete si bele ne si riche comme ele est por ce que honiz ne vaincuz passast pardesus: et tu es honiz comme traïnez en charrete; si as perdues totes honors et totes lois, ne ne dois en leu venir où prodom soit.» — «Si honiz et si vaincuz comme ge sui, irai-ge outre, que jà por vos ne remaindrai.» — «Outre, fet li chevaliers, iras tu, se tu veus; mès tu me donras de paage la chose de ce que tu as que ge mielz amerai à prendre.» — «Paaige, fet Lanceloz, ne paia onques chevaliers, ne ge ne coumencerai jà.» — «Il n'a si haut home en Bretaigne, fet li chevaliers, qui n'i rendist le paaige si la passoit; neis le rois Artus et sa fame méesmes le m'a gehui paié et bel et riche.» — «Et quex fu?» fet Lanceloz. — «Certez, le plus beau pigne d'or enluminez que ge onques mès véisse; et sont les denz plaines de ses cheveus, les grosses denz et les menues.» — «Se vos me mostriez le pigne, fet Lanceloz, je rendroie le mien paaige.» — «Fi, fet cil, vos le verrez! et à vos, se Dex plest, ne le mosterrai-ge jà, ne à home qui honiz soit. Et si est-il 103 v°. b. là sor le perron qui est el mileu de ceste chauciée.» — «Donc le verrai-ge,» fet Lanceloz. Atant si monte sor la chauciée, et cil li cort au devant, si fiert le cheval à cop de sa lance parmi la teste, si que par un poi qu'il ne le fait voler à terre. Et Lanceloz s'est corociez, si li dist: «Sire chevalier, mon cheval avez féruz: mal avez fet, et vos le comperrez, bien le sachiez.» Il se trest un poi arrières, puis vient à lui, si s'entre-donent granz cops sor les escuz. Li chevalier brise son glaive, et vole en pièces; et Lanceloz fiert lui si durement que lui et le cheval porte en un mont. Il s'en passe outre, si descent, puis mist la main à l'espée et giete l'escu sor la teste: si vient sor li, si le conroie tel en poi d'ore que merci li estuet crier et prison craanter à Lancelot, à tenir là où il voldra.

Atant sont au perron venuz, et Lanceloz voit le peigne qui est desus, si n'a tant de pooir qu'il le preigne; ainz est de voir tant esbahiz que mot ne dit. Et li oiel li esbloïssent, et il s'oblie toz qu'il ne sét où il est, et par poi qu'il ne s'est paumez et fust à terre chauz, se la damoisele ne le tenist. Et quant il revint de pasmoisons et il vit la damoisele qui le sostenoit, si li demanda qu'ele voloit? — «Ge vos voloie baillier cest pigne, car vos le voliez prendre, ce m'est avis.» Et il dist granz merciz, et il prent le pigne, si en trait les chevox hors. Puis dit à la damoisele: «Cest pigne me gardez en bone foi.» Et ele dit que volentiers. Et il prent les chevox, si les fiche près de sa char, et bien vousist

que la damoisele fust loig. Par la grant joie qu'il en a dist-il au chevalier qu'il s'en voist quites, car moult hautement s'est réens. Lors s'entornent entre lui et la damoisele, et chevauchent tant qu'il est près de none; et lors entrent en un sentier estroit qui est entre deus plesséiz. Tant ont alé cel sentier qu'il voient parmi les arbres dou plesséiz une grant prée, où il oent moult grant noise de boordeiz et de karoles et d'autres choses. Et lors vint uns chevaliers toz armez sor son cheval. La damoisele le quenut, si le dit à Lancelot: «Sire, véez-ci le chevalier qui tant m'a requise d'amors! Si sai bien qu'il me voldra jà prendre por ce que je sui en conduit: si m'est mestiers que vos me soiez vers li garanz.» — «Alez, fet-il, alez, n'aiez garde.» Et cele s'enva avant: et quant li chevaliers la quenoist, si a tel joie comme il puet, car il fiert une paume en l'autre et rit et chante, et est tant envoisiez que plus ne puet.

Puis dist: «Bien puisse venir la riens vivant que mis cuers plus aime et désirre, et beneoit soit Dex, qui totes mes proières m'a achevées, quant je la puis prendroit prendre si quitement et mener à ma sauveté!» — «Biau sire, fet-ele, il ira ore tot autrement, car cist chevalier me conduit.» — «Certes, fet-il, ce doit vos moult peser quant en conduit à un home honi estes entrée, car c'est cil qui fu charretez; et ge vos enmerrai voiant ses iauz, que jà chaleinge n'i metra.» — «Oez sire, fet-ele, que dites-vos?» — «Damoisele, 104 rᵒ. a. fet Lanceloz, il dira sa volenté, mès encor ne vos a-il menée guaires loig.» Et il giete les mains aus resnes dou palefroi à la damoisele, si dist: «Or vos enmerrai-ge, et qui vos rescorra gel' verrai bien; mès cest chevaliers n'est pas si fox qu'il entrepreigne vers moi bataille por vos.» — «Sire chevalier, fet Lanceloz, lessiez ester, car assez iert qui encontre vos la deffendra.» — «Donc vos combatez, fet-il, à moi.» Et il dit qu'il est tot prez. — «Or n'i a donc, fet li autres, que d'aler en tel leu où nos puissons conbatre à largesce, c'ongues tant riens ne désirrai comme conbatre por la riens que ge plus aim et devant li.» Lors s'entorne cele part dont il venoit, tant qu'il issent dou sentier et entrent en la prée qu'il avoient véue parmi les arbres. Si voient moult grant plenté de gent, donc li uns joent aus eschés et li autre à jeux de maintes manières, et li autre ne joent pas, ainz sont tuit coi. Cil qui joent sont de cels de la terre, et cil qui ne joent pas estoient des enprisonez. Et li chevalier qui la damoisele chalonge commence à crier: «Ne joez plus, véez-ci le charreté!»

Et tantost remest toz li geuz de totes parz; et li chevaliers prent la damoisele par le frain, si l'enmaine au paveillon qui enmi la prée estoit tenduz. Et uns granz chevaliers va encontre sor un palefroi, une chape vestue de brun fresche; et fu d'aage, si senbla moult bien prodom, et il estoit pères au chevalier: si estoit moult riche home. «Qu'est-ce? fet-il à son fil, où maines-tu la damoisele?» — «Sire, fet-il, je l'enmaig comme cele que j'ai conquisse.» — «Comment, fet-il, la t'a donc quitée li chevalliers?» — «Autant m'est,

fet-il, s'il la me cuite comme si la me contredit, car autresinc l'enmein-ge comme la moie.»
Et Lanceloz li dist: «Laissiez-la, sire chevalier, car tant avez-vos de pas perduz comme
vos l'avez menée avant, et moult bien iert garantie encontre vos se vos aviez la proesce
à deus autretex comme vos estes.» — «Or poez oïr, fet li vavasors, qu'il ne la vos cuite
pas.» Et cil dit que lui ne chaut; «et totes voies l'enmerrai.» Et Lanceloz li lesse corre,
et dit, s'il ne la lesse ester il li fera comparer. — «Laisse-la,» fet li prodom. Et cil la
lesse, mès il dit qu'il se combatra au chevalier tant qu'il en morra, ou il la conquerra
vers lui. Et li prodom dit qu'il s'en gardera moult bien del' combatre encontre son gré;
et cil dit que non fera. Si va corre sus à Lancelot, et li pères le traist arrières deus foiz
ou trois; mès cil n'en velt riens lessier por sa deffense. Et li pères apele une partie de
ses homes et de ses amis, si fet eleques prendre son fil et bien lier, et dit qu'il li covendra
maugré soen esploitier à sa volenté.

— «Et sez-tu quex ma volenté sera? Tu lairas la damoisele au chevalier, et por ce que
tu ne soies à malaisse de la bataille que ge te toil, si irons après le chevalier hui et de-
main, et de tel proesce puet-il estre que atant te soferras de la bataille; et tel chose porrons en
lui vooir qu'à la bataille revendras.» Ainsinc le fet otroier à son fil maugré soen. Et lors s'en-
torne Lanceloz et enmaine la damoisele: si s'en vont là où ele le conduit; et li vavasors et ses
filz vont après lui. Tant ont alé qu'il vindrent en une maison de religion moult ancienne; et la
damoisele dist à Lancelot: «Sire, il est mès hui bien tens de hébergier; et véez-ci une meson où
en nos hébergera moult bien, et porce que chevaliers estes et por m'amor.» Et il dist qu'il héber- 104 r° b.
gera puis qu'ele velt. Il viennent à la porte, si truevent en une loge trois frères: il saillent
encontre le chevalier et dient que bien soit-il venuz. Si li prient de hébergier, moult
doucement. Et quant il conoissent la damoisele si en font joie trop grant, car ele estoit
trop haute fame et niescé à un des renduz qui chevaliers avoit esté. Il descendent, et en
les enmaine en trop beles chambres por aésier: si desarment le chevalier, et li cheval sont
moult aaisé. Et tantost vient li vavasors et ses filz qui à moult grant honor fu recéuz,
car le leu avoient establi si ancesor de totes les choses que en puet laienz avoir. Fu la
nuit laienz Lanceloz. Au matin se leva ainz jor, et li chanta-en messe dou saint esperit.
Puis li dit un des renduz: «Sire, il nos est avis que vos venez en cest païs por délivrer
ceus qui sont en subjection.» Et il dit que se Dex i voloit metre conseil, moult volentiers
s'en penneroit.

— »Sire, fet li prodom, jel' di por ce qu'il a çaienz un essai, que cil qui l'ennor en
aura acomplira ceste aventure.» — « A celui, fet-il, m'essaieroie-ge moult volentiers.» —
«Nos le vos mosterron,» fet li prodom. Il fu toz armez fors dou chief et des mains, et
li prodom l'enmaine en un cymetière, où il gesoient maint cors de chevaliers, qui avoient
estez preuz au siècle et à Damedeu. Il esgarde par le cymetière, et voit tombes de marbre

moult beles et moult riches: et bien en i a .xxx et iiij. Mès une en i a de greignor beauté que totes les autres. Le prodom le maine à cele tombe, et une lame gisoit desus, qui bien avoit trois piés de lé par aval, et trois par amont, et avoit d'espez un large pié: et estoit saelée à plom et à cyment à la tombe qui desoz estoit à grant richesce. — « Véez-ci l'essai, fet li prodom; et qui ceste lame porra lever si achèvera l'aventure que vos querrez. » Et il met tantost les mains au plus gros chief, si sache si durement qu'il des-ront les jointures et dou plonc et dou cyment, et lieve la lame enhaut, desque desor sa teste. Il esgarde enz et voit le cors d'un chevalier qui gesoit enz, armez de totes armes, et avoit sor lui un escu d'or à une vermeille croiz ; et s'espée estoit delez lui tote nue, ausi blanche et ausi clère comme s'ele éust esté le jor forbie; et ses haubers et ses chauces estoient autresi blanches comme nois négiée. Et il avoit une coronne d'or desus son hiaume. A cel tens estoit costume que nus chevaliers n'estoit en terre mis, qui de totes ses armes ne fust armez. Et Lanceloz esgarde les letres en la tombe, qui disoient : « Ci gist Galahaz li haut rois de Gales, le fil Joseph d'Arimatie. » Cest Galahaz avoit conquis Gales au tans que li tinaux fu portez en Bretaigne, et por lui ot-ele non Gales ; et devant estoit apelée Oselice. [1]) Longuement tint Lanceloz la lame sor son chief enhaut ; et quant il la volt metre jus, si se tret en tel manière com il l'avoit remuée qu'onques puis ne se ravala. De ceste chose furent esbahi et un et autre trop durement; et li prodom dist à Lancelot :

« Sire chevaliers, vos avez acompli ceste aventure, ne je ne querrai jamès chose que l'en die qu'est à venir, se par vos ne sont délivré li essilié. » Atant l'enmainnent au mostier por rendre graces. Et il esgarde par une fenestre, si voit une grant flamme en une cave desoz terre. Il demande quex feu ce est? — « Sire, fet-li frères qui l'avoit amené à l'essai, ce est une aventure trop merveilleuse. » — « Quele ? » fet-il. — « Sire, en nos tesmoigne, fet cil, que cil qui une lame lèvera qui leienz est acomplira le siège de la table roonde perillex, et metra fin ès aventures, et achèvera la haute queste donc le Graal est. » — « Cele tombe, fet-il, voel-ge voir. » — « Sire, fet li frères, vooir la porrez-vos bien, mès ne vos i essaiez jà, car l'aventure n'est pas vostre, ne uns seus hom ne porroit pas ces deus aventures à chief mener. » — « Totes voies, fet-il, l'essaierai-ge, qu'en avendra. Mostrez-moi, fet-il, par onc l'en i va. » Et il le maine à un degré, et il avale tot ce degré jusqu'en la cave, et voit au chief, très-desus la chapele, une grant tombe qui art si angoisseusement de totes parz, que la flame en vole contremont ausi haut comme une lance. Si esgarde la tombe moult longuement, si s'en tient por fol de ce qu'il i estoit venuz, car il ne voit pas comment nus i poist metre la main, qui ars ne fust.

Atant remonte sor le degré por retorner: et quant il a le tierz pas alé si s'areste et dit: « Hai Dex, quel duel et quel domaige! » Lors redescent en la cave, si fiert l'un poig en

104. v°. a.

[1]) Une autre version se trouve dans le Brut, T. 1, p. 64.

l'autre, et fet le greignor duel dou monde, et maudit l'ore qu'il onques fu nez, quant il a tant vescu qu'il est honiz. Lors s'en commence à aler vers la tombe, et si s'apareille de lever, quant une voiz li escrie de dedenz la tombe, qui li dist: « Mar i vien avant, mar i metras la main, que l'aventure n'est pas teue! » Quant Lanceloz oï la voiz si s'en merveilla que ce puet estre, car riens ne voit; et il demande que ce est? — « Mès tu me dies avant por quoi tu déis: Dex quel duel et quel domaige! et ge te [dirai] por quoi ge dis, » fè la voiz. — « Il est voirs que li plus des genz qui me conoissent me tiennent au meillor chevalier dou monde, et ge voi or bien que g'ai le monde décéu, puis que ge ne sui si bons chevaliers, car bons chevaliers n'a pas paor. » — « O, fet la voiz, tu déis et bien et mal: tu déis bien de ce que tu déis: Dex quel domaige! Ce fu à dire que tu n'estoies li meaudres chevaliers dou monde; mès domaiges n'est ce pas, car cil qui li miaudres chevalier sera aura si hautes tesches c'autres n'i porroit avenir; car si tost comme il metra dedenz ceste cave le pié et il verra le feu qui m'art, esteindra li feus maintenant par ce c'onques n'aura en lui éu feu de luxure. Et neporquant ge ne te despris pas, car de proesce de chevalerie est-tu si durement garniz que nus ne t'en porroit passer. Et ge te conois moult bien, car nos sommes d'un lignaige entre moi et toi. Et saiches que cil qui de ci me déliverra iert mes cousins, et iert si près tes charnex que plus ne porra: et cil sera la flor de toz les verais chevaliers. Et saiches que tu méismes achevasses les aventures que il metra à fin, mès tu les as perdues par la grant ardor de luxure qui est en toi, et por ce que tes cors n'est mie dignes de metre à fin les aventures dou saint Graal par les puanz péchiez et por les orz dont tu es envénimez de la delloial luxure. Et d'autre part l'as tu perdu por un péchié que li rois Bans, tes pères, fist; car puis qu'il ot espousée ta mère, ma cousine, qui encor vit, jut-il à une damoisele, et de la revient une grant parti de ton meschief. Ne tu n'as mie non en bautesme Lanceloz, mès Galahaz; mès tes pères te fist einsinc apeler por le soen père, qui einsinc ot non. Mès or t'en va, beaus cosins, que tu ne porroie mie cest aventure à chief metre, por les choses que ge t'ai dit. » 104. vo.

Quant Lanceloz entendi que sa mère est encor vive si en a grant joie, qu'à paine le vos porroit nus dire. Lors demande à celui son non, et coment il est ileques enserrez, et s'il est morz ou vis? — « Tot ce, fet-il, te dirai-ge. Il est voirs que ge sui niés Joseph d'Arimacie, qui despendi Jhesu-Christ de la sainte croiz, et le Graal aporta en ceste terre; mès par un péchié qu'entre moi et un mien fil féismes, soeffré-ge ceste angoisse et cest torment. Et si ai, non Symeu, et mes filz Moyz: si gist ses cors en la périlleuse sale, où maint anui sont avenu à maint chevalier errant. Et se ne fust la proière de Joseph mon oncle, nos fussions dampné et en cors et en ame à toz jors; mès par sa proière nos a Dex otroié le sauvement des ames par le dampnement dou cors: si fu chascuns de nos mis en tel vaissel, et soffrons ceste dolor jusqu'à tant que cil venra qui nos en getera ; et sa venue est assez près, car à mains de .xxx. anz est li termes de nostre délivrement. Or me di , beaus cosins, que tu voldras fère de ceste chose. »

Et Lanceloz dit qu'il ne s'en ira jà sanz essaier. — «Or te dirai donc, fet Simeu, que tu feras. Pren en ceste pierre, qui ci dessoz est, ève que tu i troveras, si en arose ton vis, et jà puis par le feu n'enpèreras; car ce est l'ève dont li prestres lève ses mains après ce qu'il a usé le cors nostre seignor. Et se vos autrement i venez, vos iestes morz.» Il prent cele ève, si s'en arouse: puis vient à la tombe, et se fiert dedenz le feu; et tant i est que plus n'en puet soffrir. Si retorne jusqu'au degrez et s'en vait tot contremont aus genz qui l'atendent à grant paor. Et il li demandent qu'il a fet? Et il dit nient. Et li prodom qui la tombe Galahaz li avoit mostrée le vit irié, si li dist: «Sire, ne soiez irié de ceste chose, que bien sachiez que nus de ceux qui or sont ne la porront mener à chief ; et de tant comme vos avez fet en cest cymetière avez-vos tant d'anor conquise que vos iestes li miaudres chevaliers qui onques çaienz entrast: si en i sont plus de .v^{cc}. entrez.» — «Tant sai-ge, fet Lanceloz, que moult sera de grant proesce qui cest aventure metra à chief.»

Queque il parloient isinc entra laienz une grant compaignie de renduz, qui amenoient une letière, si demandent Galahat. Et cil de laienz lor demandent comment il savoient que li cors Galahat fu hors de la tombe? Et il dient que neuf nuiz avoit qu'il estoit venuz en avision à un home de Gales que l'endemain de l'Acension le troveroient délivré.

105. r°. a.
Atant leva Lanceloz le cors le roi en la letière; si s'en vont d'une part cil qui le cors enportent, et il s'en vet d'autre part. Et lors dist li vavasors à son fil, qu'il éust éu de la bataille le peior s'il à cestui se combatist, «car ce est toz li meldres des boens; et s'il n'éust trop haute proesce en soi, il n'osast pas enprendre ce que il a encommencié à fère.» Atant s'en vont entr'eus deus à lor mesons, et la damoisele convoie Lancelot. Puis li dit: «Sire, ge vos ai convoié longuement por vostre proesce vooir, si ai tant fet que ge la sai, et vostre non. Or si m'en irai se vos m'en donez le congié.» — «Et ge le vos donrai, fet Lanceloz, moult volentiers. Mès dites-moi comment vos savez mon non.» — «Ge le sai, fet-ele, moult bien, qant la voiz vos nomma en la cave, qui vos apela Lancelot.» — «Or vos pri-ge, fet-il, par la riens que vos plus amez que vos à nului ne le dieiz tant que vos sauroiz comment j'aurai de ma queste esploitié, ou bien ou mal; car de tant com il m'est meschéu ai-ge honte trop grant et trop grant dolor.» — «Tant sachiez-vos, fet-ele, que je nel' dirai fors en un tot seul leu, où l'en garderoit vostre honor autresi bien comme vos feriez.» Lors li quenoist qui ele est, et comment avoit alé après lui par la proière de sa dame. Atant s'entrecoumandent à Deu, et cil chevauche tote jor jusqu'en droit tierce.

Lors aproche d'une forest haute et espesse. A l'entrée de la forest avoit un moult

estroit santíer, si la gardoient dui chevalier toz armez. Et il estoit costume eu cel païs
que si tost comme l'en séust que chevaliers estranges i entrast, que l'en garderoit les pas
si comme il estoit establi. Quant Lanceloz aprocha si se prent tantost à l'escu chascun
garde, que c'estoit cil qui en la charrete avoit esté. Il li envoient un escuier, si li mandent
qu'il s'envoist, car si vil et si honi comme il est ne doit enpredre à passer là où li pro-
dome avoient passé maintes foiz. Li escuiers vient à lui, si li dist ce que li chevalier li
mandent; mès il ne respont mot. Et quant il vient près des chevaliers, si le commencent
à apeler fil à putain, et recraant, et vaincu, et charretez. Et il lor dit tot enbas qu'il n'a
si boen chevalier el monde, si le clamoit fil à putein, qu'il ne l'en féist mentéor; ne
recraant ne fu-il onques: de ce se deffandra-il. Lors fiert le cheval des esperons en-
contre li uns des chevaliers. Si li done si grant cop qu'il li peçoie le glaive sor l'escu: et
Lanceloz fiert li comme home iriez, si que de l'escu froissent les ès, et les mailles dou
hauberc faussent; et li fers dou glaive li passe outre parmi le cors. Si vole à terre, et au
parchaoir brise li glaives, et il retient le tronçon soz l'aisselle. Si point à l'autre chevalier,
et cil à lui. Et li chevalier fet comme cil qui trop se hastoit, et Lanceloz le fiert si dure-
ment qu'il l'abat si cruement à terre c'au chaoir li brise la chanole dou col.

Et Lanceloz s'en vet outre que plus ne l'esgarde: si a tant chevauchié que il vint hors
de la forest, si començoit jà à avesprir. Et lors encontre un vavasor et un soen fil qu'a-
menoient deus levriers et avoient pris un grant chevrel. Si saluent Lancelot, et il els. —
«Sire, fet li vavasors, ge vos hébergeroie volentiers s'il vos plesoit, et auriez de ceste
venoison.» Et il l'en mercie et dit que volentiers prendra l'ostel. Lors envoie li vavasors
son fil à tote la venoison, et entre lui et Lancelot s'envont parlant. Si li enquiert quel
part il vait? Et il dit en un soen afère, ne plus requenoistre ne l'en velt. Et Lanceloz li
demande s'il est chevaliers? Et il dit qu'oïl, et de Bretaigne nez. Atant vienent près de
l'ostel, si lor vienent à l'encontre dui chevalier qui estoient fil au vavasor, et font grant
joie à Lancelot. Quant il sont à l'ostel venu toz fu li mengers aprestez: si sont assis. Et
quant vint en la fin dou mengier, si entra laienz un vallez, qui estoit filz au vavasor. Il 105. r°. b
salue son père et sa compaignie. «Beau filz, fet li vavasors, bien soiez-vos venuz! Porquoi
avez-vos tant demoré?» — «Sire, fet-il, ge n'en puis mès, car une grant aventure m'a
détenu. La tombe Galahaz fu overte par un chevalier de la cort le roi Artu qui vient en
cest païs por délivrer ceux de Bretaigne, et por la raïne conquerre, que Méléagans en a
amenée en cest païs; et or est desséelée la tombe Galahat.» — «Certes, fet li vavasors,
beau fil, tu as songié. Se il fust voirs l'en le séust jà par tot cest païs.» — «A non
Deu, fet li vallez, ainz est véritez que ge vi au chevalier lever la lame, et si s'essaia à la
tombe Symeu; mès il i failli.»

Lors fu moult liez li vavasors et si dui fil, si en ont trop grant joie laienz. Quant li vallez ot mengié si dist à son père: «Sire, encor vos dirai-ge autres novelles dou chevalier qui la lame leva. Il a ocis les deus chevaliers qui gardoient le pas de la forest.» Et li sires se saigne; et li vallez se regarde, si quenoist l'escu Lancelot. Si dist à son père: «Sire, il vos est avenuz moult grant honor, car vos avez hébergié celui donc ge vos di, et ce est cil qui là mengue delez vos.» Et li sires en est moult liez: si vient à Lancelot, si li dit: «Sire, ge me plaig de vos.» — «Por quoi, sire?» fet Lanceloz. — «Por ce que vos m'avez celée vostre grant honeur et nostre grant joie.» — «Por quoi, fet Lanceloz, le vos déissé-ge? Ce poise moi que nus le set, car g'en ai éu poi d'aneur et assez honte; car j'ai failli à une des plus hautes aventures dou monde.» — «Sire, fet li ostes, por Deu merci! Les deus aventures ne poent avenir à un sol home, et de cestui aurez-vos assez honor, car vos déliverroiz les chaitis et les chaitives qui sont en ceste terre.» — «De cen ne sui-ge mie encor séurs.» Moult ont la nuit Lancelot enoré; et li uns des deus filz au chevalier vavasor, qui estoit jà chevaliers, li dist: «Sire, nos devons moult estre abandoné à vos servir, et ge vos voldroie requerre qu'il vos pléust que j'alasse avec vos jusqu'au pont de l'espée.» Il li otroie; et li vallez qui la novele ot aportée li dist: «Ha sire, il ne seroit mie bele chose que dui chevalier alassent sanz escuier, et ge iroie avec vos moult volentiers; et se vos ne me l'otroiez ge irai après vos de loig. Lanceloz lor otroie sa compaignie; et li pères en est moult liez, si lor comande que si chier comme il ont lor cors, que il facent quant'qu'il cuideront que beau li soit. Et il dient que si feront-il, ne dote-il jà. Maintenant couchèrent Lancelot à grant honor; et l'endemain si tost comme il pot le jor vooir si se leva et s'arma; et li autre autresi, et prennent congié dou seignor et de la dame. Puis est montez entre li et ses compaignons, si s'en vont et chevauchent cel jor jusqu'au vespre. Et lors sont venu à un mau pas, qui avoit non: *li pas des perrons*. Et moult estoit maus à passer, car il estoit entre deus roches trenchiées, ne n'avoit pas de lé plus d'une toise. Si avoit à destre et à senestre grosses estaiches de pierres, qui bien avoient cinq piez de haut.

Parmi ces estaiches avoit barres coleices de fust: si en i avoit trois, l'une loig de l'autre à trois toises. Et des perrons i avoit six: trois d'une part et trois d'autre. Chascune de ces trois barres gardoient trois chevaliers armez comme vileins, de bones cuiries et de chapeaux et de glaives. Au chief des perrons estoit un chevaliers toz armez. Quant Lanceloz vit le

passage si demande que ce est? Et cil li dient le covine dou chevalier et des serganz s'il velt outre passer. Jà n'en tient plus parole, mès le heaume lace et prent son escu et son glaive. Si met l'escu devant son vis et s'adresce au chevalier qu'il vit au chief des perrons. Et il fiert des esperons tant com li chevax li puet aler, car son poindre cuide parfaire jusqu'au chevalier que il vit. Mès il vint de si très-grant aléure que li chevax sor quoi il sist, quant il vint à la première barre, a le piz et les espaules totes brisiées. Et il vole

outre par desus la barre si durement que li glaives qu'il tenoit vait parmi le cors au che-
valier qui la barre gardoit Et li glaives peçoie; et il jut toz estordiz de l'autre part. Et
uns des serganz li acort, sil' fiert grant cop de la haiche; et il resaut sus, s'ot grant
honte de ce qu'il ot esté si audesoz. Lors met la main à la hache à celui qu'il avoit ocis,
si en fiert si durement celui qui le cop li ot doné que dou chapel et de la teste fet deus
moitiez à un sol cop Puis lesse corre à ceux qui gardoient les autres barres: si en a un
mort à trois cops. Et li autre dui se sont féruz dedenz la roche, car plus ne l'òsent atendre.

Et il vint droit à la darrienne barre et dit au chevalier qui dehors estoit: « Sire cheva-
lier, se vos volez descendre avec moi à pié, ge me conbatroie tant à vos que vos me con-
querriez ou ge vos.» Et il dit qu'il ne descendra pas, mès face son melz chascuns. —
« Se ge vos atendoie à pié por quoi vos fussiez à cheval, fet Lanceloz, j'en aurois de
trop le peior.» — « Encor me poise, fet li chevaliers, que vos n'iestes plus à meschief.»
Lors vient à lui li filz son hoste, cil qui estoit chevaliers, si li dist: « Sire, montez sor
mon cheval, et si vos combatez à lui.» — « Certes non ferai, fet-il; ge verrai ainçois
son pooir: ge l'atendrai à pié, car ge m'en irai sor son cheval quant ge partirai de ci.»
Il prent le glaive d'un des vilains qu'il avoit mort, puis ovri totes les barres, et mist le
glaive soz l'aissele. Si se tient un poi hors de la voie que li chevax ne hurt à lui. Et li
chevaliers li cort sus, et Lanceloz l'avise: si le fiert si desoz la goule que dou cheval
l'abat jus. Li chevaliers jut pasmez et li chevax s'enfuit tot contreval. Et li vallez le
prent au frein, si le retient; et Lanceloz cort là, si fiert le chevalier de l'espée et l'atorne
tel en poi d'eure que por conquis l'estuet tenir. Et tantost fiance prison; et Lanceloz
l'envoie par sa fiance au vavasor: si li devisent li dui frère le non lor père et lor estaige,
tant qu'il sot bien où ce fu.

Lors monte Lanceloz où cheval au chevalier conquis, et l'ont leissié à pié: et lors s'en
vont et chevauchent tant qu'il encontrent un vallet sor un grant destrier. Li vallez ot vestu
une cote de burel noir et fu rooigniez pardesus les oreilles haut, car einsinc estoient
atorné tuit li essilié, et cil dou païs avoient trèces. Il conurent tantost que cil estoit de lor
gent, si le saluent et li demandent où il vait à tel besoig? — « Li besoig, fet-il, est moult
granz, car en cest païs vient uns chevaliers por nos délivrer: si a jà achevée l'aventure
de la tombe Galahat; si voloient nos genz aler encontre lui. Et cil de cest païs sont jà
assemblez çà arriers à un pas de la petite forest, et ge cor por amener toz cels des noz
que ge porrai trover, car li nostre en ont de moult le peior; et por Deu hastez-vos et lor
corez aidier.» — « Or va tost, fet li chevaliers qui Lancelot conduit, car nos serons par
tens à aus.» Il trossent lor armes et vont tant qu'il sont venu sor le chief dou tertre en
haut: si voient la mellée aval, et quenoissent les banières et les escuz. Si virent que li   105, v°. b.
lor furent par deça, car nus des essiliez ne portoient se noires armes non. Il descendent

4

et s'arment et restraignent lor chevax et racorcent lor guiges; si orent lor heaumes laciez, et se fièrent enz si tost comme les chevax les puéent porter. Lanceloz en vit un qui mielz le fet que tot li autre. Si li adresce son cheval et le fiert si durement que por l'escu ne remaint que del' hauberc ne rompent les mailles : si li met parmi le cors le fer de la lance, que mort l'abat. Et le chevalier qui le conduisoit rabati le soen.

Il metent les mains aus espées et corurent sus à lor anemis. Et li vallez fu descenduz sor le chevalier que Lanceloz avoit ocis, si li oste les armes au plus tost que il puet ; puis est venuz à Lancelot et à son frère, si lor aide moult durement. Et ne demora guères que li chevax Lancelot chaï desoz lui mort: si fu à pié à terre; et li vallez vient à lui, si li dist : « Sire, montez sor mon cheval. » Et c'estoit cil [qui] au chevalier avoit esté. Et Lanceloz ne set pas que ce fust li frères au chevalier : si saut sus le cheval, si li dist : « Suiez moi, car vos ne seroiz gaires à pié se ge puis. » Lors vient à un chevalier, si le fiert parmi le vis de l'espée, si que tot le nasel li trenche et le nés jusqu'aus oreilles ; et cil chiet à la terre, et Lanceloz prent le cheval, si l'amaine au vallet. Et il monte, si revient avec lui à la mellée, si li dist : « Sire, ge sui li vallez qui sui venuz avecques vos ; si vos pri por Deu que vos me fêtes chevalier, car ge ne voldroie morir escuier en nule fin. » — « Certes, fet Lanceloz, puis que tu le désirres tant à cest point tu le serras. Mès moult volentiers te féisse chevalier plus richement. » Lors li ceint l'espée et li done la colée, si li dist que Dex le face prodome !

Lors releissent corre à lor anemis. Si comence li noviaus chevaliers si bien à fère comme s'il éust dix anz armes portées. Tant ont féru des espées entre Lancelot et les soens que moult ont de cels de là ocis, car de prisons n'ont-il que fère, porce que rendre lor covenist. Si ne les puéent cil de là plus endurer, ainz se metent à la voie; et cil qui petit les aiment fièrent après des esperons, si les mainent que des plus puissanz ont ocis ; tant que conquis ont le champ à lor voloir. Au départir dou champ se merveillent moult li essilié qui cil chevalier pooit estre, qui si bien l'avoit fet; si l'ont demandé au fil au vavasor. Et il lor dit que c'estoit cil qui la raïne venoit délivrer et toz les autres. Lors le prient moult tuit de hébergier; mès en escondist toz. Et li dui fil au vavasor dient qu'il iront tot droit le chemin hébergier à lor oncle. Et cil dient que totes voies le convoieront-il tant qu'il soient à l'ostel, car il le doivent dès or mès autretant garder comme lor cors. Mès ce li siet pas qu'il soit convoiez à tant de genz, ainz li ennuie. Et li dui frère en ellisent .lx. qui tuit sont d'un lygnage por lui convoier jusqu'à l'ostel. Puis en ont fet retorner trestoz les autres. Il estoit encore moult haut hore, si chevauchent entor quatre lieues. Et lor encontrent un vallet sor un grant cheval corsier. Il conurent bien qu'il estoit de lor gent, si li demandent où il aloit ? — « Je vois, fet-il, par tote la terre au roi de Gorre porter ses lettres por un chevalier qui nos vient délivrer, que nus ne soit si hardiz qu'en li face

106. r°. a.

encombrier se einsinc non comme les aventures avendroient; car nos avons apris que Mé-
léagans le fet gaitier por lui ocirre. » — « Et sez-tu, fet li ainz nez filz au chevalier vavasor,
quel escu li chevalier porte? » — « Oïl, fet-il, bien, se ge le vooie. » Et il resgarde, si
voit un escuier qui l'escu Lancelot porte. — « Por Deu, fet-il, mostrez-moi le chevalier
à qui cil escuz-la est! » Et en li mostre, et il saut jus, si li dist: « Sire, vos soiez li très-
bien venuz, comme li plus désirrez chevalier de toz le monde. » Il demande à ceus où
il girra annuit, et il li dient. Lors s'en revoit grant aléure.

Atant vindrent à l'ostel, Lanceloz et si compaignon: si i trova tant de dames et de che-
valiers que moult s'en merveilla dont tant de gent poécnt venir. De la joie qui li fu fête
se doit l'en tère, qu'à paine la porroit-en reconter. Et ce fu en une moult bele ville et
moult riche; nè n'i avoit se essiliez non, et si estoit sanz forteresce. Et ilec à demie leue
avoit un moult fort chastel qui estoit à ceus dou païs; car tex estoit la costume que delez
la ville aus essiliez, por eus plus destraindre, estoient li chastiau fermé, qu'il ne péussent
reveler. Li mengiers fu apareillez et beaus et riches; et [quant] il orent mengié jusqu'au desréen
mès, si vint uns chevaliers laienz armez de totes armes fors le chief et les mains, et vint
devant la table à cheval et parole comme orgueillox, et dist: « Où est, fet-il, li chevalier
honiz qui fu traïnez en la charrete, qui tant est fox, qui vient en cest païs por acomplir
ce que nus ne pot onques mener à chief, tant fust de haute proesce. » Atant respont Lan-
celoz: « Beau sire, ge sui cil que vos querez. » — « Qu'est-ce, fet-il, es tu donc cil?
Comment as tu cuer de si grant proesce fornir quant tu as perdues totes honors et totes
lois? Si as en pensé trop grant folie quant tu onques pensas à passer le pont de l'espée
et à délivrer les genz de ceste terre, car jà por un home honi n'iert à chief menée si
haute chose; ainz le covendroit net et pur et de totes hautes proesces sor toz autres che-
valiers. Et tu qui de totes bontez n'as nulle en toi, as enpris si grant chose à fère et as
honie chevalerie, car tu as esté en leu de larron. Et se tu veux, le pont passeras-tu
bien, jà ne te covendra leissier gaige, car ge te ferai mener outre l'ève en une nef. Mès
quant tu seras outre ge prendrai de totes les toues choses celes que tu ameras mielz. » —
« Beau sire, fet Lanceloz, j'ai bien oï que vos dites, mès ge n'ai cure de tel bonté, car
onques paaiges ne paai à pont nè à chauciés. » — « Comment, fet-il, cuides-tu donc passer
le pont de l'espée, qui tant est maux? » — « Se Dex velt, fet Lanceloz, ge le passerai,
car g'en ferai tot mon pooir; et se ge remaig deçà, ce n'iert mie par ma coupe nè par ma
défaute. » — « Puisque tu te vantes, fet li chevaliers, dou pont passer, se tu estoies tant
hardiz que tu te vousisses à moi en cele lande conbatre, tu auroies assez los et pris se tu
me poées conquerre; et se ge me puis de toi deffendre coment conquerras-tu Méléagan
après, qui tant est fel, et est uns des meillors chevaliers dou monde? » A cest mot saut
li ostes qui servoit, et dist au chevalier: « Sire, alez-vos-en par bone aventure, car nostre

108. r°. b. chevaliers est lassez et travailliez, car il est de son païs venuz à grans jornées, et tant a fet d'armes com il covient à aventures achever qui sont entre ci et Gorre; et ce sont li plus fort pas de totes les quatre voies; si a mestier del'reposer, que se vos aviez hui autretant féru d'espée comme il a, vos ne vos combatriez à nului por le réalme de Logres.» — «Donc m'en irai-ge, fet cil; et vos le faites beignier et séjorner savoir s'il porroit estre nez de la charrete: ce savoie-ge bien qu'il ne s'oseroit à moi combatre; car onques de boen chevalier ne fu féruz.» — Quant Lanceloz s'ot reter de coardise si rogist toz, si saut hors de la table et dit: «Sire chevalier, or belement, car vos aurez la bataille puis que tant la désirrez; et conbien que j'ai fet d'armes, encor ne sui-ge mie las. Et se boens chevaliers enpire de monter en charrete ce sauroiz-vos jà.» Tantost demande ses armes, et tuit li autre ont de lui moult grant paor, si le chastient moult tuit et prient qu'il n'i voist pas. Mès nus chastiement n'i a mestier, car il n'en leroit riens por nul home.

Il s'est armez et montez en son cheval, et ses hostes li baille un glaive donc laienz avoit de boens. Et il est venuz en la lande où li chevaliers l'atendoit. Si en plore ses hostes et tuit li autre, et il lor dit moult séurement qu'il n'ont garde. La lande si fu et granz et large et li chevalier se furent elloignié, et il sistrent andui sor boens chevax, si s'entrelessent corre si durement de si loig comme il murent. Si hurtent les escuz des coutes et metent les enarmes en lor mains, et metent les glaives soz les eisseles. Il viendrent de loig si se fièrent sor les escuz de si grant aléure comme il vindrent. Li chevaliers brise son glaive, et Lanceloz le fiert enhaut, si que au braz li fet hurter l'escu et le bras au costé. Si l'enpaint si durement que dou cheval le porte à terre. Il descent enesle pas, et lesse son cheval tot estraier, et voit enmi sa voie le chevalier et il li cort sus à l'ainz qu'il puet. Cil fu granz et forz et sot assez d'armes, et saut sus et se garnist de soi deffendre. Et Lanceloz li cort sus l'espée treite, l'escu geté sor sa teste; si li done si grant cop desor le healme que a poi qu'il ne le porte tot estendu à terre. Si chancele çà et là grant pièce; et cil qui de rien ne l'amoit li cort sus, si ne le lesse pas tant reposer qu'il soit desestordiz, ainz li paie greindres cops sor le healme et sor les espaules, et là où plus le cuide enpirier sel'conroie moult malement, que à merci l'estuet venir, qu'il ne fet mès s'enpirier non. Tant a durée la bataille et li assauz de l'un et de l'autre et la deffense, que plus ne puet durer li chevaliers ainz guenchist çà et là as cox: Lanceloz li cort sus autresinc légièrement com s'il éust tote jor séjorné; si le charge si de cops qu'à la terre le fet venir d'ambedeus les paumes, et li cort sus sanz ce qu'il ait pooir de relever. Si le rehurte moult durement à terre, et lors li saut sor le cors, si li arrache le healme de la teste et la ventaille li abat sor les espaules et fet senblant que la teste li veille coper. Et cil crie merci, qui la mort dote. — «Je n'aurai jà merci de toi, fet Lanceloz, se tu ne montes en la charrete que tu m'as reproichée si durement.»

Et cil dit que jà se Dex plest en charrete ne montera, et que mielz aime à honor morir que vivre à honte. A ces paroles vint parmi la lande une damoisele sor un palefroi norrois. Ele vint jusqu'à eaus qui se combatoient: puis abat sa toaille de devant son nés, si li pert le vis frès et colorez. Et ele s'est lanciée dou palefroi à terre, si s'est mise à genoz devant Lancelot et dit: «Ha gentilz chevaliers, aiez merci de ceste povre dame!» — «Damoisele, fet Lanceloz, levez sus et dites vostre volenté; et se trop n'est grèveuse je la ferai.» — «Sire, fet-ele, granz merciz! Et ge vos cri por Dex merci de cest chevalier cui vos volez coper la teste, que vos la me doigniez.» A cest mot saut sus Lanceloz, si relève la damoisele et dist que damoisele n'escondist-il onques de chose qui à honte ne li tornast, ne non fera-il jà; «et si m'avoit-il, fet Lanceloz, moult corociez.» Ainsinc li respont Lanceloz, car il cuide qu'ele li veille sauver la vie; mès non fet, ainz demande qu'il ait la teste copée, et l'en conjure de par la rien que il plus aime en trestout le mont.

— «Damoisele, fet Lanceloz, ge cuidoie que vos li voussissiez sauver la vie.» — «Non faz, fet-ele; ainz vos demant que vos li trenchiez la teste et la me doigniez en ma main; et ge vos en dorrai encor moult grant guerredon, car ce est li plus delloiax chevaliers et li plus traitres qui onques montast sor cheval.» Quant li chevaliers l'entent si est toz esbahiz, et conoist bien la damoisele quant il la voit, si set bien qu'ele ne het home se li non. Si a grant poor por le don que Lanceloz li a fet, si li crie por Deu merci! Et dit: «Sire, ne la créez-vos mie, car ele me het; et ge cuidoie qu'ele m'amast sor tote rien.» De ce est Lanceloz moult esbahiz, car cil crie merci et cele le conjure de la rien que il plus amoit qu'il n'oseroit trèspasser ne ne porroit. Si se pense que s'il ocist le chevalier la cruautez sera trop grant, puis qu'il crie merci; et se il escondit la damoisele donc a il l'amor fausée de lui et de sa dame. Mès il feroit à l'un et à l'autre une partie de lor volentez se il pooit. Lors dist au chevalier: «Sire chevaliers ge ne vos rendrai pas le guerredon selonc vostre fole déserte, mès selonc ce que pitiez requiert. Je ne puis ceste damoisele escondire sanz moi honir; et ge vos part deus jeux, s'en prenez l'un: ou ge vos ocirrai orendroit, ou ge vos rendrai vostre cheval et vostre heaume si vos combatez à moi comme devant, et lors se ge vos conquier ce sera sanz merci avoir, bien le sachiez.» Et cil respont que s'il einsi le garnissoit il s'en tenroit bien à paié. Maintenant li rent Lanceloz son healme et totes ses armes, et sont monté tot de rechief.

Si reprennent noviaus glaives et s'entrevienent si tost comme li cheval les puent porter, si s'entrefièrent de totes lor forces sor les escuz. Si reporte Lanceloz le chevalier à terre, autresi durement comme il avoit fet à l'autre foiz, et puis descent sor lui et le reconquiert; et il arraiche le heaume de la teste; mès ce fu contre son cuer. Puis li trenche la teste et la baille à la damoiselle toz iriez; et elle dit: «Granz merciz. Et saichiez, fet-ele, que bontez que vos féissiez onques ne vint onques en si boen point comme ceste sera.» Atant le commande à Deu, si s'en vait et enporte la teste pendant par les treces. Et quant ele vint à un grant puis ancien qui el chief de la lande estoit, si l'a gieté enz. Si i avoit-il granz plentez de boz et de coleuvres et d'autre vermine.

La damoisele estoit suer Méléagan, si l'avoit cil chevaliers mellée à son père et à son frère; et lors dist qu'ele amoit un chevalier, porce qu'ele ne le voloit amer. Et le chevalier avoit-il ocis, par le congié Méléagan. Après dist qu'ele avoit apareillié venin por envénimer Méléagan, et quant il oï si cuida que ce fust voirs; si le dist à son père, et li rois l'esloigna tantost de lui et li dona une povre terre qui avoit esté sa mère, car ele n'estoit pas de la mère Méléagan. Por ce avoit la damoisele enhaï cest chevalier, neporquant il la prioit sovent d'amors; et ele li otria s'amor par covenant que il se combatroit au chevalier qui la raïne venoit délivrer et les essiliez; et ele savoit bien et bien le pensoit, puisqu'il avoit tel chose enprise, qu'il estoit dè moult haute proesce, et que cil ne dureroit pas à lui: si esploita einsinc de son anemi. Si s'en taist or atant lí contes et retorne à Lancelot.

Quant Lanceloz ot dou chevalier la teste prise et donée à la damoisele, si fu assez granz la joie que l'en fist de lui. Il le desarment et resgardent ses plaies, mès il n'en i avoit nulle où il éust péril de mort: Si en sont moult lié. La nuit fu Lanceloz hébergiez moult richement, et au matin se leva tantost comme il aperçut le jor. Si s'est armez et montez et commande à son hoste adeu, et totes les autres genz. Mais li hostes dit que ainsinc ne s'en ira-il mie, ainz le convoiera soi quarantiesme de chevaliers. Et il dit que ce ne puet estre; et li hostes dit: «Sire, ne vos merveilliez pas se nos vos gardons à noz pooirs, car nos n'atendons jamès à avoir joie se par vos non; car nos serons par vos, se Dex plest, délivré.» — «Beau seignor, plus prodome de moi sunt venu en ceste terre, fet Lanceloz; jà i est venuz misires Gaugueins, qui mialz vaut que ge ne faz.»

«Sire, fet li ostes, nos tendrons celui à plus prodome qui nos délivrera; mès à vos nos atendons sor toz les autres por chose que nus li saiche dire nè velt que nus le convoit.» Atant, s'enpart Lanceloz quant il ot oï messe, et li vavasors le suit, mès c'est de loig, et mainne quarante chevaliers avec lui, car il ont tuit moult grant paor que Méléagans nel' face ocirre. Et Lanceloz s'en vait avant, et a tant chevauchié c'à une forest vient où il avoit plesséiz tot entor. Et il entrent en la forest, et quant il sont bien une archiée alé si lièvè uns huiz; et il esgardent, si voient qu'il sont tuit aceint et par devant et par desriers, de chevaliers et de vilains; et voient dix chevaliers armez qui gardoient le pas par devant et par derrières. Et li vilain sont armez de glaives et d'espées et d'ars et de saiètes; si traient à ceux maintenant, et lor ocient lor chevax. Quant il se sentent à pié si sunt moult à malaise. Si laissent corre aus vilains, et les cuident toz détrenchier, mès il n'i pooient avenir. Et cil qui après les sivoient de loig savoient bien le pas, si se sont tant hasté qu'il sont venuz sor els. Lors ont levé le cri et lor lessent corre et se fièrent dedenz la forest. Quant li vilain les virent venir si se fièrent ès plesséiz; et tantost monta Lanceloz 107. r°. a. sor un cheval qu'il li ont apresté, et lesse corre au dix chevaliers entre lui et une partie des genz qui au secors li sont venu, si en ont ocis les .vii.; et les trois s'en sont foi dedanz la forest tot à pié. Mès des vilains n'i ont-il guaires ocis. Et lors s'en vont, si issent de la forest, car ele n'estoit guères lée; et li hostes dit à Lancelot: « Ha sire, or poez vooir quel péril i gist en léal conseil refuser. Nos savons mialz les maus trespas de ceste terre que vos ne savez, et porce devez-vos croirre nostre conseil, et por vostre preu et por nostre honor. » Einsinc vont tuit ensenble tant que il viennent à la chauciée de *Gaihom* (ce estoit la mestre-citez de Gorre). Et laienz estoit la raïne en prison. Si estoit à cele hore à une des fenestres de la tor, et li rois Bademagus lez li; si virent venir la compaignie des chevaliers, et bien avoient jà apris que uns chevaliers venoit en la terre por la raïne délivrer, et avoit jà toz les maus pas passez.

Atant sont venu li chevalier jusqu'au pont: lors commencent à plorer top durement tuit ensenble. Et Lanceloz lor demande porquoi il plorent et font tel duel? Et il dient que c'est por l'amor de lui, que trop est perillox li ponz. Atant esgarde Lanceloz l'ève de çà et de là: si voit que ele est noire et coranz. Si avint que sa véue torna devers la cité, si vit la tor où la raïne estoit as fenestres. Lanceloz demande quel vile c'est là? — « Sire, font-il, c'est le leus où la raïne est. » Si li noment la cité. Et il lor dit: « Or n'aiez garde de moi, que ge dout mains le pont que ge onques mès ne fis, nè il n'est pas si périlleux d'assez comme ge cuidoie. Mès moult a de là outre bele tor, et s'il m'i voloient hébergier il m'i auroient encor ennuit à hoste. » Lors descent et les conforte toz moult durement, et lor dit que il soient ausinc tout asséur comme il est. Il li lacent les pans de son hauberc ensenble et li cousent à gros fil de fer qu'il avoient aporté, et ses manches méesmes li cousent dedenz ses mains, et les piez desoz; et à bone poiz chaude li ont péez les manicles et tant d'espès comme il ot entre les cuisses. Et ce fu por miauz tenir contre le trenchant de l'espée.

Quant il orent Lancelot atorné et bien et bel si lor prie que il s'en aillent. Et il s'en vont, et le font naigier outre l'ève, et il enmainent son cheval. Et il vient à la planche droit: puis esgarde vers la tor où la raïne estoit en prison, si li encline. Après fet le signe de la verroie croiz enmi son vis, et met son escu derriers son dos, qu'il ne li nuise. Lors se met desor la planche en chevauchons, si se traïne par desus si armez comme il estoit, car il nè li faut nè hauberc nè espée nè chauces nè heaume nè escu. Et cil de la tor qui le véoient en sont tuit esbahi, nè il n'i a nul nè nule qui saiche veroiement qui il est; mès qu'il voient qu'il traïne pardesus l'espée trenchant à la force des braz et à l'enpaigne-

ment des genouz ; si ne remaint pas por les filz de fer que des piez et des mains et des
genous ne saille li sanz. Mès por cel péril de l'espée qui trenche et par l'éve noire et
bruiant et parfonde ne remaint que plus ne resgart vers la tor que vers l'éve, ne plaie ne
angoisse qu'il ait ne prise naient ; car se il à cele tor pooit venir il garroit tot maintenant
de ses max. Tant s'est hertiez et traïnez qu'il est venuz jusqu'à terre ; et lors esgarde, si

voit un vilein qui amaine deus lions en une chaienne. Si font tel noise que moult les puet-en
oïr de loig ; mès il ne doute nule chose que il voie, fors une sole, et cele li a tolue totes
les autres poors. Quant il vint à terre si s'est assis en chevauchons sor la planche, puis
saiche s'espée, et met l'escu devant son vis, et apele les lyons, qui jà estoient desenchaené.
Et il li corent amedui sus, et li rendent moult granz assauz ; et il lor done moult granz
cops de l'espée, si que sovent la fet en terre férir ; mès onques des lyons ne vit sanc issir
por cops qu'il lor séust doner ; et il li est sovent avis que il ait chascun trenchié parmi
le cors. Lors se retret un poi arriers et lace andeus ses piez desoz la planche. Puis abat
la manicle de sa sénestre main, si esgarde l'anclet que sa dame dou lac li ot doné, et puis
esgarde vers les lyons, si n'en voit nul ; si set bien que ce a esté enchantement. A l'es-
garder qu'il fist de l'anel le vit la raïne tot clèrement, si set tantost que ce est Lancceloz
sanz doter ; et combien qu'ele se soit démenée et son duel et sa grant tristece fete, or est
à èse : si rit et joue et fet bon senblant et liée chière, si que li rois Badegamus qui de-
lez lui estoit s'en esbahist, car onques puis qu'ele avoit esté en la tor ne l'avoit véue rire
ne joer nus hom vivanz. Li rois li dist à conseil : « Bele dame, s'il ne vos devoit ennuier
ge vos diroie une parole, et tele qui ne vos devroit ennuier. » — « Sire, fet-ele, ge vos
ai trové à si prodome et à si loiaux que riens que vos me déissiez ne me porroit estre
gréveuse. » — « Dame, fet-il, ge vos demant se vos savez qui cil chevalier à cel pont est. »
— « Sire, fet-ele, ge ne sai qui il est. » — « Dame, fet-il, par la riens que vos plus
amez, savez-vos se ce est Lancceloz, nè ne cuidiez ? » — « Sire, fet-ele, sor ce que vos
m'avez conjuré vos di-ge que ge ne vi Lancelot un an aura la vigile de la Pentecoste ;
ainz cuident maintes genz qu'il soit morz. Por ce ne sai-ge pas se ce est-il. Mès por ce
que vos m'avez requise et del' savoir et del' quidier, vos respondrai-ge sanz décevance, ge
cuit miauz que ce soit-il, et mialz le voldroie que de nul home ; et mialz me fieroie en sa
main que en l'autrui, car vos savez bien qu'il est bons chevaliers. Et qui qu'il soit, ou il
ou autres, por Deu et par vostre honeur le gardez si comme vos devez, que il n'ait garde
fors de ce que il devra. » — « Dame, fet-il, ge vois parler à mon fil Méléagan, qui moult
volentiers porchaceroie la pais d'aus deus. » — « Sire, fet-ele, alez, et si en parlez por
Deu ; mès del' non au chevalier ne parlez jà, car encor ne sai-ge certainement se ce est-
il. » — « Dame, fet-il, n'en dotez jà, car jà riens n'en ferai qui contre vostre volenté soit
nè contre la soue ; car ce est uns des chevaliers del' monde que ge plus aim. » Li rois

s'enpart de la raïne et vient à son fil, si troeve qu'il se fet armer à grant besoig ; et il li demande qu'il velt fère. » Et il li dit qu'il s'ira combatre au chevalier qui est passez. — « Donc ne te veaus-tu, feit li rois, à lui combatre por pris et por hanor ? » — « Oïl , » fet-il.

— « Or te di, fet li rois, que tu feras-le se reposer le chevalier jusqu'à demain que ses plaies seront froides et il iert desgordeliz : si auras tant guaignié que la raïne et toz li mondes le te tendra à moult grant bien ; nè jà li chevalier n'en fera s'enpirier non. Et se tu orendroit te combatoies, tu n'auroies jamès honor ; et d'autre part tu sais bien que ce ne li pues-tu véer. » Tant dit li rois Bademagus à son fil qu'il a le respit otroié ; et li rois est montez en un palefroi, et fet à destre amener un grant destrier, et vient à Lancelot 107. v°. a. là où il tert le sanc jus de ses plaies. Il est levez encontre lui, car bien le conut ; et li rois descent contre lui, si le prent entre ses braz et si fet joie moult grant. Il ne le velt en parole metre de nule chose, car trop est tost ; mais le cheval li fet baillier et dist : « Montez, sire, si nos en irons, car huimès est bien tans de hébergier à vostre voes. » — « Sire, fet-il, qui descovrir ne se velt pas, ge ne sui mie çà venuz por à tele hore héber-gier ; ainz sui prez de ce fère que l'aventure demande. Et l'en me fet entendant que un chevalier m'estuet combatre ; et s'il est ci, si vieigne avant, car moult me tarde puis que m'en sui à délivrer. » — « Beau sire, fet li rois, ne vos hastez si de la bataille, car vos n'en avez pas mestier en cestui point ; ainz vos séjorneroiz avec moi jusqu'à demain et plus encor. Et se l'en vos rendoit tot sanz bataille ce que vos estes venuz querre, tant l'auriez plus de legier. Et ge le voldroie, bien le sachiez ; car ge cuit que vos estes le chevalier el monde por qui ge feroie plus. » — « Por moi, sire, fet Lanceloz, ne sai-ge pas por quoi vos feriez tant, car ge ne fui onques de vos acointés, nè vos de moi ; nè onques mès ne vos vi au mien quidier. Mès qui que ge soie, fètes-moi ma bataille avoir, car ge la veil orendroit avoir. Nè onques por bonté que ge cuidasse qui me fust fète si loig ne vig ; mès por fère compaignie as enprisonez à toz jors mès tant que Dex les en metra hors. » Li rois Bademagus entent bien à ses paroles qu'il se velt vers lui céler por poor d'estre quenéuz ; si bée à fère outréement quanqu'il cuidera que boen li soit. Si li dist : « Sire chevaliers, ge ne sai qui vos estes. Bien le sachiez que jà en ma meson nus ne vos fera force de vos quenoistre ; nè ge ne vos veil hébergier se por vos garantir non, car vos n'avez mie en cest païs encontre celui qui se doit combatre à vos pooir se ge ne vos preig en conduit. Et ge vos condui désormès, et vos serai garanz vers toz homes, fors de lui solement. Et vostre bataille aurez demain, car ainçois ne la poez avoir. Mès montez en cest cheval, et s'il n'est bons ge vos donrai meillor assez. Et se ge vos ai dit que ge vos aim plus que nul chevalier qui soit el monde, je nel'di se por la grant proesce non qui est en vos. » Tant dist li rois à Lancelot qui est montez sor le destrier : si s'envont en tel manière jusqu'à la cort. Et le fet li rois entrer en la plus celée chambre de sa meson, nè n'a de totes genz avec lui c'un sol escuier por fère ce qu'il li covendra ; et il-méesmes se garde d'entrer laienz porce que corocier ne le velt pas.

Après est venuz à son fil, si le tint à conseil. Et cil qui bien le savoit fère si li dist moult doucement : « Beau filz, tu as véu maint boens chevaliers puis que tu seus entendre premièrement c'armes montoient ; mès tu ne véis onques home plus hardi de celui qui orendroit passa le pont. Por le desmesuré hardement que nos li avons véu fère je loeroie que tu féisses tant vers lui qu'à toz jors mès en conquisses honor et pris. » — « Que m'en loez-vos, beau père ? » ce dit Méléagans. — « Ge le te dirai, fet li rois. Je te loeroie en bone foi que tu li rendisses la raïne outréement, car tu n'as droit en lui tenir, nè nul des autres prisoniers ; et asez a durée ceste prisons. » — » Jà de cestui los, fet Méléaganz, ne vos crérai. Et bien i pert que li cuers vos est failliz, quant por la poor d'un chevalier me conseilliez plet à fère qui me honisse. » — « De ce, fet li rois, ne porroies-tu estre honiz, ainz en conquerroies totes honors, car totes les genz diroient que tu li auroies randue par ta franchise ce que tu as conquis par ta proesce. Et ce seroit grant honor, ce m'est avis. » — « D'onor, fet Méléagans, n'i voi-ge point, ainz seroit fine coardie : si voi bien que vos iestes failliz de cuer, ou vos radotez, ou vos me haez, qui ci me donez conseil de perdre honor. Nè jà por ce se ce est Lanceloz ne m'espoentez si, quer j'ai assez cuer et cors por lui atendre. Et se vos l'avez hébergié encontre moi, tant aurai-ge plus d'anor en ma droiture conquerre parmi totes les aides que vos li feroiz. Et en tel leu l'ai-ge naguères haati très-devant le roi Artu où il avoit plus d'aide et de secors qu'il n'aura ici. » — Comment sez-tu, feit li rois, que ce soit Lanceloz ? Par la foi que ge te doi, qui mes filz es, ge ne sai que ce soit-il, nè que tu faiz ; car ge ne l'ai véu encor fors tot armé. Mais se ge savoie de voir que ce fust-il, tu ne t'en armeroies jà encontre lui, car tu ne porroies pas avoir encontre lui durée. » — « Onques mès, fet Méléagans, ne trovai home qui me des-prisast fors vos tot col ; mès jà tant desprisier ne me sauroiz que ge ne m'en tieigne plus chier. Si aurez demain ou assez duel ou assez joie, ne sai liquel, car li uns de nos deus en ira outre. Nè jà plus m'en chastiez, car ge n'en feroie rien por vostre chastiement. » — « Puis que por moi n'en feroies rien ge m'en sofferraie atant ; mès se ge t'en pooie des-torner, de la bataille, sanz moi meffaire, jà por poor que tu éusses ne t'en pendist escuz à col. Et tant premé-ge bien au chevalier qu'il n'a garde de nul home fors que de toi ; car ge ne fui onques traitres, nè por toi ne le commencerai. » Atant s'est partiz le roi de son fil, et puis vient à la raïne en la tor, si li conte coment li chevaliers se ceile vers lui ; et li conte de son fil qu'il ne peut vaintre por nul pooir. Et ele li demande s'il conoist le chevalier ? — « Dame, fet-il, ge ne l'ai pas véu as descovert, nè jà ne le verrai sor son pois. » Et ele cuide moult bien savoir que ce soit-il : si en lait la parole ester por le roi mains apercevoir. Ainsinc passèrent celui jor : et quant vint à la nuitier si vindrent li dui fil au vavasor chiés cui Lanceloz avoit géu, et li autre chevalier qui jusqu'au pont le convoièrent; car il estoient passé à un port qui estoit desoz le pont de l'espée assez aval.

Li dui chevalier firent la nuit compaignie à Lancelot, et tuit li autre se hébergèrent en la cité. Et l'endemain, ainz qu'il fust jors i ot tant gent que tuit s'en merveillèrent dont il pooient estre venu en si poi d'ore. Lanceloz se leva matin et oï messe en une chapele, toz armez fors dou chief et des mains. Nè n'ot à sa messe avec lui fors ses deus compaignons sans plus. Et si tot comme il issi dou mostier il mist son heaume en sa teste : puis vet au roi por sa bataille demander. Li rois vient à son fil, sil' trove tot appareillié, et li met en parole de ceste chose, et le chastie à son pooir. Mès nus chastiz n'i a mestier. Et il revient à Lancelot, et le trait à une part, si li dist : « Beau sire, or avez vostre bataille, et ge vos di en covent que nus ne vos feront force de vos quenoistre; nè ge ne vos en efforz mie, mès ge vos pri por vostre preu méismes que vos ostez ci vostre heaume, et vos en conjur sor la rien que vos plus amez. » Lors oste Lanceloz son healme; et si tost comme li rois le voit sel' cort besier et dist : « Ha beau doz amis, vos soiez li trèsbien venuz ! Et moult avons grant poor éue de vostre mort. » Itant li dist, mès de Galehot qui mors estoit ne li parla onques, car trop le dotoit à corocier, et si quidoit qu'il en, séust bien la vérité.

Après la messe furent les armes appareilliées : si fu assez qui l'arma, car li essilié furent venuz de totes parz, car por tot en savoit-en les noveles. D'autre part se refist armer Méléagans : puis sont ammedui venu en la place. Et la place étoit devant la meson le roi : si estoit et moult granz et moult large. Et li rois remet son fil à raison et le chastie au melz qu'il set; mès nus chastiz n'i a mestier, car il jure quanque il puet jurer que parmi la bataille s'en ira jusqu'à la mort ou jusqu'à la vie. Quant ce voit li rois, que por lui riens ne fera, si dist à lui et à Lancelot : « Or vos pri-ge donc amedeus et requier que vos ne movez li uns vers l'autre devant que vos verrez et orrez mon ban crier. » Lors est montez en la tor, si prent la raïne et la met as fenestres de la sale por la bataille mielz vooir, car moult li velt fère de ses voloirs; mès ele ne li enquiert riens se ce est Lanceloz ou non. Si s'en est merveillié li rois. Et ele li requiert por Deu que il face aporter Keu le seneschal amont, si qu'il voie la bataille; et il si fet. En li apareille son lit à une fenestre; et avec la raïne a dames et damoisele essiliées à grant plenté. Et li rois fet crier son ban, et maintenant s'entrecorent sus li dui armé. Li cheval corent tost, car li rois avoit doné à Lancelot le meillor qu'il pot avoir. Et la place fu plaine et bele : si furent méu de loig; et il orent mises les lances soz les aisseles, qui furent cortes et grosses et li fer trenchanz; si s'encontrent sor les escuz.

Méléagans fiert Lancelot si que la penne de l'escu covient percier; et li fers s'areste sor le hauberc, et il l'enpaint durement et de grant force, si que tote la lance vole en pièces.

108. r°. a

Et Lanceloz le fiert enhaut desus la boucle, si que l'escu li fet hurter à la temple. Li fers fu trenchanz, si perce l'escu et les mailles dou hauberc sont estandues, et li fers li cole selonc la memèle: si li trenche tot le mestre-os de l'espaule. Il l'enpaint de grant vertu, si le porte des arçons à terre; et au chaoir brise li glaives, si en remest li fers et li tronçons dedenz s'espaule. Lors est descenduz Lanceloz, si li vient sus l'espée trète; et il fu si qu'il voit totes voies la raïne devant ses ieuz. Méléaganz r'est sus sailliz, si arrache le tronçon de s'espaule et saiche l'espée et se retorne et se cuevre de son escu. Et Lanceloz li dist: «Méléagan, Méléagan, or vos ai-ge rendue la plaie que vos me féistes au bohorder; mès ge ne la vos ai pas fète en traïson.» Lors li cort sus, et il à lui: si se décopent lor escuz et font des haubers voler les mailles et amont et aval: si percent les escuz et enpirent aus pesans cops qu'il s'entredonent. Si se traient le sanc des cors. Longuement se combatent en tel manière que se li uns est vistes et li autre plus, tant qu'il ont andui assez del' sanc perdu. Si lor acortent lor alaines et lor apesantissent li braz. Et Méléaganz a trop seignié si fesoit trop grant chaut qui li grèva; si afeblie moult de tel force comme il avoit, tant qu'il comença à perdre terre. Et Lanceloz le menoit onques à son plésir. La chalors ert moult granz, et la raïne abat sa toaille devant son vis; et Lanceloz la vit à descovert, car il avoit totes voies ses ieuz tornez vers li; et lors fu si esbahiz que par un poi que s'espée ne li est chaoite à terre; si ne fet se li regarder non, tant que tot en a perdu son bien-fère. Si s'en merveille trop et un et autre, car il ne fet par semblant s'empirier non. Et cil li done granz cops là où il le puet ataindre, tant qu'en mainz leus l'a jà blècié. Lors dist la raïne à Bademagus: «Sire, fet-ele, une chose vos ai oubliée à demander, se ce est Lanceloz ou non?» — «Dame, fet-il, oïl, sanz faille.» — «Certes, fet-ele, c'est granz domaiges que ce est-il, car moult li fust plus granz honors qu'il fust morz si comme l'en le cuidoit.» Et li rois dist qu'il ne crèroit mie qu'il fust encor si aquis, «mès il le fet de gré, ce cuide.»

Longuement a esté Lanceloz au desus et or est au desoz: si en plorent de pitié cil qui le virent; et Kex li seneschax nel'puet plus soffrir, si met à quelque paine la teste hors et commence à crier: «Ha Lancelot, Lancelot, qu'est devenue la grant proesce? Quer te remembre des trois chevaliers que tu conquéis en la prée de Bedregram quant tu me déis qu'il ne me seroit mestiers que ge fusse li quart por tot le réalme de Bretaigne! Et tu ies conquis par un tot sol chevalier!» Ceste parole entendi bien Lanceloz; si set bien que grant pièce a le peior éu, et quenoist bien que ce est Kex li seneschax si a parlé à lui. Lors laisse corre à Méléagan, si le tient si cort que en poi d'ore le remaine là où il vielt, et pert à estre plus vistes et plus prèz que il ne fu huimès. Si en sont lié cil qui ore en estoient dolent; et li rois dist à la raïne: «Dame, nel' savoie-ge bien?» Et Kex a dit: «Certes, mes plaies estoient ores forsanées, or sont totes garies por Lancelot que ge voi. » Et Méléaganz est tant menez qu'il ne fet mès se soffrir non. Et bien voient tuit qu'il est alez se longuement i demore. Quant li rois vit son fil si audesoz si dist à la raïne: « Dame, ge vos ai moult honorée, car ge ne fis onques rien sor vostre pois, si me devroit bien estre guerredoné là où vos auriez pooir. » Et cele dist que si seroit-il; toz en fust-il séurs. « Mès por quoi dites-vos ce? » fet-ele. — « Dame, por mon fil, qui li est à noauz que mestier ne li fust: et si m'en est bel si m'aïst Dex, mès qu'il n'i soit morz ou afolez. Si vos pri et requier que vos voilliez que la chose remaigne atant. » Et ele dist: « Certes, ce poise moi quant onques bataille i 'ot. Et alez, si les départez, car ge le voil. »

A ces paroles avoit tant mené Lanceloz Méléagan qu'il estoient andui sor la fenestre, si entendirent bien les paroles del' roi et de la raïne; nè onques puis Lanceloz ne tocha à lui, ainz boute s'espée el fuerre. Et cil li done les greignors cops qu'il li puet doner, si qu'il le blece; nè onques porce ne retorne vers lui. Et li rois vient aval poignant, si le retraist arrière, et Méléaganz li dist: « Lessiez-moi ma bataille, nè jà ne vos entremetez! » — « Si ferai, fet li rois, car il t'ocirroit que ge le voi bien, se tu li estoies laissiez. » — « Encor, fet Méléagans, en ai-ge le plus bel, et bien i pert. » — « Riens que tu dies, fet li rois, ne t'i vaut, car bien véons coment il est. Si t'en covieut atant soffrir. » — « Vos me poez bien ma bataille tolir, mès ge m'en porchacerai à mon pooir là où g'en cuiderai droiture avoir; et tant di-ge bien Lancelot qu'il s'enpart en tel manière qu'il est vaincuz. » Lors le trait à une part, si li dist tant qu'il se sueffre de la bataille par si que de cele hore qu'il vendront à la cort le roi Artu et lors sémondroit Lancelot de sa bataille, et là se combatroit à lui. Et si jurra la raïne sor sainz qu'ele s'envenra avec lui s'il puet Lancelot conquerre.

Einsi l'ont establi entre la raïne et le roi Bademagus, si li jure Lanceloz et la raïne après. Lors ont Lancelot desarmez ès chambres la raïne. Mès Kex li seneschax est trop dolent de ceste pais, car mielz amast que Lanceloz s'en alast parmi la bataille outre que remanoir en tele atente. Et à la raïne méesmes en poise moult; mès ele l'otroia au roi ainz qu'ele s'en donast garde. La raïne s'en vint ès chambres, car ele estoit le jor ès sales; et quant Lanceloz fu desarmez si l'enmaine Bademagus por vooir la raïne. Et quant ele voit le roi si se dresce encontre lui, et Lanceloz s'agenoille de si loig comme il la voit, et li en-cline. — « Dame, fet li rois, véez-ci Lancelot, qui moult chier vos a comparée, car par mains félons trespas vos a requise. » Et ele a tornée sa teste et dist au roi: « Sire, certes, s'il a fet por moi il a bien sa paine perdue, car ge ne l'en sai nul gré. » — « Ha dame, fet li rois, jà vos a-il fet tant grant servise. » — Il m'a tant fet d'autre part que jamès ne l'enmerai. » — « Ha dame, fet Lanceloz, où le vos forfis-ge? » Ele ne li respont plus; mès por lui plus ocirre s'en est entrée en une chambre. Et il l'esgarde tant comme il la puet vooir. Et li rois dist à la raïne au départir: « Dame, cist darriens servises déust bien

108. v°. a

avoir vaincuz toz les forfez. » Lors prent Lancelot par la main, si l'enmaine là où Kex li seneschax gisoit; et tantost comme Kex le voit si se lieve encontre lui tant comme il puet, et dist: « Bien veigniez, li sires des chevaliers! Certes, moult est hors del' sen qui devant vos enquiert et enprent chevaleries. » — Porquoi? » fet-il. — « Por ce que vos achevez ce que ge enpris comme fox. » Lors s'enpart li rois, et Lanceloz demande à Keu s'il savoit por quoi la raïne li avoit véée sa parole? — « Comment, fet-il, la vos a-ele donc véée? » — « Oïl, fet-il, voiant le roi. » — « Certes, fet Kex, l'acheson ne sai-ge mie; mès tex est guerredons de fame. »

— « Or la leissons, fet Lanceloz, et einsinc com li pléra si soit. Et comment l'avez-vos puis fet? » Et Kex li conte la grant amor que li rois avoit à la raïne mostrée, qu'il ne lessoit que ses filz Méléaganz éust pooir de la raïne; « ainçois gist-il-méesmes ci desus; et ceste voute est si forz que riens ne dote puisque li huis sont fermé. Mès nule dolor n'est que madame n'ait soufert; car Méléaganz vielt à lui gesir dès la première nuit, et ele dist que en ceste manière n'i girroit-il jà avec li; nè il nè autres, s'il ne l'esposoit avant. Et il dist qu'il l'espouseroit moult volentiers, et ele li respondi que quant il l'auroit espousée par devant son père, lors porroit fère de lui comme de sa fame. Si le déleia jusque ci. Et quant ses pères nos vint à l'encontre si li chaï ma dame aus piez desor son palefroi à terre, si plorant et si criant que par un poi qu'ele ne s'ocioit. Et il l'en leva moult doucement et dist: « Dame, n'aiez garde, vos n'aurez jà, se Dex plest, se bone prison non. » — « Beau sire, itant vos pri comme à celui qui l'en tient au plus loial chevalier dou monde et au plus prodome, que vos ne me lessiez honir. » « Dame, fet-il, n'aiez garde, car ge vos garantirai contre toz homes de ceste chose. » Et ses filz disoit que totes voies la prendroit à fame. Et ge qui estoie el martire ne m'en pooie tenir de parler: si dis que estrange aventure auroit ci del' plus prodome que ele avoit, si seroit fame à un garçon. Et por le duel que il en ot m'a il puis destorné mes blecéures à garir et me fesoit metre totes choses qui ocirre me devoient, si quit qu'il m'a fet envenimer. »

Quant il ont assez parlé si se lieve Lanceloz et dist qu'il moura le matin por aler querre mon seignor Gauguein au pont desoz l'ève. — « Comment, fet Kex, vint-il en cest païs? » — « Entre moi et lui venismes une piesce ensemble, et il s'en ala au pont desoz l'ève et ge m'en vig à cestui passage. » Atant s'enpart, et il trueve enhaut grant compaignie que d'essiliez et des genz le roi, qui moult l'enorent. Au matin mut à aler au pont desoz ève, n'i maine que soi huitisme des délivrez, et dist que li autre remaignent avec sa dame tant que misires Gaugueins sera revenuz. Et il chevauche. Et si tost comme il fu près dou pont si fu pris par les genz dou païs, car il cuidoient que li rois le vousist retenir. Et il ne se défendi onques, car toz estoit desarmez, car il ne cuidoit riens doter. Quant il fu pris si l'en amenèrent au roi; et noveles qui tost vont estoient venues que cil estoit ocis qui le pont avoit passé. Et quant la raïne le sot si en ot tel duel que par un poi qu'ele ne s'ocist; mès ele atent encor tant que ele en sache mielz la vérité; et lors si s'est bien conseilliée que s'ele puet savoir par conseil nè par oïr dire, qu'ele ne mengera jamès. Mès plus est encor dolente, quer ele li cuide avoir donée la mort porce qu'ele ne deigna parler à lui. Si s'en encope et blasme et dit, que puisque tex chevaliers est morz por lui, donc ne doit-ele pas plus vivre. Granz est la complainte: la raïne s'en acoucha au lit, nè ne vielt que ñus hom voie sa dolor. Et au roi en prant moult granz pitiez, et la conforte à son pooir; mès nus confortement n'i a mestier; car ce dit li contes qu'ele fu deus jors et deus nuiz sanz boivre et sanz mengier: si en est moult sa grant beauté empoiriée.

Et totes voies aprochent de la tor cil qui Lancelot ont pris. Et la nuit qu'il furent hébergié si lor vindrent noveles là où il pristrent hébergement, que la raïne estoit morte sanz faille. Si le sot premièrement li vavasors chiés qui il avoit géu quant il se combati au félon chevalier; si ne li osa dire. Mès de plorer ne se puet tenir ainz l'estuet lever de la table où il séoit. Quant Lanceloz l'aperçut si pensa bien que por noient ne ploroit-il mie; et tantost comme la table fu ostée si l'apele à conseil et le conjure de quant qu'il puet qu'il li die porquoi il plore. Et il ne li ose plus céler, si li dist ce qu'il a oï. Et tantost est la parole oïe, si que par tot laienz en plorent toz et dient li desprisoné que jamès si bone dame ne morra. Moult la pleignent tuit; mais Lanceloz ne dit riens, car il ne puet. 109. r°. a Si li tarde moult qu'il soit couchiez. Si porpense en quel manière il s'ocirra qu'il ne soit aperçéuz; car après lui ne quiert jor vivre, ainz la sivra, jà en cel leu ne saura estre. Longuement a esté en ce, et devant son lit gisoient .xx. chevalier armé qu'il ne le perdissent; et avec ce li huis de la chambre où il gisoit sont tuit fermé. Et quant vint endroit mie nuit, et il cuida que toz dormissent, et dui cierge ardoient moult cler enmi la chambre; et il les vielt aler estaindre, car en talant avoit qu'il se pendist. Mès apres ce se pensa que de si vil mort ne morra-il jà. Si vient à une des gaites, si li cuide moult bèlement oster s'espée hors del' fuerre. Cil la prent et à gaite si cuide sa main saisir; mès onques si bien ne le tint que cil ne s'en férist el costé; et se un poi fust avant alée morz fust sanz retorner. Li criz est levez: si saillent et l'ont moult bien lié, nè onques puis la nuit n'ot pooir de soi.

Au matin se lièvent, si le regardent mialz qu'il n'avoient fet; et quant il sont à .xv. liues englesches près de *Gorhan*, si viennent noveles au roi et à la raïne que Lanceloz est sains et haitiez. Et quant la raïne le sot si en est tant liée que plus ne puet, et si est tote garie: si mengue bien et boit, car assez avoit geuné. Quant li rois sot que Lanceloz est près, si monte, et li vait à l'encontre, si li fet joie moult grant, et li conte privéement la grant dolor que la raïne a por li éue. « Et sachiez que ge cuit que sa parole ne vos iert jà pas véée quant ele vos verra.» Et quant Lanceloz ot qu'ele n'est mie morte, si en est tant liez qu'onques mès tant ne fu. Atant sont venuz à la cité, et bien set la raïne coment Lanceloz se voloit ocirre. Et li rois fet metre en prison toz cels qui l'avoient pris, et dist que toz les feroit destruire. Et quant Lanceloz le voit irié si li chiet as piez et li prie por Deu qu'il lor pardoint son maltalant: et il si fet. Lors l'enmaine voir la raïne, et ele se dresce encontre. Si prent Lancelot entre ses braz et li demande comment il li ert? Et il respont: «Dame, moult bien.» Et lors s'asiéent tuit troi en une couche. Mès li rois, qui moult estoit amez et vaillanz et cortois n'i fu guères, ainz dist qu'il vielt vooir coment Kex le fet. Et entre els deux remaignent parlant ensemble. La raïne li demande s'il est bien bleciez? Et il dit qu'il n'a point de mal. Et Lanceloz li requiert por Deu qu'ele li die porquoi ele ne vielt l'autre jor parler à lui; et ele li dist: «Donc ne vos en alastes-vos de la grant tor de Londres sanz mon congié?» Et il dit que moult bien l'avoit forfait. — «Encor jà, fet-ele, autre greignor achaison.» Lors li demande son anel, et il li dist: «Dame, véez-le ci.» Si li mostre celui de son doi.

— «Menti m'avez, fet-ele, ce n'est-il mie.» Et il jure quanque il puet jurer que si est; et il cuide vérité dire. Et ele li mostre celui que ele li avoit doné, tant qu'il conoist que ce est-il; et il a trop grant duel de ce qu'il a porté autrui anel. Et il le sache de son doi, si le giete parmi une fenestre tant comme il puet. Et la raïne li conte coment une damoisele l'avoit aporté le soen anel, et la merveille qu'ele avoit dite; tant qu'il se requenoist que Morguein la desloiaux l'a décéu. Si li conte la vérité et de son songe et de sa **109. r°. b.** raençon. Et la raïne quant ele sot ce si s'en est merveilliée trop de ce qu'il ot songié. «Beaus douz amis, tant ne vivé-ge jà que chevalier aït en moi part autres que vos, trop auroie meschangié; nè ge ne cuit que jamès soit qui en vostre leu déust gesir.» Et il dit: «Dame, por Deu, seront moi jà pardoné si grant mesfait?» — «Beaus douz amis, fet-ele, ge le vos pardoig.» — «Si vos pri por Deu, s'estre puet, que ge paroille enque nuit à vos; car grant tens a que ge n'i parlai.» Et ele dit que plus désirrant en est-ele que il.

— «Or alons voir Kex li seneschal, si verroiz près de la couche une fenestre ferrée: à cele fenestre porroiz encore nuit parler à moi; car dedenz ne porriez vos entrer. Si vendroiz par un gardin ci derrières et ge vos mosterrai par où vos enterrez.» Ele le maine à une des fenestres de la sale et ele li mostre le mur viez et chaoit, et ele li dit que par là enterra-il. Lors vont voir Keu; et li rois parloit encor à lui. Ilec mostra la raïne à Lancelot la fenestre: onques nus ne s'en aperçut. Quant il ot laienz grant pièce esté, si enmaine li rois Lancelot; si li tarde moult que nuit soit. La nuit se coucha plus tost qu'il ne soloit, et dist qu'il estoit deshétiez. Et quant il voit son leu si se liève, et vet hors des mesons le roi par une fenestre, si se lance el gardin, et vient à la fenestre. Et la raïne ne dormoit mie qui l'atendoit. Et il lance à lui son braz et elle à lui: si s'entresentent là où il pueent. — «Dame, fet Lanceloz, se ge pooie laienz entrer, pleroit-vos-il?» — «A entrer, fet-ele, beaus douz amis, coment porroit-ce avenir?» — «Dame, fet-il, s'il vos plesoit il avendroit légièrement.» — «Certes, fet-ele, ge le voldroie sor tote rien.» — «En non Deu, fet-il, donc sera-il, que jà fers ne m'i tendra.» — «Or vos atendez, fet-ele, tant que ge soie couchiée por mains de noise fère.» Et il sache les fers hors des pertuis, si soef que noise n'i fet, nè nus n'en brise. Puis se lance dedenz sa chambre: et il n'i avoit cierge nè chandoile ardant qui clarté i poist fère, car la raïne les avoit estainz. Kex se plaignoit, li seneschaux. Quant Lanceloz entra el lit, si senti qu'il degotoit trestot de sanc, et ce estoit des mains don il avoit roupu le cuir au trenchant des fers. Et la raïne cuidoit que ce fust suors. Ne nus d'aus deus ne parla de la mort Galehot, car il n'en savoit riens: si en éust-il assez fet grant duel, mès il n'en estoit pas leus; et si fist-il quant il en fu partiz de la raïne si grant, que nus graindres ne poist estre. — Grant fu la joie qu'il s'entrefirent cele nuit: et quant li jors aproiche si se départent, et Lanceloz si se remet hors par la fenestre, et met les fers ès leus donc il les avoit gitez. Puis s'entre-comandent adeu, et la raïne se va gesir si coiement que nus ne s'en aperçoit.

Au matin ala vooir Méléagans la raïne, si comme il l'avoit en costume; et ele dormoit encor. Et il voit les dras tainz del' sanc, si s'en vient au lit Keu le seneschal: si li estoient escrevées ses plaies, si avoit assez saignié, car ce li avenoit le plus des nuiz. Il vient à la raïne et puis l'esveille, si li dist: «Dame, or est noaz!» — «De quoi?» fet-ele. Et il li mostre le sanc où lit et en l'autre; puis dist: «Dame, bien vos a mis pères longuement gardée de moi; mès de Keu le seneschal vos a-il mal gardée. Si en est granz la delleautez de tel dame com l'en vos tesmoine, quant vos honissiez le plus prodome dou monde dou plus malveis. Si me torne à moult grant despit quant vos me refusastes por Keu le seneschal, car ge voil mialz de lui, car vers lui vos conquis-ge par force d'armes. Mès certes mielz vaut encor Lanceloz qui por vos a tant des maus éuz; si les a moult mal enploiez, car honiement est guerredonez li servises de la fame et dou deable.» {109. r°. a}

— «Beau sire, fet la raïne, vos dites vostre plesir; mès Dex le set, onques Kex n'aporta cestui sanc en mon lit, ainçois m'escriève sovent mes nés.» — «Se Dex me consaut, fet-il, riens ne vos vaut: tote en estes atainte, nè n'istroiz mès de ma baillie devant que vos en scroiz esléautée.» Et Kex en est tant dolenz que par un poi qu'il n'arrage; et dist qu'il est près qu'il s'en deffende ou par juisse ou par bataille. Et Méléagans envoie son père querre, qui encore se gisoit. Et quant il ot les noveles si saut sus moult iriez, et fet lever Lancelot por aler avec lui. Et lors s'aperçoit Lanceloz premièrement qu'il s'avoit le cuir roupu de ses mains à la fenestre. Si s'en va après le roi. Et quant il viennent en la chambre si dit Méléaganz à son père: «Véez sire!» Lors li mostre le sanc en ammedeus les liz, et dit: «Sire, or me fètes droit de ceste dame por qui ge me sui mis en péril de mort. Or l'ai prise provée au malvès qui ne la pot vers moi deffendre.» — «Dame, fet li rois, com or avez mal esploitié!» — «Sire, fet-ele, ne le créez mie! C'onques ne maïst Dex s'onques Kex ot ò moi part. Lanceloz, or poez oïr se por tele me tiennent cil qui me conoissent.» — «Dame, fet-il, Dex vos en deffende, car certes misires Kex nel' feroit mie, nè nel' voldroit avoir pensé. Nè en cest monde n'a si boen chevalier vers qui ge ne l'en deffendisse.» — «Ce li est bien mestier, fet Méléaganz; que se nus l'en ose deffendre ge li oserai bien mostrer.» — «Comment, fet Lanceloz, iestes-vos gariz de vostre plaie?» — «Jà n'ai-ge, fet-il, plaie qui me toille mon droit à desresnier.» — «Certes, fet Lanceloz, vos ferez ce que vos porroiz; mès assez en déussiez avoir d'une foiée. Alez vos fère armer, car assez iert qui la vos deffendra.» Et cil dist que nulle riens ne li plaist tant. Lors s'en vont amedui armer. Et li rois chastie Méléagan son fil, qu'il laist la bataille ester; mès nus chastiz n'i a mestier, car il le quide savoir certainement. Venu sont andui en la place, et Lanceloz dist au roi: «Sire, bataille de si haute chose ne doit mie estre sanz sèrement.» Et li rois fet aporter les sainz, et il s'agenoillent andui, et jure Méléaganz que si li aïst Dex et tot li saint que de Kex li seneschal fu li sanc qu'il vit où lit la raïne; et Lanceloz s'en lève et dit, que si li aïst Dex et tuit li saint qu'il est parjures, «et si le te ferai conoistre se à force ne m'i es toluz, ou tu morras come parjures en ceste bataille.»

Lors montent andui ès chevax, et li rois essaie totes voies s'il porroit son fil torner de la bataille en nulle fin. Si remonte enhaut: et la raïne estoit jà aus fenestres et Kex li seneschax ausi. Et li dui chevalier s'entrelessent corre quant qu'il puéent, si peçoient lor glaives, et il s'entr'ateignent des chevax et des cors et des visaiges, si qu'il n'i a celui qui n'ait les ieuz estencelez. Si lor volent les enarmes hors des poinz et des heaumes est sailliz li feus ardanz; et les eschines lor hurtent aus arçons derriers. Si volent andui toz estenduz: Méléaganz se pasme, et sa plaie li comence à seignier. Et Lanceloz r'a esté grant piesce tot catendu à terre, et lors resaut sus, si met la main à l'espée et giete l'escu sor sa teste: si cort sus à celui qu'il het sor toz homes, et cil se deffent si comme il puet, et qui fust moult prox s'il ne fust traitres. Mès deffense n'i a mestier, car en la fin le mena Lanceloz plus mal qu'il n'avoit fet à l'autre foiz. Quant li rois voit que la bataille vet au honir si nel' puet endurer, car charniex pitiez l'en requiert et sémont comme pères. Il vient à la raïne, si li dist: «Dame, por Dex vos pri que vos façoiz la chose remanoir!» Et ele dist: «Alez les départir vos-méismes.» Et li rois i vait et dist à Lancelot qu'il laist la bataille, «car vostre dame le velt.»

— «Feites dame?» fet Lanceloz; et ele dit qu'oïl. — «Certes, fet Lanceloz, ce poise moi. Et bien sachiez que ce est force.» Atant sont départi; si a Méléaganz tant de dolor et tant de honte que plus n'en puet avoir. Et ses pèrs le conforte moult, et il dit qu'il l'ocirra à ses deus mains en traïson, ainz qu'il isse dou païs. — «Bien saiches-tu, fet ses

109. v°. b.

pères, s'il est ocis par toi jà plain pié n'auras de mon règne, car traitres nè murtriers ne l'aura jà après moi. »

La nuit s'en ala Méléaganz hors de la vile et jà s'en vont tuit hors dou païs cil qui voelent; et li rois commande que nus n'en soit arestez. Et la matinée velt aler Lanceloz encontre monseignor Gauguein: si enporte ses armes. Avec lui sont .xl. chevalier tuit armé que des prisoniers que des genz le roi, qu'il i envoie et commande que l'en face autretant de lui comme de son cors méesmes. Quant il fu près dou pont à mains de deus lieues si encontre un nain sor un chaceor tot amblant.

Li nains demande li quex est Lanceloz? Et il li mostrent. — « Sire, fet-il, misire Gaugueins vos salue. » Et Lanceloz li fet moult grant joie; si li demande coment il le fet? — « Sire, fet-il, moult bien. Mès il vos mande paroles privées par moi. » Lors le tret à une part, si li dit que mesires Gaugueins est el leu dou monde qui plus li plaist, et si a quanque il devise. « Et il savoit bien que vos vendriez savoir por quoi il demoroit tant. Et vos mande que vos veigniez à lui à petit de compaignie, et lors si vos en vendroiz ensemble au r'aler. » — « Donc ne sai-ge, fet Lanceloz, que ge face de ceste gent. » — « Sire, fet li nains, dites-lor qu'il vos atendent ci, et à ce que entre vos et monseignor Gauguein vos acorderoiz si lor mandez, car vos n'irez guaires loig de ci. » — « Combien, fet Lanceloz, i puet-il avoir de ci? » — « Une petite leue, » fet li nains. — « Et g'irai, fet-il, toz sols. — Seignor, fet-il au chevaliers, atendez-moi ci un petit, car vos me reverroiz orendroit ou moi ou mon messaige. » Cil l'atendent, et Lanceloz s'en va entre lui et le nain. Si sont entré en une forest qui n'estoit pas loig quatre archiées, et vont tant qu'il viennent à un petit 110. r°. a. chastel moult fort: si estoit clos d'un plesseiz espès, et après de deus pères de fossez. Il troevent la porte overte: si entrent enz et vont jusqu'à une grant sale par terre. Et il descent: et la sale fu tote jonchiée d'erbe fresche. Et Lanceloz s'en va grant pas, à qui moult est tart qu'il voie monseignor Gauguein. Et quant il vint en la sale si sent l'erbe [2]) desoz ses piez, et il chiet en une fosse qui avoit plus de deus toises de parfont. Mès Dex merci point ne se bleça, car l'en i avoit mis assez d'erbe tot de gré, que l'en ne s'i brisast nul menbre. Quant il se sent en la fosse, si set bien qu'il est traïz, et que ce li a fet Méléaganz. Et il taste çà et là, mais il n'i trueve nè degré nè chose par quoi il puisse hors issir. Et ne demore guères que sor la fosse vindrent .xx. chevalier armez: si estoit li seneschax de Gorre cui li chastiax estoit. Cil met Lancelot à reison, si li dist: « Sire chevalier, vos iestes pris, car vos véez bien que deffense n'i a mestier. Et vos n'aurez huimès nule male prison. » — « Por quoi me pernez-vos? » fet Lanceloz. — « Vos n'en saurez or plus, » fet li seneschax. — « Et por quoi, fet-il, ne m'avez vos pris à force? Si i éussiez mains de honte, qui estes tant et tuit armez. » — « Or sachiez, fet li seneschaux, que nos ne volions pas

2) *Sent*, l. *faut?*

estre navrez. Mès rendez-vos se jàmès en volez issir.» Et il voit que force n'i a mestier:
si lor rent s'espée. Et il corurent vers la fosse por oster son healme: puis le traient amont.
Et il demande: «Où est Méléaganz, qui me fet prendre?» Et il dient que non fet. Mès
si fesoit, et en la meson estoit-il; mès il ne se voloit mostrer. Quant Lanceloz fu desarmez
si le metent en prison el fonz d'une vieille tor. Mès or leisse li contes un petit à parler
de lui et retorne à ceus qui avec lui estoient venu, et à monseignor Gauguein.

Or dit li contes que quant li compaignon Lancelot voient qu'il ne venoit et qu'il demo-
roit trop, si sont moult angoisseus, si atendirent illec jusqu'à la nuit, et lors s'en alèrent
hébergier en un chastel qui près estoit et oïrent noveles de monseignor Gauguein, qui
avoit passé le pont sor l'ève et gisoit illec. Au matin alèrent encontre lui, si l'encontrè-
rent venant à grant compaignie des enprisonez. Et il estoit moult bleciez des granz plaies
que li chevalier dou pont li avoient fètes, car il le trovèrent estordi de l'ève dont il avoit
assez béue: et par un poi qu'il ne noia. Il demande à cels qui avec lui sont coment il
s'estoit contenuz de la bataille? Et il dient: moult bien; mès moult l'avoit l'ève enpirié
et ce qu'il se conbati si très-tost comme il fu hors. Si ne fesoit se soffrir non, avant;
mès après mostra les granz proesces, si qu'il conquist le chevalier là où chascuns cui-
doit qu'il fust alez. Et li chevalier, font-il, est tex conréez que l'en n'i atent se la mort
110. r°. b non.» Et misires Gaugueins demande noveles de monseignor Lancelot. Et il content coment
un neins l'en à mené, «et disoit qu'il estoit à vos.»
Quant misires Gaugueins ot ce s'en bati ses paumes, et dist: «Trahiz est li bons cheva-
liers! Ha Dex, quel dolor! Ce li a fet Méléaganz li desloiaux.» Einsinc dolenz s'en vet
misires Gaugueins, tant qu'il vient à la cort. Et li rois li fet si grant joie comme il trueve
en son cuer. Et la raïne en est si liée com ele plus puet por monseignor Gauguein. Mès
quant ele oï dire que Lanceloz est pris et perduz si est tornée sa joie à duel. Et li rois est
ausinc comme toz desvez. Et la raïne en a tel duel que plus grant ne peut avoir, et plus
li grieve ce qu'ele n'ose s'angoisse descovrir por monseignor Gauguein. Et neporquant
tant en fet que li plus fol s'en poissent apercevoir. Et li rois dit qu'il li fera querre par tot
son pooir, et il-méismes le querra: mès qu'il aient celui jor passé. A l'endemain envoie
li rois lettres par tote sa terre qui disoient: «Bien saiche cil qui Lancelot saura, s'il ne
l'enseigne, qu'il sera penduz s'il puet estre apercéuz.» En cele atente demora la raïne et
misires Gaugueins .xv. jors, et dedenz ce ne fu preu au roi ce qu'il l'avoit envoié querre;
ainz viaut mander par tote sa terre et par ses letres que tuit li baron de sa terre vieig-
nent à lui si tost comme il verront son séel, et chevalier et vilein et tuit cil qui porront
armes porter. Et par ce cuide noveles oïr de Lancelot. Mès cil qui toz les maus savoit,
Méléaganz li fel, fist une letre por décevoir son père.

Ces lettres furent en un sael contrefet au sael lo roi Artu : si furent aportées à la raïne, et disoient que li rois la saluoit et li mandoit que dès or mès s'en revenist, et ele et misires Gaugueins, ne n'atendissent mie Lancelot, car il estoit en sa compaignie, sains et hétiez. Lorz fu grant la joie à la cort ; mès la joie à la raïne par est trop grant ; si li tarde tant qu'ele voie son ami. Si s'esmuet matin. Si la convoie li rois. Et or sont li pont perillex abatuz, si passe l'en là où l'en viaut. Li rois Bademagus se part de la raïne à l'eissue de sa terre, et ele l'en mercie moult de la grant honor qu'il li avoit fète. Si s'entorne, si chevaucha droit à Camahalot. Si encontre son seignor et toz ses barons qui li viennent à l'encontre ; si la beise li rois et sovent et menu, et Kex après qui auques estoit gariz. Après demandent noveles de Lancelot. — «Lancelot, fet li rois, nos rendez.» — «Coment, fet-ele, ne me mandastes-vos qu'il estoit aveques vos sains et hétiez?» — «Par la foi que ge vos doi ge ne le vi puis ma grant cort de Londres, n'onques mes lettres ne véistes.»

Quant la raïne l'entent, si n'en pot mot dire, et li cors li froidist, et li cuers li serre, et ele se pasme ; mès messires Gaugueins l'a tote sostenue, qui trop en fet grant duel. Et li rois méesmes en est dolenz à desmesure, et en plore aus ieuz de sa teste. Mès nus deaux qu'il facent nè uns nè autres ne se prent à celui que la raïne fet, quer ele ne se cuevre por nului, ainz dit, oiant toz, que jamès joie n'aura, quant en son servise est morz li mialdres chevaliers dou monde. Granz est li dealx en la meson le roi Artu de Lancelot, car bien quident et un et autre qu'il fust morz. Si séjorne li rois à Kamaalot por savoir se jà nule novele en orroit, que près estoit de Gorre ; et la raïne i estoit plus volentiers por son ami, qui chevaliers noviaux i fu. `110. vo. a.`

Un mois après la revenue de l'essil vindrent au roi chevalier desprisoné et li prièrent de fère une assenblée, car trop avoient esté en essil, si qu'il n'avoient véues proesces d'armes, si comme il soloient vooir. Et li rois lor dist qu'il n'auroit jamès assemblée en son pooir tant qu'il sauroit de la mort Lancelot ou de la vie la vérité. Et tuit si compaignon de son ostel s'i acordent et dient que jamès armes ne porteront, se grant besoin n'i voient, tant comme il soit perduz.

Einsi est tote la cort troblée que nus n'i fet joie ; ne li dealx la raïne ne remanoit pas, car ele ne fine nè nuit nè jor : si va moult sa grant beauté à nient ; nè tex nè hom [nè fame] ne la conforte fors la dame dou lac ; car ele la secoroit à toz besoinz. En tel manière se contindrent dès la Pentecoste jusqu'à la mi-Aoust : et lors covint au roi cort tenir et porter corone à Bonclanc, si comme sa costume estoit. Et encore la tenist l'en plus povre s'il osast por le blasme de ses barons ; car il estoit toz descoragiez de grant joie fère et des granz festes qu'il soloit fère. Quant vint le jor de la feste après la messe si fu li rois apoiez à une fenestre, et ot sa teste tornée vers les prez : si ne voloit encor mengier por ce que nule aventure n'avoit encor véue. Lors esgarde, si voit venir une charrete, si

i avoit un grant cheval ès limons, qui avoit la coue copée enprès l'eschine, et les deus
oreilles de la teste. Et desus séoit uns nains gros et corz: si avoit barbe grant et teste
grosse et mellée de chanes. Et en la charrete avoit un chevalier, les mains liées derrères
le dos, en une chemise dépeciée, et si ot les piez liez as deus limons. La charrete vint
par devant le roi. Si conut bien li rois qu'il estoit chevaliers cil qui estoit en la charrete,
car ses escuz estoit penduz devant et estoit toz blans, et la guige tote blanche. Et delez
estoit ses heaumes et ses haubers. El chief de la charrete estoit atachiez ses chevax par le
chevestre; et avoit le frain en la teste, et la sele sor le dos; et estoit toz blans comme
nois, et beaus à merveille. Quant li chevaliers voit le roi si li dist: «Ha Dex, Dex, qui
me déliverra?» Et tuit li chevalier issent fors.

Et li rois demande au naim: «Nains, qu'a forfet cil chevaliers?» Et li nains respont:
«Autretant comme li autres.» Et li rois ne set que il velt dire; et il li demande encor.
Et il li respont tot autresi comme il avoit fet devant. Et li rois le suit une grant pièce et
li autre chevalier, et demandent au chevalier qui est en la charrete: «Sire chevalier coment
seriez-vos délivrez?» — Beau seignor, s'uns chevaliers montoit por moi là où ge sui.» —
«Ce ne troveroiz-vos hui, fet li rois, qui por vos face tel chose.» — Et jà Dex ne place!»
fet li nains. Atant s'enva tot contreval la vile, et maine le chevalier par totes les rues: si
est huiez et arrochiez de çavates et de boue. Et li rois dit que or puet-il bien aler men-
gier, car aventure a-il véue trop merveilleuse. Et misires Gaugueins venoit des chambres
la raïne, où il avoit dormi, car la nuit avoit veillié en la chapelle. Si fu assez qui l'aven-
110. v°. b. ture li conta. Et il en commence à plorer et dist que malooiz soit qui la charrete a establi
à tel mestier. Si li menbre maintenant de Lancelot qui i monta.

Li rois est assis au mengier et tuit li autre, et quant il esgardent si voient le chevalier
charreté enmi la cort. Et li chevaliers si entra là où li chevalier menjoient, et chascuns
dist: «Véez ci le chevalier de la charrete.» Et il s'en vet assaer avec les autres, et chas-
cuns le bote arriers, et dient qu'il ne doit mie séoir à table de chevaliers nè de prodomes.
Et il s'en va par toz les rens, mès nus ne sueffre qu'il si asice, ainz le bote chascuns
arriers. Et quant il a pàrtot séu si prent une nape, si va séoir aval selonc les rens des
escuiers; mès il le chacent arriers, si qu'à force le covint hors aler à l'uis mengier. Et
mesires Gaugueins le vit qu'il fu si laidement arriers boutez, si leisse-il le mengier et vint
au chevalier tot droit et s'asiet, et dit que compaignie li fera puis que chevaliers est. La
parole vait par léenz tant que li rois ot que moult en parolent li chevalier en mal. Si
mande à monseignor Gauguein qu'il le tenoit por honiz de ceste chose, et que forfet avoit
vers le siége de la table roonde. Et il li mande que s'il est honiz por le chevalier char-
reté, donc est Lanceloz honiz qui i monta. «Nè après son honissement ne quier-ge jà nul
jor honor avoir.» La raïne ot ces paroles, mès nus senblant n'en fait. Et li rois est toz

esbahiz de ce que misires Gaugueins li mande. Quant li chevalier charretez ot mengié si se leva et dist à monseignor Gauguein : « Granz merciz, sire. Or sai-ge qu'il est voirs. »

Atant s'entorne et est entrez en son hostel, qui près d'ilec estoit : si s'arme de totes armes et vient toz montez arriers entre lui et son escuier. Et il viennent en l'estable le roi, et prent un des meillors chevax le roi, tot enselé. Il monte sus, puis vient en la sale devant le roi, et dist, oianz toz : « Rois Artus, Dex te saut ! S'or venoient avant cil qui monseignor Gauguein huioient, et tenoient por honi de ce qu'il mengoit avec moi, ge l'en deffendrai contre le meillor de toz ou encontre vostre cors méisme plus volentiers qu'encontre un autre. Et saichiez, fet-il, que vos iestes li plus failliz rois et li plus recraanz qui onques fust. Si m'en irai ores atant, mès totes voies enmerrai-ge vostre cheval. Et quant porrai del' vostre avoir plus en prendrai ; ne jà en cest ostel n'aura chevalier qui par son cors le vos ramaigne. »

Lors s'enva li chevaliers encontre monseignor Gauguein, si li dist : « Misire Gaugueins, membre-vos de ce que vos avez mengié avec moi. » — « Alez, fet misires Gaugueins, que de moi n'avez-vos garde. » Et lors sont par la sale tuit esbahi quant il voient le roi si esbahi que par un poi que il n'esraige ; et dit que onques mès tel honte ne li avint, que son cheval enmaine devant ses ieuz. Et Sagremors saut de la table et s'encort armer à son hostel ; et vet après le chevalier grant aléure. Et ainsint s'enva Lucanz li boteilliers et Bedoiers li conestables, et Girflez li filz Doe, et Kex li seneschax, qui mengoit devant le roi. Si en veil ore dire coment li autre aloient armer por aler après le chevalier. Sa- 111. r°. n. gremors s'enva après le chevalier, si choisist qu'il s'en vait par la rivière tánt qu'il vient au gué de la forest. Ainsinc avoit non uns guez qui estoit desoz *Revelanc ;* et la forest estoit près à deus archiées. Li chevaliers s'areste sor le gué : et de l'autre part a bien de chevaliers jusqu'à .xl. qui l'atendoient, et vallez assez. Et Sagremors vient là poignant. Et quant li chevaliers le voit venir si fiert encontre le cheval des esperons. Si se donent granz cops sor les escuz. Sagremors brise son glaive ; et li chevaliers fiert Sagremor, si qu'il le porte à terre ; et prent le cheval au frain, si l'enmaine outre le gué. Et cil sont apareillié qui le prennent ; et li chevaliers dit à Sagremor : « Sire chevalier, dites au roi que or en ai-ge plus del' soen, et encore en aurai-ge plus. » — « Coment, fet Sagremors, sire chevalier ne vos combatreiz-vos mie plus ? » — « Naie, fet-il, hore. Et si cui-ge que vos en auriez le peior, quer j'ai boen avantage que ge sui sor boen cheval et vos estes à pié. »

Et Sagremors s'en va toz honteux : et lors vient Lucans li boteilliers. Et li chevaliers dou gué li vient encontre lui ; et leisse li uns corre vers l'autre, et maintenant rabat li chevaliers Lucan le boteillier et enmaine son cheval et puis dist : « Sire chevalier, dites au roi c'or en ai .iij. » Et lors revient Bedoiers li conestables, si le rabati li chevaliers si comme il avoit fet les autres. Et puis Girflet rabati-il ; et mandoit par chascun au roi si com li contes a conté à chascun cheval. Et lors passa le gué, et fist semblant d'aler s'en.

Et ne demora guères que Kex li senechax revint : si li escrie. Et cil prant d'un escuier un glaive cort et gros, et vient arrière. Si s'entrefièrent enmi le gué. Et Kex le fiert si que tote sa lance vole en pièces; et li chevaliers fiert lui parmi l'escu et parmi le hauberc, si le porte jus del' cheval, si s'envait à tot. Et Kex saut sus tot estordiz de là où il avoit géu, et ot assez béu. Si s'est moult bléciez, si s'en retorne. Et li rois est si dolens que plus ne puet. Et li rois se plaint de tot à monseignor Gauguein son neveu; et misires Gangueins li dist: «Sire, or poez vooir que de plus honiz en i a.» Que qu'il parloient einsi, ez-vos la charrete et le naim qui la menait; et dedenz se jut une damoisele.

Li nains la maine à la cort droit, et la damoisele vet le roi as fenestres, si li crie ce: «Rois Artus, l'en soloit dire que nus desconseilliez nè nule desconseilléc ne venoit çaienz qui son conseil n'i trovast; mès bien i pert que ce est mençonge, car li bons chevaliers en est alez c'onques ne fu, qui en la charette montast. Por lui si i aurez plus honte que honor. Il enmaine six de vos chevax et malgré vostre: or ne sai se ge troverai qui de ci me getera.» Misires Gangueins vient aval, si li dist. «Damoisele, coment en serez-vos getée? — «Qui monteroit, fet-ele, ci, et ge iroie jus.» — «En non Deu, fet misires Gangueins, et g'i monterai por le boen chevalier qui i monta.» Et il se lance en la charrete, et la damoisele descent. Et tantost viennent chevalier trestuit armé, si descendent tuit por lui monter sor un des plus beaux palefroiz dou monde qu'il li amenoient.

Et lors i est venue la raïne, et la damoisele dist au roi: «Rois Artus, or m'en irai; mès ainçois que tu saches que ta cort preigne fin des délivrez, si prendrons fins des aventures; nè tu ne déusses mie au chevalier avoir escondit, ainz i déusses estre sailliz en la charrete, car il n'i estoit montez fors por l'amor Lancelot. Et Lanceloz n'i monta fors por cele-la requerre qui ta fame est, et fist-ce que tu n'osas enprendre cui fame ele est. Et sez-tu qui est li chevaliers qui abati les compaignons? Uns joennes enfès de .xx. anz ou de .xv.; et fu chevaliers noviax à Pentecoste: et c'est li cosins Lancelot et frère Lyonel, qui quiert Lancelot. Si fet que fox, car il ne le trovera mie.» A ces paroles vient illec li chevaliers dont ele parloit, et après li ses escuiers, qui tenoit les chevax qu'il avoit gaaigniez.

Li chevaliers oste son heaume, si vient devant le roi, si s'agenoille et dit: «Sire, tenez vos chevax, car ge ne les enmerrai jà. Mès en tel manière se doivent chevalier entr'acointier.» Lors saut la raïne, si s'en lève: et li rois méesmes en a grant joie por son cosin. Et la damoisele est montée sanz dire plus. Et li rois retient le chevalier à compaignon de la table roonde, et il demande son non. Et il li dit qu'il a non *Boorz li essiliez.* Et la raïne s'enquiert qui est la damoisele qui s'enva? Et il dit que ce est la damoisele dou Lac qui Lancelot norri et lui et Lyonel son frère. Quant la raïne l'ot si est tant dolente que plus ne puet, car nule joie ne li a fète: si en est moult desconfortée. Si monte et dit que

·amès ne finera tant qu'ele l'aura trovée; et li rois vet avec. Si ont trové monseignor Gauguein enmi la vile où li nains le menoit encor. Et la raïne saut en la charrete, et li rois descent et i monte por l'amor la raïne; si c'onques n'i ot chevalier en l'ostel le roi qui n'i montast. Et dès lor en avant tant comme li rois vesqui ne fu mis hom dampnez puis en charrete, ançois avoit en chascune vile un vieil roncin recréu, sanz coe et sanz oreilles: si i montoit l'en cels que l'en voloit honnir, et menoit l'en par totes les rues. — Et la raïne vet après la dame do Lac, et mesires Gauguein avec: et chevauchent si tost qu'il l'ataignent. Et la raïne li crie merci, et dit que moult est honteuse quant quenéue ne l'avoit. Si li prie por Deu qu'ele retort, et messires Gauguein cui ele grant joie fet. Mès ele dit que ce ne puet estre.

Lors la tret la raïne à conseil, et li prie s'ele set ensaignes de Lancelot qu'ele li die. Et ele dit qu'il est vis et sains; «mès il est en prison. Mès moult est aesé et honorez. Et li poinz est establiz qu'il s'en ira: et se devant lors en eschapoit il auroit perdue la grant joie et la grant honor qu'il atent. Mès bien saichiez qu'à la première assemblée del' réalme de Logres le porroiz vooir, se vos i estes.» Tex noveles aime moult la raïne; si s'en torne entre lui et monseignor Gauguein quant la damoisele ne puet retenir, et conte au roi les noveles de Lancelot; mès ne conte mie qu'il doie estre à la première assemblée qu'il fera. Li rois en est moult liez, car poor ot de sa mort; mès la demorée li grière. Et la roïne li dist: «Sire, car fètes crier une assemblée del' languaige de Gorre et de vostre terre, car par aventure nos orions noveles de Lancelot. Et totes voies aproche li termes de la bataille, et si vos en prient ces genz qui sunt novelement desprisoné.» Li rois li otroie, si fet partot crier l'asemblée au vintiesme jor à *Pomeglai*. Ainsinc le mande li rois à toz par letres et par messages. Mès or ne parole plus li contes ci endroit de lui nè de sa compaignie, ainz retorne à Lancelot.

Orendroit dit li contes que einsinc est Lanceloz en prison où chastel au seneschal de Gorre, qui moult l'aime, et a quanqu'il désirre sanz issir hors. Et tant est alée la parole de l'asanblée que il la set bien. Mès moult dolenz est qu'il n'i puet estre. Li seneschax n'estoit mie sovent en son chastel, mès sa fame i estoit, qui assez avoit beauté et cortoisie. Et Lanceloz estoit en legière prison, quer il estoit chascun jor mis hors de la prison, et mengoit avec sa dame: et ele l'amoit sor toz homes por les merveilles qu'ele en avoit oï conter. Quant li jors de l'asemblée aprocha si fu Lanceloz maz et pensis, plus qu'il ne soloit. Et la dame le vit malvèsement boivre et mangier, et enpirier durement de sa beauté. Si li demande que il a? Et il ne le velt dire. Et ele le conjure par la riens que il plus aime qu'il li die que il a: — «Dame, fet-il, tant m'avez conjuré que je le vos dirai. Bien sachiez que ge ne mengerai jamès nè ne bèvrai se ge ne sui à cele asemblée qui doit estre. Nè ge ne sai coment je i puisse estre: porce sui-ge à mal aise. Or avez oï, ce poise moi, mon ennui; mès force le me fet dire.» — «Lanceloz, qui feroit tant que vos i alissiez donc ne li devriez-vos grant guerredon?» — «Dame, fet Lanceloz, de quanque ge porroie valoir.» — «Se vos me donez, fet-ele, un don que ge vos demanderai, ge vos i ferai aler, et vos baillerai armes et cheval.» Et cil est tant liez que plus ne puet estre: si li otrie. — «Savez, fet-ele, que vos m'avez doné vostre amor.» Et il ne set que dire, car s'il l'escondist à certes il en perdist l'asamblée que tant désirre: et s'il li donne s'amor, il auroit fausée cele dont il ne porroit cuer ne volonté perdre; et voldra avoir le sorplus. Si a moult longuement pensé.

— «Que m'en direz-vos?» fet-ele. — «Dame, fet-il, de chose que j'aie ne serez escondite, car bien l'avez déservi.» — «Otroiez-le me vos?» fet-ele. — «Dame, fet-il, quanque ge porrai fère por vos otroi-ge sanz contredit....» Et ele le voit hontex, si pense que de honte n'en ose plus dire. Si l'en bée tant à servir qu'il iert au revenir toz soenz. Ele li apareille cheval et armes; et quant ele set que tans est de movoir si li dist: et il en est moult liez. Au matin ainz jor le fist movoir, si l'arma ele-méesme de sa main, et il li jura sor la riens qu'il plus amoit qu'il revendroit si tost comme il partiroit de la mellée, que nus essoignes ne le tendroit, se la mort non: et en après li fiança. Atant s'enpart Lanceloz et vient à l'asemblée, si enporte les armes au seneschal, et son cheval enmaine autresi, et se héberge bien loig de la place. Et la raïne fu montée en une fenestre devers le pomelain, et dames et chevaliers assez. Et les jostes commencent moult beles en plusors leus, et li estor et les mellées bones. Et Dodiniax li sauvages, et Guerrehez et Agravains ses frères, et Yvains li avoutres et Gaenez et Boorz li essiliez le font trop bien.

Lanceloz s'areste devant la fenestre, si esgarde la raïne moult doucement. Et avec lui fu venuz uns vallez de là où il ot géu, qui sa lance li portoit. Et la raïne esgarde toz cels qui bien le font, mais n'i conoist pas son ami. Et Lanceloz se met lors à renc, si porte escu de sinople, taint à trois escueles d'argent. Et il point tot le renc: et un chevalier encontre lui, qui avoit non Elin-li-rois: si estoit frère au roi de Norhonberlande, et fu proz assez. Il s'entrefièrent granz cops, et Elins brise sa lance; et Lanceloz le fiert si durement qu'il le porte à terre dou cheval. Lors lième li bruiz et la noise, car trop avoit icil Elins bien josté toz jors. Si en sont moult lié cil de Gorre: et cil d'autre part en sont dolent. Lors comence chevaliers à abatre et lances à brisier. Lors vient encontre lui uns chevaliers qui trop durement bohordoit: si avoit non Gadore d'outre la marche. Et Lanceloz point à lui et fiert si durement que tot porte en un mont et cheval et chevalier. Si comence merveilles à fère, si que tuit s'en esbahissent. Tant a josté qu'il n'a mais c'une lance: il la prent, et lors vient vers lui uns chevaliers moult preuz, qui estoit seneschax au roi Claudas de la Déserte. Il fièrent ensemble: si fet voler li seneschaux sa lance en pièces; et Lanceloz l'asène desoz la goule de sa lance, si que li fers li coule parmi la gorge, si le porte tant comme sa lance est longue enmi le champ. Cil se pasme, et la terre covri tote de sanc: si crie chascuns: «Morz est!» Et quant Lanceloz l'entent si en est trop liez, si giete jus sa lance, et dist qu'atant en partira.

Il fet demander à son escuier qui est cil qu'il a navré, et s'il morra? Et il dit qu'il est seneschax au roi Claudas de la Déserte, et qu'il est morz là où il est, car il a la gorge coupée. Et Lanceloz li dist que, se Dex le voie, que ce ne cuidoit-il mie. Lors sache s'espée, si en done granz cops à destre et à sénestre, et abat chevax et chevaliers au cop dou pont de l'espée; et au sachier par cops et par pennes desenz lor arrache-il les heaumes des testes, et fiert et bote et enpaint. Il les hurte de tot son cors et dou cheval, et fet tex merveilles comme cil qui bien le set fère. Si en sont tuit esbahi: et misires Gaugueins en est toz esbahiz, et pense por voir que ce est Lanceloz. Sil' dit à la raïne; et la raïne le savoit moult bien, car trop li avoit véu fère de proesces. Por ce si en estoit moult liée; mès ele se pense qu'ele en décevra monseigner Gauguein et toz les autres. Lors apele une soe pucele, car ele ne s'en set à cui descovrir, nè puis ne fist que la dame de Malohaut fu morte: si n'avoit à cui ele déist son pensé. Ele dist à la pucele: «Damoisele, alez à cel chevalier, si li dites que dès ores mès le face noauz, si comme il avoit fet au mielz, et à celes enseignes que ge li dis son grant duel là où il ot sà grant joie.» Ele vient au chevalier, si li dist: et il prent une lance que ses escuiers tenoit, si vait joster à un chevalier. Et li chevaliers fiert lui, et il se lesse enverser sor la crope de son cheval, si qu'à grant paine se relève. Il vient à la mellée, et quant il doit férir granz cops, si se prent au col dou cheval et fet senblant qu'il doie chaoir; nè dès lors en avant n'atendi onques puis chevalier à cop, ainz besse la teste et fuit quant il voit les cops venir: si fet tant que toz li mondes le huie et maudit. Et li vallez qui estoit avec lui venuz en est plus esbahiz que nus.

En tel manière se contient tote jor tant qu'il se départent: si en sont trop honteus tot cil qui por preuz l'avoient tenu. Et il s'en vet à son hostel, nè nus ne l'ose metre à reison de la mauvestié qu'il a fète. Au matin s'arma et revient à l'asemblée; si estoit sanz healme: si l'ateint une damoisele qui le conoist, et c'estoit cele qui le mena en la meson de réligion où il leva la tombe Galahat. Ele le suit, et quant il a mis son heaume en sa teste ele s'en vait criant: «Or est venuz qui l'aunera!» — Quant li lécheor et li palléor d'armes le voient si le coumencent à huier trop durement. Et il se fiert en la mellée et commence chevaliers à abatre, si que tuit s'en esbaïssent cil qui le voient. Grant pièce dura le bienfère de lui, tant que la raïne li mande que noauz face; et il si fet. Si comence à fère au pis qu'il set. Et la damoisele qui tant l'avoit escrié parmi les rens en est si esbahie qu'ele n'en set mès parler. Einsi le fist malveisement tant que jà estoit midis passés. Lors li mande la raïne que miauz le face : et il si fet, si que toz le véent. Nè dès lors en avant ne fu parlé de nules proesces que des soues. Et quant il avespri si geta son escu en la mellée, et s'en reva là où il gisoit. Et la nuit sorent tuit cil de la mellée que c'estoit Lanceloz : si sorent bien qu'il l'avoit fet malveisement por eux gaber. Et Lanceloz vient tant par ses jornées qu'il vient en sa prison. Si trove le seneschal qui l'atendoit et trop avoit grant poor qu'il ne revenist mie. Et s'il séust que par sa fame s'en fust alez il l'éust morte. Et quant il le voit si dist que or est-il li plus loiaux chevaliers dou monde.

Mès quant Méléaganz sot qu'il avoit esté à la mellée si en fu dolenz, et dist qu'il le metra en tel leu dont il n'istra mie sanz congié. Lors fist fère une tor par devers la marche de Gales, par le congié son père, et dist que cele tor garderoit toute la marche de Gale. La tor sist en un marès, que de nulle part n'i puet aceser perrière nè nus engins; nè nus ne se méist où marois qu'il ne sondist jusqu'en abysme. Cele tor gardoit uns sergant Méléagan : et Lanceloz fu mis dedenz. De la meson au sergant jusqu'à la tor coroit une ève qui avoit non *Roliax* : si li portoit l'en à mengier à une petite nacele, et il le traheit enhaut à une corde; n'en la tor n'a huis nè fenestre c'une petite par où il tret le pain et l'ève; mès ce n'estoit mie tant comme il poist mengier. Ainsinc est Lanceloz en la prison Méléagan et ses serganz. Et quant Méléagans voit c'or est einsinc comme il velt, si s'en part de Gorre et vet à la cort le roi Artu. Si le trueve à Logres, et il vint devant lui et dist : «Rois Artus, il est voirs que ge conquis la raïne vers le seneschal, et Lanceloz la vint querre : si fu la bataille de moi et de lui. Mès de ce fu la fins que ge l'en lesse amener la raïne; et il me jura qu'il se combatroit à moi dedenz l'an, que ge l'en voldroie çaienz sémondre. Et la raïne me jura qu'ele avec moi s'en vendroit se il vers moi ne la deffendoit. Ge sui venuz sémondre l'en : ge n'en voi mie ceienz. Et s'il i ert si vieigne avant, car si bons chevaliers comme il est ne se doit mie traire arrière.

Quant li rois conut Méléagan, si li fist grant joie por son père. Si li dist: «Méléagan, Lanceloz n'est pas çaienz nè ge nel' vi puis querre la raïne nè devant près avoit d'un an. Et vos iestes si sages que vos savez bien que vos devez fère.» — «Et quoi?» fet-il. — «Vos devez çaienz atendre quarante jors, et s'il entretant ne vient, alez-vos en vostre terre, et au chief de l'an revendrez. Et s'il ne vient et autre ne se combat por lui, la raïne aurez.» Et il dit que si fera-il. Si remaint à la cort. Mès ci endroit n'en parole plus li contes del' roi, nè de sa compaignie nè de lui, ainz retorne à la seror Méléagan.

Méléagans avoit une seror, dont li contes a parlé çà arrières, à qui Lanceloz dona la teste dou chevalier qu'il ocist. Cele damoisele si avoit moult grant duel de la prison Lancelot, et moult haoit durement Méléagan, car il li avoit tolue tote la terre qu'ele devoit tenir, qui de par sa mère li estoit eschaoite, fors que un sol chastel où ele estoit. Méléagans n'estoit ses frères fors de sa mère, et por ce la haoit-il tant: si l'avoit tote deseritée encontre la volenté le roi Bademagus son père. — Quant la damoisele vit que la tor des marès fu fète, si pensa bien que Méléagans ne l'avoit fète fors por Lancelot enprisoner. Et ele avoit norrie la fame au serf qui la tor gardoit, et mariée l'avoit, et grant bien li avoit fet. Si se pensa que se ele de la prison le pooit giter qu'il la vengeroit de Méléagan mielz que nus hom vivant. Ele vient à la fame au serf, si li dist moult greignors biens qu'ele onques n'avoit fet, et se héberga en la meson qui séoit au chief des marès sor le chemin.

Ele se prist moult bien garde que l'en ne la poist apercevoir: si esgarda coment li mengiers fu porté à Lancelot; et lors en ot-ele si grant pitié qu'ele en plora moult tendrement et dist à soi-mèismes, se ele en devoit morir si l'en getera-ele s'ele puet onques, «car trop seroit grant domaiges se li mieldres chevaliers dou monde moroit en si male prison.» La damoisele apareilla maintenant quanque mestier li fu à traire hors Lancelot de la tor; et la nuit, quant tuit furent endormi par leienz, ele atorna son afère en une chambre où ses puceles gisoient. Quant ele sot bien que tuit estoient endormi ele vint à la nef, et vint jusqu'à la tor, et trova le paneret en coi l'en envooit à Lancelot à mengier. Quant ele vint à la fenestre si oï Lancelot qui se complaignoit et dolosoit de la prison et de la grant meseise que il avoit. Si regretoit monseignor Gauguein et disoit: «Ha misire Gaugucins, se vos fussiez autresi en prison come ge sui, et ge fusse autresi délivrés come vos estes, il ne remansist nè tor nè forteresces en tot le monde où ge ne vos quéisse tant que ge vos trovasse! Et vos ma dame, dont tot li bien me sont venu, certes il ne m'en poise mie por moi, se ge muir ci; mès il m'en poise por vos, car ge sai bien que vos en aurez assez corroz et duel puis que vos saurez ma mort; et totes voies le saurez-vos, car il n'est riens en tot le monde si celée qui en la fin ne soit descoverte.» Grant pièce se complaint et démente Lanceloz en ceste manière; et lors hoche la damoisele le paneret. Et Lanceloz qui moult tost l'entent se lière et vient à la fenestre, et met sa teste hors tant come il puet. Et cele l'apele moult doucement: et il dist: « Qui estes-vos? » — «Je sui, fet-ele, une vostre amie, qui moult est dolente de vostre travail, et tant m'en a pesé que ge m'en sui mise en aventure de mort por vos délivrer.»

Quant il l'entent si en est moult liez: et ele lève la grosse corde à la menue et li geta: et il la tret amont moult vistement tant qu'il s'en puet issir. Puis ataiche la grosse corde par dedenz, si s'en avale aval, et s'en vient au plus coiement qu'il puet, et s'envet hors des marès. Si coucha la demoisele en une chambre, et Lanceloz se jut assez près de lui. Et au matin si tost come il fu jor se leva Lanceloz et se vesti de la meillor robe à la damoisele et monta en un palefroi; si l'enmena cele en tel manière, voiant toz cex de la meson. Et tant erra la damoisele qu'ele vint à son chastel, qui estoit en la terre sa mère: nè plus n'avoit de toz recez, car toute l'autre terrë li avoit son frère Méléagans

112. v°. a.

toluc et deséritée l'en avoit-il. Et quant ele i vint si dona-ele à Lancelot ce qu'ele cuida que boen li fust. Et il avoit moult grant mestier d'aide, car assez avoit éu male prison. Endementiers envoia la damoisele à la cort le roi Artu, por oïr noveles de Méléagan. Si enquist li messages por quoi Méléagans demorait tant à la cort; et en li conta qu'il atendoit jusqu'à quarante jors por avoir la bataille de Lancelot: et si li noma-en le karantisme jor, quant il seroit.

Et lors revint li messages à la damoisele et li conta ce que il avoit trové à cort: et ele le dist tantost à Lancelot. Et cil estoit jà auques guariz et revenuz en sa force. Si dist à la damoisele qu'ele l'en lessast aler, car moult li tarde qu'il soit vengiez de l'ome del' monde que il plus het. — «Beau sire, fet-ele, ge vos auré avant appareillié et armes et cheval, et ce que il vos covendra: et lors si vos en iroiz. Et encor a-il .ix. jors jusqu'au terme que vos i devez estre. Et Dex doint que vos nos en vengiez autresi bien comme de celui à qui vos copastes la teste; car ce est l'ome el monde que ge plus haz; nè mes frères ne fu-il onques fors por moi fère toz les maus et toz les ennuiz que il onques puet.. Et desé- ritée m'a-il, et plus m'a fez d'ennuiz et de hontes que toz li monz.» Ainsinc demore Lanceloz encore .ix. jors. Si li appareilla la damoisele cheval et armes, et lors s'enpart de laienz toz sains et toz hétiez; et chevauche tant que il vient à *Scatanon* où li rois estoit à grant compaignie de chevaliers et d'autre gent.

Méléaganz estoit jà armez, et disoit qu'il s'en iroit, car il n'estoit qui la bataille féist por Lancelot. Et lors est avant sailliz Boorz li essiliez, et dit que il la fera orendroit se il velt. Et il dit qu'il ameroit Lancelot moult melz que nul autre. — «Certes, fet misires Gaugueins, se Lanceloz fust ceienz vos ne fussiez mie si engrès de ceste bataille comme vos estes ore; et por ce se il [n']i est ne remaindra-ele mie que vos n'aiez la bataille; si voi que tant la désirrez comme vos fètes le senblant; car ge m'en combatrai bien en- contre vos por l'amor de lui.» — «Certes, fet Méléagans, ge ne vos refus pas, car ge ne sai chevalier à qui ge combatisse plus volontiers que ge feroie à vos.» Lors se cort misires Gaugueins armer. Et li rois fet son commandemant que la bataille soit hors de la ville enmi les prez. Et chascuns d'aus l'otroie. Si s'en vont aval la vile, armé de totes armes. Et lor avint que Lanceloz entra el chastel, et fu moult bien armez de totes armes. Si encontra monseignor Gaugueïn, qui bien le requenoist, et il lui autresi. Si s'entrefont si grant joie que graignor ne puéent. La novele de Lancelot est moult tost venue à cort: si en est moult grant la joie par leienz. Si le cort le roi bèsier et la raïne, et tuit li autre chevalier.

Mès quant Méléagans en set la vérité, si en est trop esbahiz. Et Lanceloz vient à lui, si li dist: «Méléagans, Méléagans, tant avez crié et brait que or aurez la bataille, car ge sui hors de la tor des marès où vos me méistes par traïson, Dex merci, et celui qui m'en geta!» Atant sont venuz au champ, si i sont les gardes mises. Et cil lessent corre les chevax, si s'entredonent granz cops sor les escuz. Méléagans le fiert si que li glaives vole en pièces, et Lanceloz le fiert si que il li perce l'escu, et li fet au braz serrer; et le bras au cors; et l'eschine li hurte à l'arçon de la sele derriers, si abat lui et le cheval tot en un mont. Lors descent Lanceloz à terre et tret l'espée, et met l'escu avant, si cort sus à Méléagan là où il le trueve, et cil autresi à lui. Si s'entredonent grans cops et pesanz parmi les heaumes et parmi les escuz. Si se despiècent les haubers desus les braz et desus les espaules, si se traient les sans des cors au plus que il pueent, et s'entr'enpirent de tot lor pooir. Si se tiennent auques plus en un point jusque vers midi: et lors commence à lasser Méléagans comme cil qui mès ne pooit les cops soffrir, car tel l'a atórné Lancelòz qu'il li fet le sanc saillir parmi le nés et parmi la bouche. Si a les espaules totes sanglentes et les braz del' sanc qui li estoit devalez. Si ne fet mès fors soufrir et guenchir aus cops que Lanceloz li done. Et bien voient tuit cil de la place que il est alez, et se il en i a nul qui dolenz en soit. La raïne en est liée endroit soi, car bien voit que à cest point sera vengiée de la honte qu'il li avoit fète. Mès longuement guenchist Méléagans: si a tant soffert que en plus de trente leus li saut li sans. Et Lanceloz hauce l'espée et esme à férir grant cop. Et cil qui grant poor a de soi recule au plus tost que il puet. Et quant Lanceloz voit que ne l'a mie à cop ataint si le hurte de l'escu si durement que il le fet voler à terre toz envers. Et lors li saut sor le cors: si li arraiche le heaume de la teste et le giète el pré si loig comme il puet, et li abat la ventaille. Et Méléagans qui se voit el péril de mort crie merci; mès Lanceloz ne l'en velt oïr. Mès li rois vient avant, et prie Lancelot que il ne l'ocie pas. Et la raïne li fet signe que il li trenche la teste, si que Lanceloz s'en aper- çoit bien. Lors dist Lanceloz au roi: «Sire ge ferai tant por vos que ge le lérai relever et mettre son heaume en sa teste; et se ge une autre foiz en sui au desus, sachiez que il n'i aura jà garant que il n'i muire.» Maintenant se lième de desus lui et sueffre tant que cil a relacié son heaume et s'espée prise et son escu.

Et lors li recort sus Lanceloz, si le conroie tel en poi d'ore qu'il n'a si felon en la place qui pitié n'en ait. Et lors le prent Lanceloz au heaume si li arraiche à force de la teste. Et Méléagans qui sent son chief descovert a poor de la teste perdre, si se tret arriers au plus tost qu'il pot. Et Lanceloz li done tel cop de l'espée que il li fet voler le chief enmi le champ: et li cors gist à terre toz estenduz. Et Lanceloz reboute s'espée en son fuerre. Et lors saut avant Kex li seneschax, si li oste l'escu dou col et li dit: «Ha sire, sor toz les homes dou monde soiez-vos li bien venuz comme la flor de la terrienne chevalerie! Si l'avez bien mostré et ci et aillors!» Et aprés Kex li seneschax revient li rois Artus, si acole Lan- celot tot issi armé comme il estoit. Si li oste il-méesmes le heaume de la teste et le baille à monseignor Yvein, si le bèse en la bouche, et li dist: «Beaus très-dolz amis, vos soiez li bien venuz!» Après revient monseignor Gauguains et saut à Lancelot les braz tenduz,

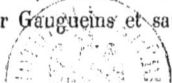

113. ῃ. a.

et la raïne i vient si joieuse que nule plus ; et tuit li autre baron après. Si li font si très-grant joie que greignor ne porroit nus déviser. Si l'enmainent à tel joie et à tel feste amont au palès : et lors commande li rois que les tables soient mises, et eles si sont.

Si s'asiéent par leienz li chevalier, nè il n'estoit encor fors entre none et vespres. Lors fist li rois une chose qui moult torna Lancelot à grant honor, nè por nul home ne l'avoit-il onques mès fet, car il le fist aséoir à son haut dois où il mengoit, tot droit encontre lui. Nè chevalier n'i avoit-il onques mès sis nule foiz, fors au hautes festes au souper ; quant il avenoit aucune foiz que aucuns chevaliers estranges vaincoit le tornoiement ou la quin-taine, et cil s'i séoit ; mès ce n'estoit mie endroit le roi, mès un poi loig : si li fesoit li rois séoir por ce que tuit li autre de leienz le voissent et le quenéussent dès lors en avant. Mès à nul autre jor n'avenoit que nus chevaliers, tant fust hauz hom, s'i asséist ; mès celui jor i fu Lancelez assis par la proière le roi et par le comandement la raïne sa dame. Si en fu moult dolenz et moult honteus, et moult à enuiz s'i assist. Mès por la volenté au roi fère et por le comandement sa dame acomplir l'otria.

Grant fu la joie et la feste que li rois fist de Lancelot, quer grant pièce avoit que il ne l'avoit mès véu.

LI ROMANS DE LA CHARRETE.

LI ROMANS DE LA CHARRETE,

PAR

CHRESTIEN DE TROYE et GODEFROI DE LEIGNI.

(*MS. de la Bibliothèque Nationale à Paris, fonds de Cangé 73.*)

f. 27. b.　Puis que ma dame de Chanpaigne
Vialt que romans à feire anpraigne
Je l'anprendrai moult volentiers,
Come cil qui est suens antiers
5　De quanqu'il peut el monde feire,
Sanz rien de losange avant treire.
Mès tex s'an poist antremetre
Qu'il i volsist losenge metre
Si déist et jel' tesmoignasse
10　Que ce est la dame qui passe
Totes celes qui sont vivanz
Si con li funs passe les vanz
Qui vante en Mai ou en Avril.
Par foi je ne sui mie cil
15　Qui vuelle losangier sa dame.
Dirai-je : tant com une jame
Vaut de pailes et de sardines
Vaut la contesse de reïnes ?
Naie voir je n'en dirai rien,
20　S'est-il voirs maleoit gré mien ;
Mès tant dirai-ge que mialz oevre
Ses comandemenz an ceste oevre
Que sans né painne que g'i mete.
Del' chevalier de la charrete
25　Comance Crestiens son livre ;
Matière et san li done et livre
La contesse et il s'antremet
De panser que guères n'i met
Fors sa painne et s'antancion,
30　Et dit qu'à une Acenssion
Li rois Artus cort tenue ot
Riche et bele tant com lui plot,
Si riche com à roi estut.
Après mangier ne se remut
35　Li rois d'antre ses conpaignons.

Moult ot an la sale barons,
Et si fu la reïne ansamble :
Si ot avoec aus, ce me sanble,
Mainte bele dame cortoise
40　Bien parlant an lengue françoise.
27. c.　Et Kex, qui ot servi as tables,
Manjoit avoec les conestables.
Là où Kex séoit au mangier
Atant ez-vos .i. chevalier
45　Qui vint à cort moult acesmez,
De totes ses armes armez.
Li chevaliers à tel conroi
S'an vint jusque devant le roi,
Là où antre ses barons sist.
50　Nel' salua pas, einz li dist :
« Rois Artus, j'ai en ma prison
De ta terre et de ta meison
Chevaliers, dames et puceles,
Mès ne t'an di pas les noveles
55　Por ce que tes te vuelle randre ;
Ençois te voel dire et aprandre
Que tu n'as force nè avoir
Par quoi tu les puisses avoir.
Et saches bien qu'ainsi morras
60　Que jà aidier ne lor porras.
Li rois respont qu'il li estuet
Sofrir, s'amander ne le puet ;
Mès moult l'an poise durement.
Lors fet li chevaliers sanblant
65　Qu'aler s'an voelle : si s'an torne,
Devant le roi plus ne séjorne,
Et vient jusqu'à l'uis de la sale.
Mès les degrez mie n'avale,
Ençois s'areste et dit dès là :
70　« Rois, s'a ta cort chevalier a

Nès .i. an cui tu te fiasses
Que la reïne li osasses
Baillier por mener an ce bois
Après moi, là où ge m'an vois,
75　Par un covant li atandrai
Que les prisons toz te randrai,
Qui sont an prison an ma terre,
Se il la puet vers moi conquerre
Et tant face qu'il l'an ramaint. »
80　Ce oïrent el palès maint :
S'an fu la corz tote estormie.
La novele en a Kex oïe,
Qui avoec les sergenz manjoit :
Le mangier leit, si vient tot droit
27. d. 85　Au roi, si li comance à dire
Tot autresi come par ire :
« Rois, servi t'ai moult boenemen
Par boene foi et léaumant ;
Or praing congié, si m'an irai
90　Que jamès ne te servirai.
Je n'ai volenté nè talant
De toi servir d'ore an avant. »
Au roi poise de ce qu'il ot,
Mès quant respondre mialz li pot
95　Si li a dit enes-le-pas :
« Est-ce à certes ou à gas ? »
Et Kex respont : « Biax sire rois,
Je n'ai or mestier de gabois,
Einz praing congié trestot à certes
100　Je ne vos quier autres dessertes,
N'autre loier de mon servise,
Ensi m'est or volantez prise,
Que je m'an aille sanz respit. »
— « Est-ce par ire ou par despit,
5　Fet li rois, qu'aler an volez ?

8

Seneschax, si com vos solez
Soiez à cort, et sachiez bien
Que je n'ai en cest monde rien
Que je por vostre démorance
110 Ne vos doigne sans proloignance. »
— « Sire, fet-il, ce n'a mestier,
Ne prandroie pas un setier
Chascun jor d'or fin esmeré. »
Ez-vos le roi moult desperé.
15 Si est à la reïne alez :
« Dame, fet-il, vos ne savez
Del' seneschal que il me quiert :
Congié demande, et dit qu'il n'iert
A ma cort plus; ne sai por coi.
20 Ce qu'il ne vialt feire por moi
Fera tost por vostre proïère :
Alez à lui, ma dame chière,
Quant por moi remenoir ne daigne,
Proiez-li que por vos remaigne,
25 Et einz l'au chéez-vos as piez,
Que jamès ne seroie liez
Se sa conpaignie perdoie. »
Li rois la reïne i anvoie
27. e. Au seneschal, et ele i va.
30 Avoec les autres le trova,
Et quant ele vint devant lui
Si li dist : « Kex, à grant enui
Me vient, ce sachiez à estros,
Ce qu'ai oï dire de vos.
35 L'an m'a conté, ce poise moi,
Que partir vos volez del' roi.
Don vos vient et de quel corage?
Ne vos an tieng or mie à sage
Nè por cortois, si con ge suel ;
40 Del' remenoir proier vos vuel :
Kex, remenez, je vos an pri. »
— « Dame, fet-il, vostre merci !
Mès je ne remanroie mie. »
Et la reïne ancor l'an prie,
45 Et tuit li chevalier à masse.
Et Kex li dit qu'ele se lasse
De chose que rien ne li valt.
Et la reïne de si haut
Com ele estoit as piez li chiet.
50 Kex li prie qu'ele se liet ;
Mais ele dit que nel' fera:
Jamès ne s'an relèvera
Tant qu'il otroit sa volenté.
Lors li a Kex acréanté
55 Qu'il remandra, mès que li rois

Otroit ce qu'il voldra einçois.
Et ele-méismes l'otroit :
« Kex, fet-ele, que que ce soit,
Et ge et il l'otroierons. »
160 Or an venez, si li dirons
Que vos estes einsi remès. »
Avec la reïne an va Kes.
Si sont devant le roi venu :
— « Sire, je ai Keu retenu,
65 Fet la reïne, à grant travail ;
Mès par un covant le vos bail,
Que vos ferciz ce qu'il dira. »
Li rois de joie an sopira
Et dit que son comandemant
70 Fera, que que il li demant.
— « Sire, fet-il, or sachiez dons
Que je voel et quex est li dons
27. f. Don vos m'avez asséuré :
Moult m'an tieng à boen éuré
75 Quant je l'aurai, vostre merci.
La reïne que je voi ci
M'avez otroiée à baillor:
S'irons après le chevalier
Qui nos atant an la forest. »
80 Au roi poise et si l'an revest,
Car einz de rien ne se desdist,
Mès iriez et dolanz le fist
Si que bien parut à son volt.
La reïne an repesa molt,
85 Et tuit dient par la meison
Qu' orguel, outrage et desreison
Avoit Kex demandée et quise.
Et le rois a par la main prise
La reïne et si li a dit:
90 « Dame, fet-il, sanz contredit
Estuet qu'avoec Keu en ailliez. »
Et cil dit : « Or la me bailliez
Et si n'an dotez jà de rien,
Car je la ramanrai molt bien
95 Tote heitiée et tote sainne.»
Li rois li baille, et cil l'anmainne.
Après ax .ij. s'an issent tuit ;
N'i a un seul cui moult n'ennuit.
Et sachiez que li seneschax
200 Fu toz armez, et ses chevax
Fu en mi la cort amenez :
Uns palefroiz estoit delez
Tex com à reïne covient.
La reïne au palefroi vient
5 Qui n'estoit braidis nè tiranz.

Mate et dolante et sopiranz
Monte la reïne et si dist
An bas por ce qu'an ne l'oïst :
« Ha rois, se vos ce séussiez
210 Jà, ce croi, ne l'otroiesiez
Que Kex me menast un seulpas! »
Moult le cuida avoir dit bas,
Mès li cuens Guinables l'oï
Qui au monter fu près de li.
15 Au départir si grant duel firent
Tuit cil et celes qui l'oïrent,
28. a. Con s'ele géust morte au bière.
Ne cuident qu'el reveigne arrière
Jamès an trestot son aage.
20 Li seneschax par son outrage
L'anmaine là où cil l'atant.
Mès à nelui n'an pesa tant
Que del' sivre s'antremeïst,
Tant que mes sires Gauvains dist
25 Au roi son oncle en audience :
« Sire, fet-il, moult grant anfance
Avez feite, et moult m'an mervoil ;
Mès si vos créez mon consoil
Tant com il sont ancor si près
30 Je et vos iriens après
Et cil qui i voldront venir.
Je ne m'an porroie tenir
Qu'après n'alasse isnelement.
Ce ne seroit pas avenant
35 Que nos après ax n'alessiens
Au moins tant que nos séussiens
Que la reïne devandra
Et comant Kex s'an contandra. »
— « Alons-i, biax niés, fet li rois :
40 Moult avez or dit que cortois.
Et dès qu'an pris avez l'afeire
Comandez les chevax forstreire
Et metre frains et anseler,
Qu'il n'i ait mès que del' monter. »
45 Jà sont li cheval amené
Apareillié et ansclé.
Li rois monte tos promerains,
Puis monta mes sires Gauvains
Et tuit li autre qui ainz ainz :
50 Chascuns an volt estre conpainz.
Si va chascuns si com lui plot :
Armé furent de tex i ot:
S'an i ot sanz armes assez.
Mes sires Gauvains fu armez
55 Et si fist à dens escuiers

Mener an destre deus destriers.
Et einsi com il aprochoient
Vers la forest, issir an voient
Le cheval Keu, sel' reconurent,
260 Et virent que les règnes furent
28. b. Del' frain ronpues anbedeus.
Li chevax venoit trestoz seus:
S'ot de sauc tainte l'estrivière,
Et de la sele fu derrière
65 Li arçons frez et péçoiez.
N'i a nul qui n'an soit iriez,
Et li uns l'autre an cingne et bote.
Bien loing devant tote la rote
Mes sires Gauvains chevalchoit.
70 Ne tarda gaires quant il voit
Venir un chevalier le pas
Sor un cheval duillant et las,
Apautoisant et tressué.
Li chevaliers a salué
75 Mon seignor Gauvain promerains,
Et puis lui mes sires Gauvains.
Et li chevaliers s'arestut,
Qui mon seignor Gauvain conut,
Si dist: « Sire, don ne véez
80 Com mes chevax est tressuez
Et tex qu'il n'a mès nul mestier;
Et je cuit que cist dui destrier
Sont vostre; or si vos prieroie
Par covant que je vos randroie
85 Le servise et le guerredon,
Que vos, ou à prest ou à don,
Le quel que soit, me baillessiez. »
Et cil li dit: « Or choisissiez
Des deus lequel que il vos plest. »
90 Mès cil cui granz besoigne n'est
N'ala pas querrant le meillor,
Nè le plus bel, nè le graignor;
Einz monta tantost sor celui
Que il trova plus près de lui.
95 Si l'a maintenant eslessié,
Et cil chiet morz qu'il a lessié,
Car moult l'avoit le jor péné
Et traveillié et sormené.
Li chevaliers sanz nul arest
300 S'an vet armez par la forest,
Et mes sires Gauvains après
Lo suit et chace com angrès,
Tant qu'il ot un tertre avalé.
Et quant il ot grant pièce alé
28. c. 5. Si retrova mort le destrier

Qu'il ot doné au chevalier,
Et vit moult grant defoléiz
De chevax, et grant froisséiz
D'escuz et de lances antor.
310 Bien resanbla que grant estor
De plusors chevaliers i ot.
Se li pesa moult et desplot
Ce que il n'i avoit esté.
N'i a pas grammant aresté
15 Einz passe outre grant aléure,
Tant qu'il revit par avanture
Le chevalier tot seul a pié,
Tot armé, le hiaume lacié,
L'escu au col, l'espée ceinte.
20 Si ot une charrete atainte.
De ce servoit charrete lores
Don li pilori servent ores:
Et en chascune boene vile
Où or en a plus de trois mile
25 N'en avoit à cel tans que une,
Et cele estoit à ees comune,
Ausi con li pilori sont,
A ces qui murtre et larron sont,
Et à ces qui sont chanpchéu,
30 Et as larrons qui ont éu
Autrui avoir par larrecin
Ou tolu par force an chemin.
Qui à forfet estoit repris,
S'estoit sor la charrete mis,
35 Et menez par totes les rues:
S'avoit totes enors perdues,
Nè puis n'estoit à cort oïz
Nè enorez nè conjoïz.
Por ce qu'à cil tens furent tex
40 Les charretes et si cruex
Fu premiers dit: « Qnant tu verras
Charrete et tu l'ancontreras
Fei crois sor toi et te sovaigne
De Deu, que max ne t'an avaigne. »
45 Li chevaliers à pié, sanz lance,
Après la charrete s'avance,
Et voit un nain sor les limons,
Qui tenoit come charretons
28. d. Une longue verge an sa main.
50 Et li chevaliers dit au nain:
« Nain, fet-il, por Deu car me di
Se tu as véu par ici
Passer ma dame la reïne. »
Li nains cuivers, de pute orine
55 Ne l'en vost noveles conter,

Einz li dist: « Se tu viax monter
Sor la charrete que je main
Savoir porras jusqu'à demain
Que la reïne est devenue. »
360 Tantost a sa voie tenue
Li chevaliers que il i monte.
Mar le fist et mar en ot honte
Que maintenant sus ne sailli
Qu'il s'an tendra por mal bailli;
65 Mès reisons qui d'amors se part
Li dit que del' monter se gart.
Si le chastie et si l'anseigne
Que rien ne face nè anpreigne
Dom il ait honte nè reproche.
70 N'est pas el cuer mès an la boche
Reisons qui ce dire li ose;
Mais amors est el cuer anclose
Qui li comande et sémont
Que tost an la charrete mont.
75 Amors le vialt et il i saut,
Que de la honte ne li chaut
Puis qu'amors le comande et vialt.
Et mes sires Gauvains s'aquialt
Après la charrete poignant.
80 Et quant il i trueve séant
Le chevalier, si s'an mervoille.
Puis li dit: « Nains car me consoille
De la reïne se tu sez. »
Li nains dit: « Se tu tant te hez
85 Com cist chevaliers qui ci siet,
Monte avoec lui se il te siet,
Et je te manrai avoec li. »
Quant mes sires Gauvains l'oï
Si le tint à molt grant folie,
90 Et dit qu'il n'i montera mie,
Car trop vilain change feroit
28. e. Se charrete à cheval chanjoit.
« Mès va, quel part que tu voldras
Et g'irai la où tu voldras. »

95 Atant à la voie se metent:
Cil chevalche, cil dui charretent,
Et ansanble une voie tindrent.
De basvespre à un chastel vindrent,
Et ce sachiez que li chastiax
400 Estoit molt riches et molt biax.
Tuit trois antrent par une porte.
Del' chevalier que cil aporte
Sor la charrete se mervoillent
Les genz, mès mie nel' conseillent,

405 Einz le huient petit et grant,
    Et li veillart et li anfant.
    Parmi les rues à grant hui
    Sot moult li chevaliers de lui
    Vilenies et despit dire.
10 Tuit demandent : « A quel martire
    Sera cist chevaliers randuz ?
    Iert-il escorchiez ou panduz,
    Noiez ou ars an feu d'espines ?
15 Di , nains, di , tu qui le traïnes,
    A quel forfet fu-il trovez ?
    Est-il de larrecin provez ?
    Est-il murtriers ou chanpchéuz ? »
    Et li nains s'est adès téuz,
    Qu'il ne respont nè un nè el.
20 Le chevalier mainne à l'ostel.
    Et Gauvains siut adès le nain
    Vers une tor qui ert à plain ,
    Qui delez la vile séoit.
    D'autre part praerie avoit ,
25 Et d'autre part estoit assise
    La torz sor une roche bise,
    Haute et tranchiée contreval.
    Après la charrete à cheval
    Entre Gauvains dedanz la tor.
30 An la sale ont de bel ator
    Une dameisele ancontrée,
    (N'avoit si bele an la contrée)
    Et voient venir deus puceles
    Avoeques li , gentes et beles.
35 Tot maintenant que eles virent
28. f. Mon seignor Gauvain si le firent
    Grant joie et si le saluèrent.
    Et del' chevalier demandèrent :
    « Nains, qu'a cist chevaliers mesfet
40 Que tu mainnes come contret ? »
    Cil ne lor an vialt reison rendre,
    Einz fet le chevalier descendre
    De la charrete. Si s'an va :
    Ne sorent où il s'an ala.
45 Et mes sires Gauvains descent.
    Atant vienent vaslet avant
    Qui anbedeus les desarmèrent.
    Deus mantiax veirs, qu'il afublérent,
    Fist la dameisele aporter.
50 Quant il fu ore de soper
    Li mangiers fu bien atornez.
    La dameisele sist delez
    Mon seignor Gauvain au mangier.
    Por néant volsissent changier

455 Lor ostel por querre meillor ,
    Car molt lor i fist grant enor
    Et conpeignie boene et bele
    Tote la nuit la dameisele.

    Quant il orent assez mangié
60 Dui lit furent apareillié
    En une sale haut et lonc.
    Et s'en ot un autre selonc ,
    Plus bel des autres et plus riche ;
    Car si com li contes afiche
65 Il i avoit tot le délit
    Qu'an séust deviser an lit.
    Quant del' couchier fu tans et leus
    La dameisele prist andeus
    Ses ostes qu'ele ot ostelez :
70 Deuz liz molt biax et lons et lez
    Lor mostre et dit : « Aoés vos cors !
    Sont fet cist dui lit ça defors ;
    Mès an cest lit qui est deça
    Ne gist qui desservi ne l'a.
75 Ne fu pas fez cist à voz cors. »
    Li chevaliers li respont lors ,
    Cil qui sor la charrete vint,
    Qu'à desdaing et à despit tint
    La deffanse à la dameisele.
29. a. 80 « Dites-moi, fet-il , la querele
    Por coi cist liz est an deffanse. »
    Cele respondi : « Pas ne panse
    Qui en ere a pansée bien.
    A vos , fet-ele, ne taint rien
85 Del' demander nè de l'anquerre.
    Honiz est chevaliers an terre
    Puis qu'il a esté an charrete,
    Si n'est pas droiz qu'il s'antremete
    De ce don vos m'avez requise ,
90 En tes mescé que il i gise
    Qu'il le porroit tost conparer.
    Nè ge ne l'ai pas fet parer
    Si richemant por vos colchier.
    Vos le conparriez molt chier
95 Se il vos venoit nès an pans. »
    — « Ce verroiz-vos, fet-il , partans. »
    — « Jel' verrai ? » - « Voire.» – «Or i parra.»
    — « Je ne sai qui le conparra »
    Fet li chevaliers ; par mon chief,
500 Cui qu'il enuit, nè cui soit grief,
    An cestui lit voel–ge jesir
    Et reposer tot à leisir. »

    Maintenant qu'il fu deschauciez
    El lit, qui fu lons et hauciez
505 Plus des autres deus demie aune,
    Se couche sor un samit jaune.
    Un covertor d'or estelé , —
    N'estoit mie de veir pelé
    La forréure, ainz ert de sables ;
10 Bien fust à oés un roi metables
    Li covertors qu'il ot sor lui.
    Li liz ne fu mie de glui,
    Nè de paille, nè de viez nates.
    A mie nuit devers les lates
15 Vint une lance come foudre,
    Le fer desoz, et cuida coudre
    Le chevalier parmi les flons
    Au covertor et as dras blans
    Et au lit , là où il gisoit.
20 En la lance un panon avoit
    Qui estoit toz de feu espris.
    El covertor est li feus pris,
    Et ès dras et el lit amasse.
29. b. Et li fers de la lance passe
25 Au chevalier lez le costé ,
    Si qu'il li a del' cuir osté
    Un po , mès n'est mie bleciez.
    Et li chevaliers s'est dreciez :
30 Enmi la sale la balance ,
    Nè porce son lit ne guerpi,
    Einz se recoucha et dormi
    Tot autresi séurémant
    Com il ot fet premiéremant.

35   L'andemain par matin au jor
    La dameisele de la tor
    Lor ot fet messe apareillier :
    Ses fist lever et esveillier.
    Quant an lor ot messe chantée
40 As fenestres devers la prée
    S'an vint li chevaliers pansis,
    Cil qui sor la charrete ot sis,
    Et esgardoit aval les prez.
    A l'autre fenestre delez
45 Estoit la pucele venue,
    Si li ot à consoil tenue
    Mes sires Gauvains an requoi
    Une pièce, ne sai de quoi.
    Ne sai don les paroles furent,
50 Mès tant sor la fenestre jurent
    Qu'aval les prez, lez la rivière

An virent porter une bière.
S'avoit dedanz uns chevalier,
Et delez ot duel grant et fier
555 Que trois dameiseles feisoient.
Après la bière venir voient
Une rote, et devant venoit
Uns granz chevaliers, qui menoit
Une bele dame à sénestre.
60 Li chevaliers de la fenestre
Conut que c'estoit la reïne.
De l'esgarder onques ne fine
Molt autentis et molt li plot
Au plus longuemant que il pot.
65 Et quant il ne la pot véoir
Si se vost jus lessier chéoir
Et trébuchier aval son cors.
29. c. Et jà estoit demis defors
Quant mes sires Gauvains le vit ;
70 Sel' trait arrières, se li dit :
« Merci, sire, soiez au pès,
P'or Deu nel' vos pansez jamès
Que vos faciez tel desverie.
A grant tort haez vostre vie. »
75 — « Mès à droit, » fet la dameisele,
Don n'iert séue la novele
Par tot de la maléurté
Q'il a en la charrete esté ;
Bien doit voloir qu'il fust ocis,
80 Que mialz valdroit-il morz que vis.
Sa vie est dès or mès honteuse
Et despité et maleureuse. »
Atant lor armes demandèrent
Li chevalier et si s'armèrent,
85 Et lors corteisie et proesce
Fist la dameisele et largesce,
Que quant ele ot asez gabé
Le chevalier et ranponé,
Si li dona cheval et lance
90 Par amor et par acordance.
Li chevalier congié ont pris,
Come cortois et bien apris,
A la dameisele, et si l'ont
Saluée, puis si s'an vont
95 Si com la route aler an virent.
Mès si fors del' chastel issirent
C'onques nus nes i aparla.
Isnelemant s'an vont par là
Où la reïne orent véue.
600 N'ont pas la rote aconséue
Qu'il s'an aloient eslessié.

Des prez antrent an un plessié
Et treuvent un chemin ferré.
S'ont tant par la forest erré
605 Qu'il pot estre prime de jor,
Et lors ont en un quarrefor
Une dameisele trovée :
Si l'ont anbedui saluée,
Et chascuns li requiert et prie,
10 S'ele le set, qu'ele lor die
Où la reïne an est menée ?
29. d. Cele respont come senée,
Et dist : « Bien vos sauroie metre,
Tant me porriez vos promettre,
15 El droit chemin et an la voie,
Et la terre vos nomeroie
Et le chevalier qui l'enmainne ;
Mès molt i covendroit grant painne
Qui an la terre antrer voldroit,
20 Einz qu'il i fust molt se doldroit. »
Et mes sires Gauvains li dist :
« Dameisele, de Dex m'aïst
Je vos an promet à devise
Que je mete an vostre servise,
25 Quant vos pleira , tot mon pooir,
Mès que vos m'an dites le voir. »
Et cil qui fu sor la charrete
Ne dit pas que il l'an promete
Tot son pooir, einçois afiche
30 Come cil cui amors fet riche
Et puissant et hardi partot,
Que sanz arest et sanz redot
Quanqu'ele voldra li promet,
Et toz an son voloir se met.
35 — « Donc le vos dirai-ge, » fet-ele,
Lors lor conte la dameisele :
« Par foi, seignor, Méléaganz,
Uns chevaliers molt forz et granz,
Filz le roi de Gorre, l'a prise,
40 Et si l'a el réaume mise
Don nus estranges ne retorne ;
Mès par force el païs séjorne
An servitune et an essil. »
Et lors li redemande cil :
45 « Dameisele où est cele terre ?
Où porrons-nos la voie querre ? »
Cele respont : « Bien le sauroiz ;
Mès ce sachiez, molt i auroiz
Ancontriers et félons trespas ;
50 Que de legier n'i antre-an pas
Se par le congié le roi non.

Li rois Bademaguz a non.
Si puet l'an antrer tote voies
Par deus molt périlleuses voies
29. e. 655 Et par deus molt félons passages.
Li uns a non li ponz évages,
Porce que soz ève est li ponz ;
Et s'a dès le pont jus qu'au fonz
Autant desoz come desus,
60 Nè deçà moins nè delà plus,
Einz est li ponz tot droit en mi ;
Et si n'a que pié et demi
De lé et autretant d'espès.
Bien fet à refuser cist mès,
65 Et s'est-ce li moins périlleus ;
Mès il a assez antredeus
Avantures don je me tès.
Li autres ponz est plus malvès,
Et est plus périlleus assez
70 Qu'ainz par home ne fu passez,
Qu'il est com espée tranchanz,
Et porce trestotes les genz
L'apelent le pont de l'espée.
La vérité vos ai contée.
75 De tant com dire vos an puis. »
Et cil li redemande puis :
« Dameisele, se vos daigniez
Ces deus voies nos anseignier. »
Et la dameisele respont :
80 « Vez-ci la droite voie au pont
Desoz ève, et cele delà
Droit au pont de l'espée va. »
Et lors a dit li chevaliers,
Cil qui ot esté charretiers :
85 « Sire, je vos part sanz rancune,
Prenez vos de ces voies l'une,
Et l'autre quite me clamez.
Prenez celi que mialz amez. »
— « Par foi, fet mes sires Gauvains,
90 Molt est périlleus et grevains
Li uns et li autres passages :
Del' prandre ne puis estre sages,
Je ne sai preu le quel je praigne.
Mès n'est pas droiz qu'à moi remaingr
95 Quant parti m'an avez le geu
Au pont desoz ève me veu. »
— « Donc est-il droiz que je m'an vois
Au pont de l'espée sanz noise,
29. f. Fet l'autres, et je m'i otroi. »
700 Atant se départent tuit troi :
S'a li uns l'autre comandé

Molt déboneirement à Dé.
Et quant ele aler les an voit
Si dit : « Chascuns de vos me doit
705 Un guerredon à mon gré randre
Quele ore que jel' voldrai prandre.
Gardez, ne l'obliez-vos mie! »
— « Nel' ferons-nos, voir, dolce amie! »
Font li chevalier anbedui.
10 Atant s'an va chascuns par lui.
Et cil de la charrete panse,
Com cil qui force nè deffanse
N'a vers amors qui le justise ;
Et ses pansers est de tel guise
15 Que lui-méismes en oblie,
Ne set s'il est ou s'il n'est mie ;
Nè ne li mambre de son non,
Ne set s'il est armez ou non ;
Ne set où va, ne set don vient :
20 De rien nule ne li sovient
Fors d'une seule, et por celi
A mis les autres en obli.
A cele seule panse tant
Qu'il n'ot nè voit, nè rien n'antant.
25 Et ses chevax molt tost l'enporte,
Nè ne vet mie voie torte,
Mès la meillor et la plus droite ;
Et tant par avanture esploite
Qu'an une lande l'a porté.
30 An cele lande avoit uns gué,
Et d'autre part armez estoit
Uns chevaliers qui le gardoit.
S'ert une dameisele ò soi
Venue sor un palefroi.
35 Jà estoit près de none basse,
N'ancor ne se remuet nè lasse
Li chevaliers de son panser.
Li chevax voit et bel et cler
Le gué, qui molt grant soif avoit :
40 Vers l'ève cort quant il la voit.
Et cil qui fu de l'autre part
S'escrie: « Chevaliers, ge gart
0. a. Le gué, si le vos contredi. »
Cil ne l'antant nè ne l'oï,
45 Car ses pansers ne li leissa.
Et totes voies s'esleissa
Li chevax vers l'ève molt tost.
Cil li escrie, que il l'ost :
« Lai le gué, si feras que sages,
50 Que là n'est mie li passages. »
Et jure le cuer de son vantre

Qu'il le ferra se il i antre.
Cil panse tant qu'il ne l'ot pas.
Et li chevax enes-le-pas
755 Saut an l'ève et del' chaup se soivre :
Par grant talant comance à boivre.
Et cil dit qu'il le conparra ,
Jà li escus ne l'an garra ,
Nè li haubers qu'il a el dos.
60 Lors met le cheval ès galos,
Et des galoz el cors l'anbat
Et fiert celui si qu'il l'abat
En mi le gué tot estandu ,
Que il li avoit deffandu.
65 Si li chéi tot à un vol
La lance et li escus del' col.
Quant cil sant l'ève si tressaut ,
Toz estormiz an estant saut,
Ausi come cil qui s'esvoille :
70 S'ot, et si voit et se mervoille
Qui puet estre qui l'a feru.
Lors a le chevalier véu,
Si li cria : « Vasax, por coi
M'avez féru, dites-le moi,
75 Quant devant moi ne vos savoie,
Nè rien mesfet ne vos avoie ? »
— « Par foi , si aviez-vos , fet cil ,
Don ne m'éustes-vos molt vil
Quant je le gué vos contredis
80 Trois foiées , et si vos dis
Au plus haut que je poi crier.
Bien vos oïstes desfier
Au moins, fet cil, deus foiz ou trois,
Et si antrastes sor mon pois,
85 Et bien dis que je vos ferroie
Tantost qu'an l'ève vos verroie. »
30. b. Li chevaliers respont adonques :
« Dahez ait qui vos oï onques
Nè vit onques mès, qui je soie !
90 Bien puet estre, mès je pansoie,
Que le gué me contredéistes :
Bien sachiez que mar me féristes
Se ge au frain une des mains
Vos pooie tenir au mains. »
95 Et cil respont : « Qu'an avandroit ,
Tenir me porras orandroit
Au frain, se tu m'i oses prandre.
Je ne pris pas plain poing de cendre
Ta menace nè ton orguel. »
300 Et cil respont : « Je mialz ne vuel
Que qu'il an déust avenir

Je t'i voldroie jà tenir. »
Lors vient li chevaliers avant
En mi le gué , et cil le prant
805 Par la resne à la main sénestre ,
Et par la cuisse à la main destre ,
S'el sache et tire et si l'estraint
Si durement que cil se plaint ,
Qu'il li sanble que tote fors
10 Li traie la cuisse del' cors.
Se li prie que il le lest ,
Et dit : « Chevaliers , se toi plest
A moi conbatre par igal ,
Pran ton escu et ton cheval
15 Et ta lance , si joste à moi. »
Cil respont : « Nel' ferai , par foi ,
Que je cuit que tu t'an fuiroies
Tantost qu'eschapez me seroies. »
Quant cil l'oï s'en ot grant honte.
20 Si li r'a dit : « Chevaliers , monte
Sor ton cheval séurément ,
Et je te créant léaumant
Que je ne ganchisse nè fuie.
Honte m'as dite, si m'enuie. »
25 Et cil li respont autre foiz :
« Einz m'an iert plévie la foiz
Se vuel que tu le me plévisses
Que tu ne fuies nè ganchisses ,
Et que tu ne me tocheras ,
30 Nè vers moi ne t'aprocheras
30. c. Tant que tu me verras monté.
Si t'aurai fet molt grant bonté ,
Quant je te tieng se ge te les. »
Cil li plévist qu'il n'an puet mès.
35 Et quant il en ot la fiance
Si prant son escu et sa lance ,
Qui par le gué flotant aloient ,
Et totes voies s'avaloient :
S'estoient jà molt loing aval.
40 Puis revet prendre son cheval.
Quant il l'ot pris et montez fu
Par les enarmes prant l'escu ,
Et met la lance sor lo fautre :
Puis point li uns ancontre l'autre
45 Tant com cheval lor porent randre.
Et cil qui le gué dut deffandre
L'autre premièrement requiert ,
Et si très-durement le fiert
Que sa lance à estros péçoie.
50 Et cil fiert lui si qu'il l'envoie
El gué tot plat desoz le flot,

Si que l'eve sor lui reclot.
Puis se trest arriers et descent,
Car il an cuidoit bien tex cent
855 Devant lui mener et chacier.
Del' fuerre treit le brant d'acier,
Et cil saut sus, si treit le suen
Qu'il avait flanbéant et buen :
Si s'antrevien[nen]t cors à cors.
60 Les escuz où reluist li ors
Traient avant et si s'an cuevrent.
Les espées bien i aoevrent
Qu'eles ne finent nè reposent.
Molt granz cos antredoner s'osent
65 Tant que la bataille à ce monte
Qu'an son cuer en a moult grant honte
Li chevaliers de la charrete,
Et dit que mal randra la dete
De la voie qu'il a enprise
70 Quant il si longue pièce a mise
A conquerre un seul chevalier.
S'il an trovast en un val hier
Tex set ne croit-il pas nè panse
Qu'il éussent vers lui deffanse.
30. d. 75. S'an est molt dolanz et iriez
Qant il est jà si anpiriez
Qu'il pert ses cos et le jor gaste.
Lors li cort sore et si le haste
Tant que cil li ganchist et fuit
80 Le gué mès que bien li enuit,
Et le passage li otroie.
Et cil le chace tote voie
Tant que il chiet à paumetons.
Lors li vient sus li charretons,
85 Li jure quanqu'il puet véoir
Que mar le fist el gué chéoir,
Et son panser mar li toli.
La dameisele que ò li
Li chevaliers amené ot,
90 Les menaces antant et ot :
S'a grant péor et se li prie
Que por li lest qu'il ne l'ocie ;
Et il dit que si fera voir,
Ne puet por li merci avoir,
95 Que trop li a grant honte feite.
Lors li vient sus, l'espée treite.
Et cil dit, qui fu esmaiez :
« Por Deu et por moi l'en aiez
La merci que je vos demant ! »
900 Et cil respont : « Se Dex m'amant,
Onques nus tant ne me mesfist,

Se por Deu merci me requist,
Que por Deu, si com il est droiz,
Merci n'an éusse une foiz.
905 Et ausi aurai-ge de toi,
Car refuser ne la te doi
Dès que demandée la m'as.
Mès ençois me fianceras
A tenir, là où ge voldrai,
10 Prison quant je t'an sémondrai. »
Cil li plévi, cui molt est grief.
La dameisele de rechief
Dit : « Chevaliers par ta franchise
Dès que il t'a merci requise
15 Et tu otroiée li as,
Se onques prison deslias,
Deslie-moi cestui prison !
Clame-moi quite sa prison,
30. e. Par covant que quant leus sera
20 Tel guerredon com toi pleira
T'an randrai selonc ma puissance. »
Et lors i ot cil convissance,
Par la parole qu'ele a dite
Si li rant le prison tot quite.
25 Et cele en a honte et angoisse
Qu'ele cuida qu'il la conoisse,
Car ele ne le volsist pas.
Et cil s'an part enes-le-pas.
Et cil et cele le comandent
30 A Deu, et congié li demandent.
Il lor done puis si s'an va
Tant que de bas-vespre trova
Une dameisele venant
Molt très-bele, et molt avenant,
35 Bien acesmée et bien vestue.
La dameisele le salue
Come sage et bien afeitiée.
Et cil respont : « Saine et heitiée,
Dameisele, vos face Dex ! »
40 Puis li dit : « Sire, mes ostex
Vos est ci-près apareilliez
Se del' prandre estes conseilliez.
Mès par itel herbergeroiz
Que avoec moi vos coucheroiz.
45 Einsi le vos ofre et présant. »
Plusor sont qui de ce présant
Li randissent. ve. merciz,
Et il en fu trestoz nerciz
Et li a respondu tot el :
50 « Dameisele, de vostre ostel
Vos merci-ge : si l'ai molt chier,

Mès se vos plcisoit del' couchier
Me soferroie-je molt bien. »
— « Je n'an feroie autremant rien ,
955 Fet la pucele, par mes ialz ! »
Et cil dès que il ne puet mialz
L'otroie si com ele vialt.
De l'otroie li euers li dialt.
Quant itant seulemant le blesce
60 Molt aura au couchier tristesce.
Molt i aura orguel et painne
La dameisele qui l'an mainne.
30. f. Espoir tant le puet-ele amer
Ne l'en voldra quite clamer,
65 Puis qu'il li ot acréanté,
Son voloir et sa volenté.
Si l'en mainne jusqu'an un baile,
N'avoit plus bel jusqu'an Thessaile,
Qu'il estoit clos à la réonde
70 De hauz murs et d'ève parfonde ;
Et là dedanz home n'avoit
Fors celui qu'ele atandoit.

Cele i ot fet por son repeire
Asez de beles chanbres feire ,
75 Et sale molt grant et plenière.
Chevauchant lez une rivière
S'an vindrent jusqu'au herberjage ,
Et an lor ot por le passage
Un pont tornéiz avalé :
80 Par sor le pont sont anz alé,
S'ont trovée la sale overte
Qui de tuiles estoit coverte.
Par l'uis qu'il ont trové overt
Antrent anz et voient covert
85 Un dois d'un tablier grant et lé,
Et sus estoient aporté
Li mès et les chandoiles mises
Es chandeliers, totes esprises,
Et li henap d'argent doré
90 Et dui pot, l'uns plains de moré
Et li autres de fort vin blanc.
Delez le dois , au chief d'un banc,
Trovèrent deus bacins toz plains
D'ève chaude à laver lor mains ;
95 Et de l'autre part ont trovée
Une toaille bien ovrée,
Bele et blanche, as mains essuier.
Vaslet nè sergent n'escuier
N'ont trové léanz nè véu.
1000 De son col oste son escu

Li chevaliers, et si le pant
A un croc, et sa lance prant
Et met sor un hantier anhaut.
Tantost de son cheval jus saut
1005 Et la dameisele del' suen.
Au chevalier fu bel et buen

1. a. Quant ele tant nel' vost atendre
Que il li eidast à descendre.
Tantost qu'ele fu descendue,
10 Sans demore et sanz atandue
Tres qu'a une chanbre s'an cort :
Un mantel d'escarlate cort
Li aporte, si l'en afuble.
La sale ne fu mie enuble,
15 Si luisoient jà les estoiles,
Mès tant avoit léanz chandoiles,
Tortices grosses et ardanz
Que la clartez estoit moult granz.
Quant ele li ot au col mis
20 Le mantel, si li dit : « Amis,
Véez-ci l'aigue et la toaille :
Nus ne la vos ofre nè baille,
Car céanz fors moi ne véez.
Lavez voz mains, si asséez
25 Quant vos pleira et boen vos iert :
L'ore et li mangiers le requiert
Si com vos le poez véoir.
Car lavez, s'alez asséoir. »
— « Molt volantiers. » Et cil s'asiet.
30 Et cele lez lui cui molt siet ;
Et mangièrent ansanble et burent
Tant que del' mangier lever durent.

Qant levé furent del' mangier
Dist la pucele au chevalier :
35 « Sire, alez-vos là fors déduire,
Mès que il ne vos doie nuire,
Et seulemant tant i seroiz
Se vos plest que vos panseroiz
Que je porrai estre couchiée.
40 Ne vos ennui nè ne dessiée
Que lors porroiz atans venir
Se covant me volez tenir. »
Et cil respont : « Je vos tendrai
Vostre covant, si revandrai
45 Quant je cuiderai qu'il soit ore. »
Lors s'an ist fors, et si demore
Une grant pièce enmi la cort
Tant qu'il estuet qu'il s'an retort ;
Car covant tenir li covient

1050 Arrière an la sale revient,
31. b. Mès cele qui se fet s'amie
Ne trueve, qu'el n'i estoit mie.
Quant il ne la trueve nè voit
Si dit : « An quel leu qu'ele soit
55 Je la querrai tant que je l'aie. »
Del' querre plus ne se delaie
Por le covant qne il li ot.
En une chanbre antre: si ot
En haut crier une pucele.
60 Et ce estoit meïsmes cele
Avoec cui couchier se devoit.
Atant d'une autre chanbre voit
L'uis overt, et vient cele part,
Et voit tot enmi son esgart,
65 C'uns chevaliers l'ot anversée,
Si la tenoit antraversée
Sor le lit, tote descoverte.
Cele qui cuidoit estre certe
Que il lui venist en aïe
70 Crioit an haut : « Aïe, aïe,
Chevaliers tu qui es mes ostes !
Se desor moi cestui ne m'ostes
Il me honira, véant toi.
Jà te doiz-tu couchier ò moi
75 Si com tu m'as acréanté :
Fera donc cist sa volanté
De moi, véant tes ialz, à force ?
Gentix chevaliers, car t'esforce,
Si me secor isnelemant ! »
80 Cil voit qui molt vileinemant
Tenoit la dameisele cil
Descoverte jusqu'au nonbril.
S'en a grant honte et molt l'en poise
Quant nu à nu à li adoise,
85 Si n'en ert mie talentos
Nè tant nè quant n'an ert jalos.
Mès à l'entrée avoit portiers
Trestoz armez, dui chevaliers,
Qui espées nues tenoient.
90 Après, iiij. sergent estoient :
Si tenoit chascuns une hache
Tel don l'en poist une vache
Tranchier outre parmi l'eschine
Tot autresi com la racine
31. c. 95 D'un genoivre ou d'une geneste.
Li chevaliers à l'uis s'areste
Et dit : « Dex que porrai-ge feire !
Méuz sui por si grant afeire
Com por la reïne Guenièvre !

1100 Ne doi mie avoir cuer de lièvre
Quant por li sui an ceste queste.
Se Malvestiez son cuer me preste
Et je son comandemant faz
N'ateindrai pas ce que je chaz.
5 Honiz sui se je ci remaing.
Molt me vient or à grant desdaing
Quant j'ai parlé del' remenoir
Moult en ai le cuer triste et noir :
Or en ai honte, or en ai duel,
10 Tel que je morroie mon vuel
Quant je ai tant demoré ci.
Nè jà Dex n'ait de moi merci
Se jel' di mie par orguel
Et s'asez mialz morir ne vuel
15 A enor que à honte vivre,
Se la voie m'estoit délivre.
Quele enor i auroie-gié
Se cil me donoient congié
De passer oltre sanz chalonge ?
20 Donc i passeroit sans mançonge
Ausi li pires hom qui vive ;
Et je oï que ceste chestive
Me prie merci molt sovant
Et si m'apele de covant
25 Et molt vilmant le me reproche. »
Maintenant jusqu'à l'uis s'aproche
Et hote anz le col et la teste
Et esgarde amont ver la feste.
Li voit les espées venir
30 Adonc se prist à retenir :
Li chevalier lor cos ne povent
Détenir qu'esménz les orent :
An terre les espées fièrent
Si qu'anbedeus les peçoièrent.
35 Quant eles furent peçoiées
Moins en a les haches prisiées
Et moins les an crient et redote.
Puis saut entr'ax et fiert del' cote
31. d. Un sergent, et un autre après.
40 Les deus que il trova plus près
Hurte des codes et des braz
Si qu'andeus les abat toz plaz :
Et li tierz a à lui failli
Et li quarz qui l'a asailli
45 Fiert si que lo mantel li tranche
Et la chemise et la char blanche :
Li ront auprès l'espaule tote
Si que li sans jus an dégote.
Et cil qui rien ne se délaie

1150 Ne se plaint mie de sa plaie ;
　　 Einz vet et fet ses pas plus emples
　　 Tant qu'il aert parmi les temples
　　 Celui qui efforçoit s'ostesse.
　　 Randre li porra la promesse
55　 Et son covant einz qu'il s'an aut.
　　 Volsist ou non . le dresce an haut ;
　　 Et cil qui à lui failli ot
　　 Vient après lui plus tost qu'il pot
　　 Et liève son cop de rechief ,
60　 Sel' cuide bien parmi le chief
　　 Jusqu'as danz de la hache fandre.
　　 Et cil qui bien s'an sot deffandre
　　 Li tant le chevalier ancontre ;
　　 Et cil de la hache l'ancontre
65　 Là où l'espaule au col se joint,
　　 Si que l'un de l'autre desjoint.
　　 Et li chevaliers prant la hache ,
　　 Des poinz isnelemant li sache
　　 Et leisse cel que il tenoit ,
70　 Car deffandre le covenoit ,
　　 Que li chevalier sus li vienent
　　 Et cil qui trois haches tienent.
　　 Si l'asaillent molt cruelmant ,
　　 Et cil saut molt délivremant
75　 Entre le lit et la paroi
　　 Et dit : « Or ça trestuit à moi
　　 Que sor esliez .xx. et set
　　 Dès que ge ai tant de recet
　　 Si auroiz vos bataille assez :
80　 Jà n'en serai par vos lassez. »
　　 Et la pucele qui l'esgarde
　　 Dit : « Par mes ialz , vos n'avez garde
31. c. D'or en avant là où ge soie. »
　　 Tot maintenant arrière anvoie
85　 Les chevaliers et les sergenz.
　　 Lors s'an vont tuit cil de laienz
　　 Sanz arest et sanz contredit.
　　 Et la dameisele redit :
　　 « Sire , bien m'avez desresniée
90　 Ancontre tote ma mesniée.
　　 Or an venez, je vos anmain. »
　　 An la sale anvont main à main ,
　　 Et celui mie n'abeli
　　 Qu'il se soffrist molt bien de li.

95　 Un lit ot fet enmi la sale
　　 Don li drap n'èrent mie sale ,
　　 Mès blanc et lé et delié.
　　 N'estoit pas de fuerre esmié

　　 La couche , nè de coutes aspres.
1200 Un covertor de deus diaspres
　　 Ot estandu desor la couche :
　　 Et la dameisele s'i couche ,
　　 Mès n'oste mie sa chemise.
　　 Et cil a molt grant poinne mise
5　 Au deschaucier et desnuer.
　　 D'angoisse le covint suer :
　　 Totevoies parmi l'angoisse
　　 Covanz le vaint et si le froisse ;
　　 Donc est-ce force autant se vaut
10　 Par force covient que il saut
　　 Couchier avoec la dameisele :
　　 Covanz l'en sémont et apele.
　　 Et il se couche tot atret ,
　　 Mès sa chemise pas ne tret
15　 Nè plus qu'ele ot la soe feite.
　　 De tochier à li molt se gueite ,
　　 Einz s'an esloingne et gist anvers ,
　　 Nè ne dit mot ne c'uns convers
　　 Cui li parlers est deffanduz.
20　 Quant an son lit gist estanduz
　　 N'onques ne torne son esgart
　　 Nè devers li nè d'autre part :
　　 Bel sanblant feire ne li puet.
　　 Por coi ? car del' cuer ne li muet
25　 Qu'aillors a mis del' tot s'anante ;
　　 Mès ne pleist mie n'atalante
31. f. Quan qu'est bel et gent à chascun.
　　 Li chevaliers n'a cuer que un
　　 Et cil n'est mie ancor à lui ,
30　 Einz est comandez à autrui
　　 Si qu'il nel' puet aillors prester.
　　 Tot le fet en un leu ester.
　　 Amors qui toz les cuers justise
　　 Tot nel' fet fors cez qu'ele prise ,
35　 Et cil s'an redoit plus prisier
　　 Cui ele daigne justisier.
　　 Amors le cuer celui prisoit
　　 Si que sor toz le justisoit,
　　 Et li donoit si grant orguel
40　 Que de rien blasmer ne le vuel
　　 S'il lait ce qu'amors li deffant
　　 Et là où ele vialt antant.
　　 La pucele voit bien et set
　　 Que cil sa conpaignie het :
45　 Et volentiers s'an sufferroit,
　　 Nè jà plus ne li requerroit
　　 Qu'il ne quiert à li adeser
　　 Et dit : « S'il ne vos doit peser ,

　　 Sire , de ci me partirai :
1250 En ma chanbre couchier m'irai ,
　　 Et vos an seroiz plus à eise ;
　　 Ne cuit mie que molt vos pleise
　　 Mes solaz nè ma conpaignie.
　　 Nel' tenez pas à vilenie
55　 Se je vos di ce que je cuit.
　　 Or vos reposez mès enuit
　　 Que vos m'avez randu si bien
　　 Mon covant que nesune rien
　　 Par droit ne vos puis demander.
60　 Si vos voel à Deu comander,
　　 Si m'an irai. » Lors si se liève :
　　 Au chevalier mie ne griève,
　　 Einz l'an leisse aler volentiers
　　 Com cil qui est amis antiers
65　 Autrui que li : bien l'aparçoit
　　 La dameisele et bien le voit.
　　 Si est an sa chanbre venue
　　 Et si se couche tote nue,
　　 Et lors a dit à li-mëismes :
70　 « Dès l'ores que je conui prismes
32. a. Chevalier un seul n'an conui
　　 Que je prisasse , fors cestui ,
　　 La tierce part d'un Angevin ;
　　 Car si con ge pans et devin
75　 Il vialt à si grant chose antendre
　　 Qu'ainz chevaliers n'osa enprendre
　　 Si perilleuse nè si grief.
　　 Et Dex doint qu'il an veigne à chief. »
　　 Atant s'andormi et si jut
80　 Tant que li jorz clers aparut.

　　 Tot maintenant que l'aube criève
　　 Isnelement et tost se liève.
　　 Et li chevaliers se resvoille:
　　 Si s'atorne et si s'aparoille
85　 Et s'arme que nelui n'atant.
　　 La dameisele vient atant :
　　 Si voit qu'il est jà atornez.
　　 — « Boens jorz vos soit hui ajornez , »
　　 Fet-ele , quant ele le voit.
90　 — « Et vos , dameisele , si soit ! »
　　 Fet li chevaliers d'autre part.
　　 Et cil dit que moult li est tart,
　　 Qu'an li ait son cheval fors tret.
　　 La pucele amener li fet
95　 Et dit : « Sire , je m'an iroie
　　 O vos grant pièce an ceste voie
　　 Se vos mener m'an osiez

Et conduire m'i deviez
Par les us et par les costumes
1300 Qui furent ainz que nos ne fumes
El réaume de Logres mises. »
Les costumes et les franchises
Estoient tex à tel termine,
Que dameisele nè meschine,
5 Se chevaliers la trovast sole,
Ne plus qu'il se tranchast la gole
Ne féist se tote enor non ,
S'estre volsist de boen renon ;
Et s'il l'esforçast à toz jorz
10 An fust honiz an totes corz.
Mès se ele conduit éust,
Uns autres, se tant li pléust
Qu'à celui bataille an féist
Et par armes la conquéist ,
32. b. 15. Sa volenté an poïst faire
Sanz honte et sanz blasme retraire.
Por ce la pucele li dist
Que se il l'osast nè volsist
Par ceste costume conduire
20 Que autres ne li poïst nuire,
Qu'ele s'an alast avoec lui.
Et cil li dist : « Jà nus enui
Ne vos fera , ce vos otroi ,
Que premiers ne le face moi. »
25 — « Dons i voel-ge , fet-ele , aler. »
Son palefroi fet anseler :
Tost fu ses comandemanz fez.
Li palefroiz li fu fors trez
Et li chevax au chevalier.
30 Andui montent sanz escuier.
Si s'an vont molt grant aléure.
Cele l'aresne, et il n'a cure
De quanque ele l'aparole ,
Einçois refuse sa parole :
35 Pansers li plest , parlers li grieve.
Amors molt sovant li escrieve
La plaie que feite li a.
Onques anplastre n'i lia
Por garison nè por santé ,
40 Qu'il n'a talant nè volanté
D'emplastre querre nè de mire
Se sa plaie ne li anpire ,
Mès celi querroit volantiers.
Tant tindrent voies et santiers ,
45 Si con li droiz chemins les mainne ,
Que il voient une fontainne.
La fontainne est enmi uns prez ,

Et s'avoit uns perron delez.
Sor le perron qui ert iqui
1350 Avoit oblié, ne sai qui ,
Un peigne d'ivoire doré;
Onques dès le tens Ysoré
Ne vit si bel sages nè fos.
Es danz del' peigne ot des chevos
55 Celi qui s'an estoit paigniée
Remès bien demie poigniée.

Qant la dameisele parçoit
La fontainne et le perron voit
32. c. Si ne volt pas que cil la voie ,
60 Einz se mist en une autre voie.
Et cil qui se délite et pest
De son panser qui molt li plest ,
Ne s'aparçoit mie si tost
Que ele fors sa voie l'ost.
65 Mès quant il s'est aparcéuz
Si crient qu'il ne soit décéuz
Qu'il cuide que ele ganchisse
Et que fors de son chemin isse
Por eschiver aucun péril.
70 — « Ostez , dameisele , fet-il ,
N'alez pas bien , venez deçà
Onques , ce cuit , ne s'adreça
Qui fors de cest chemin issi. »
— « Sire , nos irons mialz parci ,
75 Fet la pucele , bien le sai. »
Et cil li respont : « Je ne sai ,
Dameisele , que vos pansez ;
Mès ce poez véoir assez
Que c'est li droiz chemins batuz.
80 Dès que ge m'i sui anbatuz
Je ne tornerai autre san ;
Mès s'il vos plest venez-vos an ,
Que g'irai ceste voie adès. »
Lors s'an vont tant qu'il vienent près
85 Del' perron et voient le peigne.
— « Onques certes don moi soveigne ,
Fet li chevaliers , mès ne vi
Tant bel peigne com je voi ci. »
— « Donez-le moi , » fet la pucele.
90 — « Volentiers , dit-il , dameisele. »
Et lors s'abeisse et si le prant.
Quant il le tint molt longuemant
L'esgarde et les chevox remire.
Et cele an comança à rire.
95 Et quant il la voit se li prie
Por qu'ele a ris qu'ele li die.

Et cele dit : « Teisiez-vos an ,
Ne vos an dirai rien oan.»
— «Por coi ? » fet-il. — «Car je n'ai cure. »
1400 Et quant cil l'ot si li conjure
Come cil qui ne cuidoit mie
Qu'amie ami , n'amis amie
32. d. Doient parjurer à nul fuer :
— « Se vos rien nule amez de cuer ,
5 Dameisele , de par celi
Vos conjur et requier et pri
Que vos plus ne le me celez. »
— « Trop à certes m'an apelez ,
Fet-ele , si le vos dirai ,
10 De rien nule n'an mantirai.
Cist peignes se ionques soi rien
Fu la reïne, jel' sai bien ;
Et d'une chose me créez ,
Que les chevox que vos véez
15 Si biax , si clers et si luisanz ,
Qui sont remès antre les danz ,
Que del' chief la reïne furent :
Onques en autre pré ne crurent. »
Et li chevaliers dit : « Par foi ,
20 Assez sont reïnes et roi ;
Mès de la quel volez-vos dire ? »
Et cele dit : « Par ma foi, sire ,
De la fame le roi Artu ,
Quant cil l'ot n'a tant de vertu
25 Que tot nel' coveigne ploier :
Par force l'estut apoier
Devant à l'arçon de la sele.
Et quant ce vit la dameisele
Si s'an mervoille et esbaïst
30 Qu'ele cuida que il chéist.
S'ele ot péor ne l'en blasmez ,
Qu'ele cuida qu'il fust pasmez.
Si ert-il , autant se valoit :
Molt po de chose s'an failloit ,
35 Qu'il avoit au cuer tel dolor ,
Que la parole et la color
Ot une grant pièce perdue.
Et la pucele est descendue
Et si cort quanqu'ele pot corre
40 Por lui retenir et secorre,
Qu'ele ne le volsist véoir
Por rien nule à terre chéoir.
Quant il la vit s'en ot vergoigne ,
Si li a dit : « Por quel besoigne
45 Venistes-vos ci devant moi ? »
Ne cuidiez pas qu'ele por coi,

32. e. La dameisele, l'an conoisse
Qu'il an éust honte et angoisse
Et si li grévast et n'éust
1450 Se le voir l'en reconéust:
Si s'est de voir dire queitiée
Einz dit come bien afeitiée:
« Sire, je ving cest peigne querre,
Porce sui descendue à terre,
55 Que de l'avoir oi tel espans
Jà nel cuidai tenir atans. »
Et cil qui vialt que le peigne ait,
Li done, et les chevox an trait
Si soef que nul n'an déront.
60 Jamès oel d'ome ne verront
Nule chose tant enorer
Qu'il les comance à aorer ;
Et bien cent mile foiz les toche
Et à ses ialz et à sa boche
65 Et à son front et à sa face:
N'est joie nule qu'il n'an face.
Molt s'an fet liez, molt s'an fet riche.
An son soing près del' cuer les fiche
Entre sa chemise et sa char.
70 N'en préist pas chargié un char
D'esméraudes nè d'escharboncles:
Ne cuidoit mie que réoncles
Nè autres max jamès le praigne:
Diamargareton desdaigne,
75 Et pleuriche et tiriasque
Néis Saint Martin et Saint Jasque;
Car an ces chevox tant se fie
Qu'il n'a mestier de lor aïe.
Mès quel estoient li chevol ?
80 Et por mançongier et por fol
M'an tanra l'en se voir an di.
Quant la foire iert plainne au lendi
Et il i aura plus à voir
Nel' volsist mie tot avoir,
85 Li chevaliers, c'est voirs provez,
Si n'éust ces chevox trovez.
Et se le voir m'an requerrez,
Ors cent mile foiz esmerez
Et puis autantes foiz recuiz
90 Fust plus oscurs que n'est la nuiz
Contre le plus bel jor d'esté
32. f. Qui ait an tot cest an esté,
Qui l'or et les chevols véist
Si que l'un lez l'autre méist.
95 Et que feroie-ge lonc conte !
La pucele molt tost remonte

A tot le peigne qu'ele anporte ;
Et cil se délite et déporte
Es chevox qu'il a en son saing.
1500 Une forest après le plaing
Truevent et vont par une adresce
Tant que la voie lor estresce:
S'estut l'un après l'autre aler
Qu'an n'i poïst mie mener
5 Deus chevax por rien coste à coste.
La pucele devant son oste
S'an vet molt tost la voie droite.
Là où la voie ert plus estroite
Voient un chevalier venant.
10 La dameisele maintenant
De si loing com ele le vit
L'a conéu et si a dit :
« Sires chevaliers, véez-vos
Celui qui vient ancontre nos
15 Toz armez et prez de bataille ?
Il m'an cuide mener sanz faille
Avoec lui, sanz nule deffansse :
Ce sai-ge bien que il le pansse,
Qu'il m'aimme et ne fet pas que sages ;
20 Et par lui et par ses messages
M'a proiée, molt a lonc tans ;
Mès m'amors li est au deffans
Que por rien amer nel' porroie,
Si m'aïst Dex; einz me morroie
25 Que je l'amasse an nul androit.
Je sai bien qu'il a orandroit
Si grant joie, et tant se délite
Con s'il m'avoit jà tote quite.
Mès or verrai que vos feroiz :
30 Or i parra se preuz seroiz,
Or le verrai ; or i parra,
Se vostre conduiz me garra,
Se vos me poez garantir
Donques dirai-ge sanz mantir
35 Que preuz estes et molt valez. »
33. a. Et il li dit: « Alez, alez ! »
Et ceste parole autant vaut
Con se il déist: « Po m'en chaut,
Que por néant vos esmaiez
40 De chose que dite m'aiez. »

Que que il vont ensi parlant
Ne vint mie cele part lant
Li chevaliers qui venoit seus
Les granz galoz ancontre aus deus;
45 Et porce li plest à haster

Qu'il ne cuide mie gaster,
Et por boens éurez se claimme
Quant la rien voit que il plus aimme.
Tot maintenant que il l'aproche
1550 De cuer la salue et de boche
Et dit: « La riens que je plus vuel,
Don moins ai joie et plus me duel,
Soit bien veignanz, don qu'ele veingne
N'est mie droiz que cele teingne
55 Vers lui sa parole si chière,
Que ele ne li rande arrière
Au moins de boche son salu.
Molt a au chevalier valu
Quant la pucele le salue,
60 Qui sa boche pas n'en palue
Nè ne li a néant costé.
Et s'il éust très-bien josté
Cele ore à un tornoiement
Ne s'en prisast-il mie tant
65 Nè ne cuidast avoir conquis
Nè tant d'enor nè tant de pris.
Porce que mialz s'an aimme et prise
L'a par la resne del' frain prise
Et dit: « Or vos an manrai-gié :
70 Molt ai hui bien et droit nagié
Qu'à mon boen port sui arivez.
Or sui-ge toz descheitivez:
De péril sui venuz à port,
De grant enui à grant déport,
75 De grant dolor à grant santé;
Or ai tote ma volanté
Qant en tel mènière vos truis
Qu'avoec moi mener vos an puis,
33. b. Orandroit que n'i aurai honte. »
80 Et cele dit: « Rien ne vos monte
Que cist chevaliers me conduit. »
— « Certes ci a malvès conduit,
Fet-il, qu'adès vos en maing-gié.
Un mui de sel auroit mangié
85 Cest chevaliers, si com je croi,
Einçois qu'il vos desfraist vers moi;
Ne cuit c'onques home véisse
Vers cui je ne vos conquéisse.
Et quant je vos truis an aeise,
90 Mès que bien li poist et despleise,
Vos an manrai, véant ses ialz;
Et s'an face trestot son mialz. »
Li autres de rien ne s'aïre
De tot l'orguel qu'il l'ot dire ;
95 Mès sanz ranpone et sanz vantance

A chalongier la li comance,
Et dist : « Sire, ne vos hastez,
Nè vos paroles ne gastez,
Mès parlez un po par mesure.
40 Jà ne vos iert vostre droiture
Tolue quant vos li auroiz.
Par mon conduit, bien le sauroiz,
Est ci la pucele venue. »
— « Lessiez-la, trop l'avez tenue. »
45 — « Qu'ancor n'a ele de vos garde. »
Et cil otroie que an l'arde
S'il ne l'an mainne maugré suen.
Cil dit : « Ce ne seroit pas buen
Se mener la vos an lessoie :
50 Sachiez ençois m'en conbatroie.
Mès se nos bien nos voliens
Conbatre, nos ne porriens
An cest chemin por nule painne ;
Mès alons dès que voie plainne,
55 Ou jusqu'à prée ou jusquà landé. »
Cil dit que jà mialz ne demande
Et dit : « Certes, bien m'i acort :
De ce n'avez-vos mie tort,
Que cist chemins est trop estroiz ;
60 Jà iert mes chevax si destroiz
Einçois que ge torner le puisse
Que je crien qu'il se brit la cuisse. »
c. Lors se torne à molt grant destresce,
Mès son cheval mie ne blesce,
65 Nè de rien n'i est anpiriez.
Et dit : « Certes, molt sui iriez
Quant antreancontré ne nos somes
An place lée et devant homes,
Que bel me fust que l'en véist
70 Li quex de nos mialz le féist.
Mès or venez se l'irons querre.
Nos troverons près de ci terre
Tote délivre et grant et lée. »
Lors s'an vont jusqu'à une prée.
75 An cele prée avoit puceles
Et chevaliers et dameiseles,
Qui jooient à plusors jeus,
Por ce que biax estoit li leus.
Ne jooient pas tuit à gas,
80 Mès as tables et as eschas :
Li un as dez, li autre au san :
A la mine i rejooit l'an.
A ces jeus li plusor jooient.
Li autre qui iluec estoient
85 Redemenoient lor anfances,

Baules et queroles et dances,
Et chantent et tubent et saillent
Et au luitier se retravaillent.

Uns chevaliers auques dahé
1650 Estoit de l'autre part del' pré
Sor un cheval d'Espaigne sor :
S'avoit lo rain et sele d'or
Et s'estoit de chienes meslez.
Une main à l'un de ses lez
55 Avoit par contenance mise.
Por le bel tans ert an chemise :
S'esgardoit les gens et les baules.
Un mantel ot par ses espaules,
D'escarlate et de veir antier.
60 De l'autre part lez un santier
En avoit jusqu'à .xxiij.
Armez sor boens chevax irois.
Tantost com li troi lor sorvienent
Tuit de joie feire se tienent,
65 Et crient tuit parmi les prez :
« Véez le chevalier, véez,
33. d. Qui fu menez sor la charrete !
N'i ait mès nul qui s'antremete
De joer tant com il i ert.
70 Dahez ait qui joer i quiert,
Et dahez ait qui daingnera
Joer tant com il i sera. »
Et antretant ez-vos venu
Le fil au chevalier chenu,
75 Celui qui la pucele amoit
Et por soe jà la tenoit ;
Si dist : « Sire, molt ai grant joie,
Et qui le vialt oïr si l'oie,
Que Dex m'a la chose donée
80 Que j'ai toz jorz plus désirrée ;
N'il ne m'aüst pas tant doné
S'il m'éust fet roi coroné,
Nè si boen gré ne l'en séusse,
Nè tant gahaignié n'i éusse,
85 Car cele gaainz est biax et buens. »
— « Ne sai encor se il est tuens, »
Fet li chevaliers à son fil.
Tot maintenant li respont cil :
« Nel' savez ? Nel' véez-vos donques ?
90 Por Deu, sire, n'an dotez onques
Quant vos véez que je la tieng :
An cele forest don je vieng
L'ancontrai ore, où ele venoit.
Je cuit que Dex la m'amenoit :

95 Si l'ai prise comme la moie. »
— « Ne sai encor se cil l'otroie
Que je voi venir après toi ;
Chalongier la te vient, ce croi. »
Antre ces diz et ces paroles
1700 Furent remèses les queroles
Por le chevalier que il virent,
Nè jeu nè joie plus ne firent
Por mal de lui et por despit.
Et li chevaliers sanz respit
5 Vint molt tost après la pucele.
— « Lessiez, fet-il, la dameisele,
Chevaliers, que n'i avez droit !
Se vos osez, tot o androit
La deffandrai vers vostre cors. »
10 Et li chevaliers vialz dist lors :
33. e. « Don ne le savoie-je bien ?
Biax filz, jà plus ne la retien,
La pucele, mès leisse-li, o
A celui mie n'abeli
15 Qu'il jure qu'il n'en rendra point,
Et dit : « Jà Dex puis ne me doint
Joie que je la li randrai :
Je la tieng et si la tendrai
Come la moie chose lige.
20 Einz iert de mon escu la guige
Ronpue et totes les enarmes,
Nè an mon cors, nè an mes armes
N'aurai-je puis nule fiance,
Nè an m'espée n'en ma lance
25 Quant je li lesserai m'amie. »
Et cil dit : « Ne te leirai mie
Conbatre por rien que tu dies.
An ta proesce trop te fies ;
Mès fai ce que je te comant. »
30 Cil par orguel respont itant :
« Sui-j'anfès à espoanter ?
De ce me puis-je bien vanter,
Qu'il n'a tant com la mers aceint
Chevalier, où il en a meint,
35 Nul si boen cui je la leissasse
Et cui ge feire n'en cuidasse
An molt po d'ore recréant. »
Li pères dit : « Je t'acréant,
Biax filz, ensi le cuides-tu :
40 Tant te fies an ta vertu ;
Mès ne voel nè ne voldrai hui
Que tu t'essaies à cestui. »
Et cil respont : « Honte feroie
Se je vostre conseil créoie.

1745 Mau dahez ait qui le cresra
Et qui por vos se recresra,
Que fièrement ne me conbate.
Voirs est que privez mal achate
50 Mialz poïsse aillors barginguier
Que vos me volez angingnier.
Bien sai qu'an un estrange leu
Poïsse mialz feire mon preu.
Jà nus qui ne me conéust
De mon voloir ne me méust,
33. f. 55 Et vos m'an grévez et nuisiez :
Tant an sui-je plus angoissiez
Por ce que blasmé m'an avez ;
Car qui blasme, bien le savez,
Son valoir, à home n'à fame,
60 Plus en art et plus en anflame.
Mès se je rien por vos an lès
Jà Dex joie ne me doint mès ;
Einz me conbatrai maugré vostre. »
— « Foi que doi Saint-Père l'apostre,
65 Fet li pères, or vei-ge bien
Que proière n'i valdrait rien.
Tot pert quanque je te chasti.
Mès je t'aurai molt tost basti
Tel plet que maleoit gré tuen
70 T'estovra feire tot mon buen,
Car tu an seraz audesoz. »
Tot maintenant apèle toz
Les chevaliers que à lui viegnent :
Si lor comande qu'il li tiegnent
75 Son fil qu'il ne puet chastier ;
Et dit : « Jel' feroie lier
Einz que conbatre le lessasse.
Vos estes tuit mi home à masse,
Si me devez amor et foi :
80 Sor quanque vos tenez de moi
Le vos comant et pri ansanble.
Grant folie fet, ce me sanble,
Et molt li vient de grant orguel,
Quant il desdit ce que je vuel. »
85 Et cil dient qu'il le panront
Nè jà puis que il le tanront
De conbatre ne li prendra
Talanz, et si li covendra
Maugré suen la pucele randre.
90 Lors le vont tuit seisir et prandre
Et par les braz et par le col.
— « Dons ne te tiens-tu or por fol,
Fet li pères, or conuis voïr,
Or n'as-tu force nè pooir

1795 De conbatre nè de joster
Que que il te doie coster,
Que qu'il venuit nè qu'il te griet.
Ce qu'il me plest et qui me siet
34. a Otroie, si feras que sages.
1800 Et sez-tu quiex est mes corages ?
Por ce que mandres soit tes diax
Siudrons moi et toi, se tu viax,
Le chevalier hui et demain,
Et par le bois et par le plain,
5 Chascuns sor son cheval aublant.
De tel estre et de tel sanblant
Le porriens-nos tost trover
Que je t'i leiroie esprover
Et conbatre à ta volanté. »
10 Lors li a cil acréanté
Maugré suen quant feire l'estuet.
Et cil qui amander nel' puet
Dist qu'il s'an sofferroit por lui,
Mès qu'il le siudront amedui.
15 Et quant ceste aventure voient
Les genz qui par le pré estoient,
Si dient tuit : « Avez véu,
Cil qui sor la charrete fu
A lui conquise tel enor
20 Que l'amie au fil mon seignor
Enmainne : sel' suidra mes sire.
Por vérité poomes dire
Que aucun bien cuide qu'il ait
An lui quant il mener li lait.
25 Et cent dahez ait qui mèshui
Lessera à joer por lui.
R'alons joer. » Lors recomancent
Lor jeus, si querolent et dancent.

Tantost li chevaliers s'an torne,
30 En la prée plus ne séjorne ;
Mès après lui pas ne remaint
La pucele qu'il ne l'enmaint.
Andui s'an vont à grant besoing :
Li filz et li pères de loing
35 Les sivent par un pré fauchié.
S'ont jusqu'à none chevalchié
Et truevent en un leu molt bel
Un mostier et lez le chancel
Un cemetire de murs clos.
40 Nè fist que vilains nè que fos
Li chevaliers qui el mostier
Entra à pié por Deu proier.
34. b. Et la dameisele li tint

Son cheval tant que il revint.
1845 Quant il ot feite sa proière
Et il s'an revenoit arrière
Si li vient uns moinnes molt vialz
A l'encontre devant ses ialz.
Quant il l'encontre se li prie
50 Molt dolcement que il li die
Que par dedanz ces murs avoit ?
Et cil respont qu'il i avoit
Uns cemetire. Et cil li dist :
« Menez m'i, se Dex vos aïst. »
55 — « Volentiers sire. » Lors l'enmainne
El cemetire. Après le mainne
Antre les très plus beles tonbes
Qu'an poïst trover jusqu'à Donbes
Nè de là jusqu'à Panpelune.
60 Et s'avoit letres sor chascune,
Qui les nons de ces devisoient
Qui dedanz les tonbes girroient.
Et il meïsmes tot à tire
Comança lors les nons à lire,
65 Et trova : « Ci gira Gauvains,
Ci Looys et ci Yvains. »
Après ces trois i a mainz liz
Des nons as chevaliers esliz,
Des plus prisiez et des meillors,
70 Et de cele terre et d'aillors.
Antre les autres une an trueve
De marbre, et sanble estre delueve
Sor totes les autres plus bele.
Li chevaliers le moinne apele
75 Et dit : « Ces tonbes qui ci sont
De coi servent ? » Et cil respont :
« Vos avez les letres véues
Se vos les avez antendues
Don savez-vos bien qu'eles dient
80 Et que les tonbes senefient. »
— « Et de cele plus grant me dites
De qu'ele sert. » Et li hermites
Respont : « Jel' vos dirai assez. »
C'est uns veissiax qui a passez
85 Toz ces qui onques furent fet ;
Si riche nè si bien portret
34. c. Ne vit onques nè ge, nè nus.
Biax est defors et dedanz plus.
Mès ce metez en nonchaloir
90 Que rien ne vos porroit valoir,
Que jà ne la verroiz dedanz,
Car .vij. homes molt forz et granz
I covandroit au descovrir,

Qui la tonbe voldroit ovrir ;
1895 Qu'ele est d'une lame coverte.
Et sachiez que c'est chose certe,
Qu'au lever covandroit .vij. homes
Plus forz que moi nè vos ne somes.
Et letres escrites i a
1900 Qui dient : « Cil qui lèvera
Cele lame seus par son cors
Gitera ces et celes fors
Qui sont an la terre an prison
Don n'ist nè clers nè gentix hom
5 Dès l'ore qu'il i est antrez ,
N'ancor n'en est nus retornez.
Les estrangés prisons retienent :
Et cil del' païs vont et vienent
Et anz et fors à lor pleisir. »
10 Tantost vet la lame seisir
Li chevaliers, et si la lière
Si que de néant ne s'i grière,
Mialz que dix home ne féissent
Se tot lor poir i méissent.
15 Et li moinnes s'an esbahi
Si que bien près qu'il ne chai
Quant véu ot ceste mervoille ;
Car il ne cuidoit la paroille
Véoir an trestote sa vie.
20 Si dit : « Sire or ai grant envie
Que je séusse vostre non :
Direiez-le me vos ? » — « Je non,
Fet li chevaliers , par ma foi. »
— « Certes, fet-il , ce poise moi.
25 Mès se vos me le diseiez
Grant corteisie fereiez.
Si porreiez avoir grant preu.
Dom estes-vos, et de quel leu ? »
— « Uns chevaliers sui , ce
30 Del' réaume de Logres nez.
34. d. Atant an voldroie estre quites.
Et vos, s'il vos plest, me redites
An cele tonbe qui girra. »
— « Sire, cil qui délivrera
35 Toz ces qui sont pris à la trape
El réaume dont nus n'eschape. »
Et quant il li ot tot conté
Li chevaliers l'a comandé
A Deu et à trestoz ses sainz ;
40 Et lors est, c'onques ne pot aïnz,
A la dameisele venuz.
Et li vialz moines , li chenuz ,
Fors de l'église le convoie.

Atant vienent en mi la voie,
1945 Et que que la pucele monte
Li moinnes trestot li reconte
Quanque cil léanz fet avoit.
Et son non , s'ele le savoit ,
Li pria qu'ele li déist ,
50 Tant que celle li régéist
Qu'ele nel' set , mès une chose
Séurement dire li ose,
Qu'il n'a tel chevalier vivant
Tant com vantent li .iiij. vant.
55 Tantost la pucele le leisse :
Après le chevalier s'esleisse.
Maintenant cil qui les sivoient
Vienent et si truevent et voient
Le moinne seul devant l'église.
60 Li vialz chevaliers an chemise
Li dist : « Sire , véistes-vos
Un chevalier , dites-le nos ,
Qui une dameisele mainne ? »
Et cil respont : « Jà ne m'iert painne
65 Que tot le voir ne vos an cont ,
Car orandroit de ci s'an vont.
Et li chevaliers fu léanz ,
Si a fet mervoilles si granz
Que toz seus la lame leva,
70 C'onques de rien ne s'i grèva ,
Desor la grant tonbe marbrine.
Il vet secorre la reïne ,
Et il la secorra sanz dote ,
Et avoec li l'autre gent tote.
34. e. 75 Vos-méismes bien le savez
Qui sovant léues avez
Les letres qui sont sor la lame.
Onques, voir. d'ome nè de fame
Ne nasquie n'en sele ne sist
80 Chevaliers qui cestui vausist. »
Et lors dit li père à son fil :
« Filz, que te sanble, don n'est-il
Molt preuz qui a fet tel efforz ?
Orsez-tu bien cui fu li torz:
85 Bien sez se il fu tuens ou miens.
Je ne voldroie por Amiens
Qu'à lui te fusses combatuz :
Si t'an ies-tu molt débatuz
Einçois qu'an t'an poïst torner.
90 Or nos an poons retorner ,
Car grant folie feriens
S'avant de ci les suiens. »

Et cil respont : « Je l'otroi bien ;
Li suidres ne nos valdroit rien.
1995 Dès qu'il vos plest r'alons-nos an. »
Del' retorner a fet grant san.
Et la pucele tote voie
Le chevalier de près costoie ,
Si le vialt feire à li antendre ,
2000 Et son non vialt de lui aprendre.
Ele li requiert qu'il li die
Une foiz , et autre li prie ,
Tant que il li dist par enui :
« Ne vos ai-ge dit que je sui
5 Del' réaume le roi Artu ?
Foi que doi Deu et sa vertu,
De mon non ne sauroiz-vos point, »
Lors li dit cele qu'il li doint
Congié , si s'an ira arrière ;
10 Et il li done à bele chière.

Atant la pucele s'an part,
Et cil tant que il fu molt tart
A chevalchié sanz conpaignie.
Après vespres androit conplie ,
15 Si com il son chemin tenoit ,
Vit un chevalier qui venoit
Del' bois où il avoit chacié.
Cil venoit le hiaume lacié
34. f. Et a sa venison trossée ,
20 Tel com Dex li avoit donée ,
Sor un grant chacéor ferrant.
Li vavasors molt tost errant
Vient ancontre le chevalier ,
Si le prie de herbergier.
25 — « Sire , fet-il , nuiz iert par tanz ,
De herbergier est huimès tans,
Sel' devez feire par reison.
Et j'ai une moie meison
Ci près, où ge vos manrai jà :
30 Einz nus mialz ne vos herberja.
Lone mon pooir que je ferai
S'il vos plest , et liez an serai. »
— « Et g'en resui molt liez, » fet cil.
Avant an anvoie son fil
35 Li vavassors tot maintenant,
Por feire l'ostel avenant,
Et por la cuisine haster.
Et li vaslez sanz arester
Fest tantost son comandemant
40 Molt volantiers et léaumant.
Si s'an vet molt grant aléure.

Et cil qui de haster n'ont cure
Ont après lor chemin tenu
Tant qu'il sont à l'ostel venu.
2045 Li vavasors avoit à fame
Une bien afeitiée dame
Et .v. filz qu'il avoit molt chiers,
Trois vaslez et deus chevaliers,
Et deus filles gentes et beles,
50 Qui ancor estoient puceles.
N'estoient pas del' païs né,
Mès il estoient anserré,
Et prison tenu i avoient
Molt longuemant, et si estoient
55 Del' réaume de Logres né.
Li vavasors a amené
Le chevalier dedanz sa cort,
Et la dame à l'encontre cort,
Et si fil et ses filles saillent
60 Por lui servir trestuit se baillent;
Si le saluent et descendent
A lor seignor gaires n'atendent
35. a. Nè les serors nè li .v. frère,
Car bien savoient que lor père
65 Voloit que ensi le féissent.
Molt l'enorent et conjoïssent.
Et quant il l'orent desarmé
Son mantel li a afublé
L'une des deus filles son oste:
70 Au col li met et del' suen l'oste.
Si fu bien serviz au soper.
De ce ne quier-je jà parler.
Mès quant ce vint après mangier
Onques n'i ot puis fet dangier
75 De parler d'afeires plusors.
Premièremant li vavasors
Comança son oste a enquerre
Qui il estoit et de quel terre ?
Mès son non ne li anquist pas.
80 Et il respont enes-le-pas:
« Del' réaume de Logres sui,
Einz mès an cest païs ne fui. »
Et quant li vavasors l'entant
Si s'an mervoille duremant
85 Et sa fame et si anfant tuit.
N'i a un seul cui molt n'enuit.
Si li ancomancent a dire :
« Tant mar i fustes, biax dolz sire,
Tant est granz domages de vos,
90 C'or seroiz ausi come nos
Et an servage et an essil. »

— « Et d'om estes-vos donc ? » fet-il.
— « Sire, de vostre terre somes.
An cest païs a mainz prodomes
2095 De vostre terre an servitume.
Maleoite soit tex costume
Et cil avoec qui la maintienent!
Que nul estrange çà ne vienent
Qu'à remenoir ne lor covaingne
2100 Et que la terre n'es détaigne ;
Car qui se vialt antrer i puet
Mès à remenoir li estuet.
De vos-mëismes est or pès,
Vos n'en istroiz, ce cuit, jamès. »
5 — « Si ferai, fet-il, se je puis. »
Li vavasors li redit puis:
35. b. « Comant cuidiez an vos issir ? »
— « Oïl, se Deu vient à pleisir ;
Et g'en ferai mon pooir tot.
10 Donc an istroient sanz redot
Trestuit li autre quitemant,
Car puis que li uns léaumant
Istra fors de ceste prison
Tuit li autre sanz mesprison
15 An porront issir sanz deffanse, »
Atant li vavasors s'apanse
Qu'an li avoit dit et conté
C'uns chevaliers de grant bonté
El païs à force venoit
20 Por la reïne que tenoit
Méléaganz li filz le roi ;
Et dit : « Certes, je pans et croi
Que ce soit-il, dirai li donques. »
Lors li dist : « Ne me célez onques,
25 Sire, rien de vostre besoigne,
Par un covant que je vos doigne
Consoil au mialz que je saurai.
Je mëismes preu i aurai
Se vos bien feire le poez.
30 La vérité m'an desnoez
Por vostre preu et por le mien.
An cest païs, ce cuit-je bien,
Estes venuz por la reïne
Antre ceste gent Sarradine,
35 Qui pejor que Sarrazin sont. »
Et li chevaliers li respont :
« Onques n'i ving por autre chose.
Ne sai où ma dame est anclose,
Mès à li rescorre tesoil,
40 Et s'ai grant mestier de consoil.
Conseilliez-moi, se vos savez. »

Et cil dit : « Sire vos avez
Anprise voie molt grevainne.
La voie où vos estes vos mainne
2145 Au pont de l'espée tot droit.
Consoil croire vos covendroit.
Se vos croire me voliez,
Au pont de l'espée iriez
Par une plus séure voie,
50 Et je mener vos i feroie. »
35. c. Et cil qui la menor conoite
Li demande : « Est-ele ausi droite
Come ceste voie deçà ? »
— « Nenil, fet-il, einçois i a
55 Plus longue voie et plus séure.
Et cil dit : « De ce n'ai-ge cure.
Mès an cesti me conseilliez,
Car je i sui aparcilliez. »
— « Sire, voir, jà n'i avroiz preu
60 Se vos alez par autre leu.
Demain venroiz à un passage
Où tost porroiz avoir domage :
S'a non : li passages des pierres.
Volez que je vos die gierres
65 Del' passage com il est max ?
N'i puet passer c'uns seus chevax :
Lez à lez n'i iroient pas
Dui home ; et si est li trespas
Bien gardez et bien deffanduz.
70 Ne vos sera mie randuz
Maintenant que vos i vandroiz :
D'espée et de lance i prandroiz
Maint cop et s'an randroiz assez
Einz que soiez outre passez. »
75 Et quant il li ot tot retret
Uns chevaliers avant se tret,
Qui estoit filz an vavasor,
Et dit : « Sire, avoec cest seignor
M'an irai, se il ne vos griève. »
80 Atant uns des vaslez se lieve
Et dit : « Ausins i irai-giè. »
Et li père an done congié
Molt volentiers à enbedeus.
Or ne s'an ira mie seus
85 Li chevaliers : s'es an mercie,
Qui molt amoit la conpaignie.

Atant les paroles remainnent.
Le chevalier couchier an mainnent.
Si dormi se talant en ot.
90 Tantost com le jor véoir pot

Se lième sus, et cil le voient
Qui avoec lui aler devoient.
Si sont tot maintenant levé,
Li chevalier se sont armé :
95 Si s'an vont et ont congié pris ;
Et li vaslez s'est devant mis.
Et tant lor voie ansanble tienent
Qu'au passage des pierres vienent
A ore de prime tot droit.
00 Une bretesche enmi avoit,
Où il avoit un home adès.
Einçois que il venissent près
Cil qui sor la bretesche fu
Les voit et crie à grant vertu:
5 « Cist vient por mal, cist vient por mal. »
Atant ez-vos sor un cheval
Uns chevalier sor la bretesche,
Armé d'une arméure fresche,
Et de chascune part sergenz
10 Qui tenoient haches tranchanz.
Et quant il au passage approche
Cil qui l'esgarde li reproche
La charrete molt laidemant,
Et dit : « Vasax, grant hardemant
15 As fet, et molt es fos naïs
Quant antrez ies an cest païs.
Jà hom çà venir ne déust
Qui sor charrete esté éust,
Et jà Dex joïr ne t'an doint! »
20 Atant li uns vers l'autre point
Quanque cheval porent aler.
Et cil qui doit le pas garder
Peçoie sa lance à estros
Et lesse andeus cheoir les tros.
25 Et cil an la gorge l'asanne
Trestot droit par desoz la panne
De l'escu, si le giete anvers
Desus les pierres an travers ;
Et li sergent as haches saillent
30 Mès à esciant à lui faillent,
Qu'il n'ont talant de feire mal
Nè à lui nè à son cheval.
Et li chevalier parçoit bien
Qu'il nel' voelent grever de rien,
35 Nè n'ont talant de lui mal feire ;
Si n'a soing de s'espée treire,
Einz s'an passe oltre sanz tançon,
Et après lui si conpaignon.
e. Et li uns d'ax à l'autre dit
40 C'onques tel chevalier ne vit.

Nè nus à lui ne s'aparoille.
« Dont n'a-il feite grant mervoille,
Qui parci est passez à force. »
— « Biax frère por Deu car t'efforce,
2245 Fet li chevaliers à son frère,
Tant que tu vaignes à mon père,
Si li conte ceste avanture. »
Et li vaslez afiche et jure
Que jà dire ne li ira,
50 Nè jamès ne s'an partira
De ce chevalier, tant qu'il l'ait
Adobé et chevalier fait;
Mès il aut feire le message
Se il en a si grant corage.
55 Atant s'an vont tuit trois à masse
Tant qu'il pot estre none basse.
Vers none un home trové ont,
Qui lor demande qui il sont.
Et il dient : « Chevaliers somes
60 Qui an nos afeires alomes. »
Et li hom dit au chevalier :
« Sire, or voldroie herbergier
Vos et vos conpaignons ansanble. »
A celui le dit, qui li sanble
65 Que des autres soit sire et mestre,
Et il li dit : « Ne porroit estre
Que je herberjasse à ceste ore,
Car malvès est qui se demore,
Ne qui à ese se repose
70 Puis qu'il a enprise tel chose.
Et je ai tel afeire anpris
Qu'à pièce n'iert mes ostex pris. »
Et li hom li redit après :
« Mes ostex n'est mie ci près,
75 Einz est grant pièce çà avant:
Venir i poez par covant
Que à droite ore ostel prendroiz,
Que tart iert quant vos i vendroiz. »
— « Et je, fet-il, i irai donques. »
80 A la voie se met adonques,
Li hom devant qui les an mainne,
Et cil après la voie plainne.
35. f. Et quant il ont grant pièce alé
S'ont un escuier ancontré,
85 Qui venoit trestot le chemin
Les granz galoz sor un roncin
Gras et réont com une pome.
Et li escuiers dit à l'ome:
« Sire, sire, venez plustost,
90 Car cil de Logres sont à ost

Venu sor ces de ceste terre :
S'ont jà comanciée la guerre
Et la tançon et la meslée ;
Et dient qu'an ceste contrée
95 S'est uns chevaliers anbatuz,
Qui an mainz leus s'est conbatuz,
N'en ne li puet contretenir
Passage où il vuelle venir
Que il n'i past, cui qu'il enuit.
2300 Ce dient an cest païs tuit
Que il les délivrera toz
Et metra les noz au desoz.
Or si vos hastez, par mon los! »
Lors se met li hom ès galos,
5 Et cil an sont molt esjoï
Qui autresi l'orent oï,
Car il voldront eidier as lor.
Et dit li filz au vavasor :
« Sire, oez que dit cist sergenz,
10 Alons, si eidons à noz genz
Qui sont meslé à ces de là ! »
Et li hom tot adès s'en va
Qu'il n'es atant ; einçois s'adrece
Molt tost vers une forterece
15 Qui sor un tertre estoit fermée ;
Et cort tant qu'il vient à l'entrée;
Et cil après à esperon.
Li bailes estoit anviron
Clos de haut mur et de fossé.
20 Tantost qu'il furent anz antré
Si lor lessièrent avaler,
Qu'il ne s'an poïssent r'aler,
Une porte après les talons.
Et cil dient: « Alons, alons!
25 Que ci n'aresterons nos pas. »
Après l'ome plus que le pas
36, a. Tant [vont] qu'il vienent à l'issue
Qui ne lor fu pas deffandue;
Mès maintenant qu'il furent fors
30 Lor lessièrent après les cors
Chéoir une porte colant.
Et cil an furent molt dolant
Quant dedanz anfermé se voient,
Car il cuident qu'anchanté soient.
35 Mès cil don plus dire vos doi
Avoit un anel an son doi,
Don la pierre tel force avoit
Qu'anchantemanz ne le pooit
Tenir puis qu'il l'avoit véue.
40 L'anel met devant sa véue,

S'esgarde la pierre et si dit :
« Dame, dame, se Dex m'aït
Or auroié-je grant mestier
Que vos me poïssiez eidier !»

2345   Cele dame une fée estoit,
Qui l'anel doné li avoit,
Et si le norri an s'anfance.
S'avoit an li molt grant fiance
Que ele, an quel leu que il fust,
50   Secorre et eidier li dëust ;
Mès il voit bien à son apel
Et à la pierre de l'anel
Qu'il n'i a point d'anchantemant,
Et set trestot certainemant,
55   Qu'il sont anclos et anserré.
Lors vienent à un huis barré
D'une posterne estroite et basse.
Les espées traient à masse :
Si fiert tant chascuns de s'espée
60   Qu'il orent la barre colpée.
Quant il furent defors la tor
Et comancié voient l'estor,
Aval les prez molt grant et fier,
Et furent bien mil chevalier
65   Que d'une part que d'autre au mains
Estre la jande des vilains.
Quant il vindrent aval les prez
Come sages et atremprez
Li filz au vavasor parla :
70   « Sire cinz que nos vaigniemes là
Deviemes [bien], ce cuit savoir,
Qui iroit anquerre et savoir
De quel part les noz genz se tienent.
Je ne sai de quel part il vienent,
75   Mès g'i irai se vos volez. »
— « Jel' voel, fet-il, tost i alez,
Et tost revenir vos covient. »
Il i va tost, et tost revient,
Et dit : « Molt nos est bien chéu,
80   Que j'ai certainnemant véu
Que ce sont li nostre deçà. »
Et li chevaliers s'adreça
Vers la meslée maintenant :
S'ancontre un chevalier venant
85   Et joste à lui, sel' fiert si fort
Parmi l'uel que il l'abat mort.
Et li vaslez à pié descent,
Le cheval au chevalier prent
Et les armes que il avoit :

2390 Si s'an arme bel et adroit.
Quant armé fu sanz demorance
Monte et prant l'escu et la lance
Qui estoit granz et roide et peinte :
95   Au costé ot l'espée ceinte
Tranchant et flanbéant et clère.
An l'estor est après son frère
Et après son seignor venuz,
Qui molt bien si est maintenuz
2400 An la meslée une grant pièce,
Qu'il ront et fant et si dépièce
Escuz et lances et haubers :
N'es garantist nè fuz nè fers
Cui il ataint, qu'il ne l'afolt
Ou morz jus del' cheval ne volt.
5   Il seus si très-bien le feisoit
Que trestoz les desconfisoit.
Et cil molt bien le refeisoient
Qui avoec lui venu estoient.
Mès cil de Logres s'en mervoillent
10 Qu'il nel' connuissent, et consoillent
De lui au fil au vavasor.
Tant an demandent li plusor
Qu'an lor dist : « Seignor, ce est cil
Qui nos gitera toz d'essil
36. c. 15 Et de la grant maléurté
Où nos avons lonc tans esté ;
Se li devons grant enor feire
Quant por nos fors de prison treire
A tant périlleus leus passez,
20 Et passera ancor assez.
Molt a à feire et molt a fait. »
N'i a celui joie n'en ait.
Quant la novele est tant alée
Que ele fu à toz contée
25 Tuit l'oïrent et tuit le sorent.
De la joie que il en orent
Lor croist force et s'an esvertuent
Tant que mainz des autres an tuent :
Et plus les mainnent leidemant
30 Por le bien feire seulemant
D'un seul chevalier, ce me sanble,
Que por toz les autres ansanble.
Et s'il ne fust si près de nuit
Desconfit s'an alassent tuit ;
35 Mès la nuiz si oscure vint
Que départir les an covint.

Au départir tuit li cheitif
Autresi come par estrif

Environ le chevalier vindrent.
2440 De totes parz au frain le tindrent ;
Si li ancomancent à dire:
« Bien veignanz soiez-vos, biax sire ! »
Et dit chascuns: « Sire, par foi
Vos vos herbergeroiz ò moi ! —
45 Sire, por Deu et por son non,
Ne herbergiez se ò moi non. »
Tuit dient ce que dit li uns,
Que herbergier le vialt chascuns,
Ausi li juenes com li vialz.
50 Et dit chascuns : « Vos seroiz mialz
El mien ostel que an l'autrui ! »
Ce dit chascuns an droit de lui,
Et li uns à l'autre le tost,
Si com chascuns avoir le vost,
55 Et par poi qu'il ne s'an conbatent.
Et il lor dit qu'il se débatent
De grant oiseuse et de folie.
« Leissiez, fet-il, ceste anreidie
36. d. Qu'il n'a mestier n'à moi n'à vos.
60 Noise n'est pas boene antre nos,
Einz devoient li uns l'autre eidier.
Ne vos covient mie pleidier
De moi herbergier par tançon,
Einz devez estre an ensançon
65 De moi herbergier an tel leu,
Por ce que tuit i aiez preu,
Que je soie an ma droite voie. »
Ancor dit chascuns tote voie :
« C'est à mon ostel.... mès au mien ! »
70 — « Ne dites mie ancore bien,
Fet li chevaliers, à mon los.
Li plus sages de vos est fos
De ce don ge vos oi tancier:
Vos me devriez avancier
75 Et vos me volez feire tordre.
Se vos m'aviez tuit en ordre
Li uns après l'autre à devise
Fet tant d'enor et de servise
Con an porroit feire à un home,
80 Par toz les sainz qu'an prie à Rome,
Jà plus boen gré ne l'an sauroie
Quant la bonté prise an auroie,
Que je faz de la volanté.
Se Dex me doint joie et santé,
85 La volantez autant me baite
Com se chascuns m'avait jà faite
Molt grant enor et grant bonté
Si soit an leu de fet conté. »

10

Ensi les vint toz et apeise.
490 Chiés un chevalier molt à eise
El chemin à ostel l'enmainnent.
Et de lui servir tuit se painnent.
Trestuit l'enorent et servirent
Et molt très-grant joie li firent
95 Tote la nuit jusqu'au couchier,
Car il l'avoient tuit molt chier.
Le main quant vint au dessevrer
Vost chascuns avoec lui aler;
Chascuns se poroffre et présante;
500 Mès lui ne plest nè n'atalante
Que nus hom s'an voist avoec lui,
Fors que tant solemant li dui
3. e. Que il avoit là amenez.
Ces, sanz plus, en avoit menez.
5 Cel jor ont dès la matinée
Chevalchié très que la vesprée,
Qu'il ne trovèrent aventure.
Chevalchant molt grant aléure
D'une forest molt tart issirent.
10 A l'issir une meison virent
A un chevalier. Et sa fame,
Qui sanbloit estre boene dame,
Virent à la porte séoir.
15 S'est contre aus an estant dréciée.
A chière molt joiant et liée
Les salue et dit: « Bien vaingiez !
Mon ostel voel que vos praigniez:
Herbergiez estes, descendez ! »
20 — « Dame, quant vos le comandez,
Vostre merci, nos descendrons:
Vostre ostel enuit mès prendrons. »
Il descendent; et au descendre
La dame fet les chevax prendre,
25 Qu'ele avoit mesniée molt bele.
Ses filz et ses filles apele,
Et il vindrent tot maintenant,
Vaslet cortois et avenant
Et chevalier et filles beles.
30 As uns comande oster les seles
Des chevax et bien conréer.
N'i a celui qui l'ost véher,
Einz le firent molt volentiers.
Desarmer fet les chevaliers.
35 Au desarmer les filles saillent.
Desarmé sont, puis si lor baillent
A afubler deus corz mantiax.
A l'ostel, qui molt estoit biax,

Les anmainnent enes-le-pas.
2540 Mès li sires n'i estoit pas,
Einz ert en bois, et avoec lui
Estoient de ses filz li dui.
Mès il vint luès, et sa mesniée,
Qui molt estoit bien anresniée,
45 Saut contre lui defors la porte.
La veneison que il aporte
36. f. Destrossent molt tost et deslient,
Et si li recontent et dient:
« Sire, sire, vos ne savez,
50 Deus ostes chevaliers avez. »
— « Dex an soit aorez, » fet-il.
Li chevaliers et si dui fil
Font de lor oste molt grant joie,
Et la mesniée n'est pas coie,
55 Que toz li miaudres s'aprestoit
De feire ce qu'à feire estoit.
Cil corent le mangier haster,
Cil les chandoiles alumer;
Si les alument et espranent.
60 La toaille et les bacins pranent:
Si donent l'ève as mains laver:
De ce ne sont-il mie aver.
Tuit levent, si vont asséoir.
Riens qu'an poïst léans véoir
65 N'estoit chariable nè pesanz.
Au premier mès vint uns presanz
D'un chevalier à l'uis defors,
Plus orguelleus que n'est uns tors
Que cest molt orguilleuse beste.
70 Cil dès les piez jusqu'à la teste
Sist toz armez sor son destrier.
De l'une janbe a son estrier
Fu afichiez, et l'autre ot mise,
Par contenance et par cointise,
75 Sor le col del' destrier crenu.
Estes-le-vos ensi venu
C'onques nus garde ne s'an prist,
Tant qu'il vint devant aus et dist:
« Li quex est-ce, savoir le vuel,
80 Qui tant a folie et orguel
Et de cervel la teste vuide
Qu'an cest païs vient et si cuide
Au pont de l'espée passer ?
Por néant s'est venuz lasser,
85 Por néant a ses pas perduz. »
Et cil qui ne fu esperduz
Molt séurément li respont:
« Je sui qui vuel passer au pont. »

— « Tu ? Tu ? Comant l'osas panser ?
2590 Einz te déusses apanser
37. a. Que tu anpréisses tel chose,
A quel fin et à quel parclose
Tu an porroies parvenir.
Si te déust resovenir
95 De la charrete où tu montas.
Ce ne sai-ge se tu honte as
De ce que tu i fus montez,
Mès jà nus qui fust bien senez
N'éust si grant afaire anpris
2600 S'il de cest blasme fust repris. »
A ce que cil dire li ot
Ne li daigne respondre un mot;
Mès li sires de la meison
Et tuit li autre par reison
5 S'an mervoillent à desmesure.
— « Ha Dex! com grant mesavanture !
Fet chascuns d'ax à lui-méismes;
L'ore que charrete fu primes
Pansée et feite soit maudite !
10 Car molt est vix chose et despite.
Ha Dex, de coi fu-il retez ?
Et porcoi fu-il charretez ?
Por quel péchié, por quel forfet ?
Ce li ert mès toz jorz retret
15 S'il fust de cest reproche mondes.
An tant com dure toz li mondes
Ne fust uns chevaliers trovez,
Tant soit de proesce esprovez,
Qui cest chevalier resanblast;
20 Et qui trestoz les assanblast
Si bel nè si gent n'i véist,
Pòr ce que le voir an déist, »
Ce disoient comunémant.
Et cil molt orguilleusemant
25 Sa parole recomança
Et dist: « Chevaliers, antant çà,
Qui au pont de l'espée anvas :
Se tu viax, l'ève passeras
Molt legièrement et soef.
30 Je te ferai an une nef
Molt tost oltre l'ève nagier.
Mès se je te vuel paagier
Quant de l'autre part te tandrai
Se je vuel la teste an prandrai,
37. b. 35 Ou se non an ma merci iert. »
Et cil respont que il ne quiert
Avoir mie desavanture ;
Jà sa teste an ceste avanture

N'iert mise por nesun meschief.
2640 Et cil li respont de rechief:
« Dès que tu ce feire ne viax,
Cui soit la honte nè le diax,
Venir te covendra çà fors
A moi conbatre cors à cors. »
45 Et cil dit por lui amuser:
« Se jel' pooie refuser
Molt volantiers m'an sofferroie,
Mès ainçois voir me conbatroie
Que noauz feire m'estéust. »
50 Einçois que il se reméust
De la table où il se séoient,
Dist as vaslez qui le servoient
Que sa sele tost li méissent
Sor son cheval, et si préissent
55 Ses armes, s'es li aportassent.
Et cil del' tost feire se lassent:
Li un de lui armer se painnent,
Li autre son cheval amainnent.
Et sachiez, ne resanbloit pas
60 Si com il s'an aloit le pas,
Armez de trestotes ses armes,
Et tint l'escu par les enarmes,
Et fu sor son cheval montez,
Qu'il déust estre mès contez
65 N'antre les biax, n'antre les buens.
Bien sanble qu'il doie estre suens
Li chevax, tant li avenoit,
Et li escuz que il tenoit
Par les enarmes anbracié.
70 Si ot un hiaume el chief lacié
Qui tant i estoit bien assis,
Que il ne vos fust mie avis
Qu'anprunté n'acreu l'éust;
Einz diissiez, tant vos pléust,
75 Qu'il fu ensi nez et créuz.
De ce voldroie estre créuz.

Fors de la porte an une lande
Est cil qui la joste demande,
37. c. Où la bataille estre devoit.
80 Tantost com li uns l'autre voit
Point li uns vers l'autre à bandon,
Si s'antrevienent abandon,
Et des lances tex cos se donent
Que eles ploient et arçonent
85 Et anbedeus an pièces volent
As espées les escuz dolent
Et les hiaumes et les haubers:

Tranchent les fuz, ronpent les fers,
Si que an plusors leus se plaient.
2690 Par ire tex cos s'antrepaient
Con s'il fussent fet à covant.
Mès les espées molt sovant
Jusqu'as cropes des chevax colent:
Del' sanc s'aboivrent et saolent
95 Que jusque ès flans les anbatent,
Si que andeus morz les abatent.
Et quant il sont chéu à terre
Li uns vet l'autre à pié requerre;
Et s'il de mort s'antrehaïssent
2700 Jà por voir ne s'antr'anvaïssent
As espées plus cruelmant.
Plus se fièrent menuemant
Que cil qui met deniers an mine,
Qui de joer onques ne fine
5 A totes failles deus et deus:
Mès molt estoit autres cist jeus
Que il n'i avoit nule faille,
Mès cos et molt fière bataille,
Molt félenesse et molt cruel.
10 Tuit furent issu de l'ostel
Sires, dame, filles et fil,
Qu'il n'i remest cele nè cil,
Nè li privé nè li estrange,
Ainçois estoient tuit an range
15 Venu por véoir la meslée
An la lande qui molt fu lée.
Li chevaliers à la charrete
De malvestié se blasme et rete
Quant son oste voit qui l'esgarde;
20 Et des autres se reprant garde,
Qui l'esgardoient tuit ensanble.
D'ire trestoz li cors li tranble
37. d. Qu'il déust, ce li est avis,
Avoir molt grant piéça conquis
25 Celui qui à lui se conbat.
Lors le fiert si qu'il li abat
L'espée molt près de la teste,
Si l'anvaïst comme tanpeste,
Car il l'anchauce, si l'argue
30 Tant que place li a toluc.
Si li tost terre et si le mainne
Tant que bien près li faut l'alainne.
S'a an lui molt po de deffanse.
Et lors li chevaliers s'apanse
35 Que si li avoit molt vilmant
La charrete mise devant,
Si li passe et tel le conroie

Qu'il n'i remaint laz nè corroie
Qu'il ne rompe antor le coler:
2740 Si li fet le hiaume voler
Del' chief et chéoir la vantaille.
Tant le painne et tant le travaille
Que à merci venir l'estuet,
Comme l'aloe qui ne puet
45 Devant l'esmérillon durer,
Nè ne sa où aséurer
Puis que il la passe et sormonte:
Ausi cil a tote sa honte.
Li vet requerre et demander
50 Merci qu'il nel' puet amander.
Et quant il ot que cil requiert
Merci, si nel' toche nè fiert,
Einz dit: « Viax-tu merci avoir? »
— « Molt avez or dit grant savoir,
55 Fet cil, ce devroit dire fos
Onques rien nule tant ne vos
Con je faz merci orandroit. »
Et cil dit: « Il te covandroit
Sor une charrete monter.
60 A néant porroies conter,
Quanque tu dire me sauroies
S'an la charrete ne montoies
Porce que tant fole boche as
Que vilmant la me reprochas. »
65 Et li chevaliers li respont:
Jà Deu ne place que g'i mont!
37. e. — « Non, fet cil, et vos i morroiz. »
— « Sire, bien feire le porroiz,
Mès por Deu vos quier et demant
70 Merci fors que tant seulemant
Qu'an charrete monter ne doive:
Nus plez n'est que je n'an reçoive
Fors cestui, tant soit griés nè forz.
Mialz voldroie estre, je cuit, morz
75 Que fet éusse cest meschief.
Jà nul autre chose si grief
Ne me diroiz que je ne face
Por merci et por vostre grace. »

Que que cil merci li demande
80 Atant ez-vos parmi la lande
Une pucele l'anbléure
Venir sor une fauve mure,
Desafublée et desliée;
Et si tenoit une corgiée
85 Don la mule feroit grant cos;
Et nus chevax les granz galos,

Por vérité , si tost n'alast,
Que la mule plus tost n'anblast.
Au chevalier de la charrete
2790 Dist la pucele: « Dex te mete ,
Chevaliers. joie el cuer parfite
De la rien qui plus te délite! »
Cil qui volantiers l'ot oïe
Li respont: « Dex vos beneïe,
95 Pucele , et doint joie et santé! »
Lors dist cele sa volanté:
« Chevaliers, fet-ele, de loing
Sui çà venue à grant besoig
A toi , por demander un don
2800 En mérite et an guerredon
Si grant com ge te porrai feire.
Et tu auras encor à feire
De m'aïde si com je croi. »
Et cil li respont: « Dites moi
5 Que vos volez ; et se je l'ai ,
Avoir le porroiz sans delaï,
Mès que ne soit chose trop griés. »
Et cele dit: « Ce est li chiés
De cest chevalier que tu as
10 Conquis; et voir, einz ne trovas
37. f. Si félon nè si desléal.
Jà ne feras péchié nè mal ,
Einçoiz feras aumosne et bien ,
Que c'est la plus desléax rien
15 Qui onques fust nè jamès soit. »
Et quant cil qui vaincuz estoit
Ot qu'ele vialt que il l'ocie
Si li dist: « Ne la créez mie,
Qu'ele me het, mès je vos pri
20 Que vos aiez de moi merci :
Por ce Deu qui est filz et père,
Et qui de celi fist sa mère
Qui estoit sa fille et s'ancele! »
— « Ha chevaliers, fet la pucele,
25 Ne croire pas ce traïtor!
Que Dex te doint joie et enor
Si grant con tu puez convoitier,
Et si te doint bien esploitier
De ce que tu as entrepris! »
30 Or est li chevaliers si pris
Qu'el panser demore et areste,
Savoir s'il an donra la teste
Celi qui la rueve tranchier,
Ou s'il aura celui tant chier
35 Qu'il li praigne pitiez de lui.
Et à cesti et a celui

Viaut feire ce qu'il li demandent :
Largece et pitiez li comandent
Que lor boen face à enbedeus ;
2840 Qu'il estoit larges et piteus.
Mès se cele la teste anporte
Donc iert pitiez vaincue et morte ;
Et s'ele ne l'an porte quite
Donc iert largece desconfite.
45 An tel prison, an tel destrece
Le tienent pitiez et largece ,
Que chascune l'angoisse et point.
La teste vialt que il li doint
La pucele qui li demande :
50 Et d'autre part li recomande
Sor pitié et sor sa franchise,
Et dès que il l'a requise
Merci donc ne l'aura-il donques?
Oïl ce ne li avint onques
38. a. 55 Que nus tant fust ses anemis
Dès que il l'ot au desoz mis
Et merci crier li covint ,
Onques ancor ne li avint
C'une foiz merci li véast.
60 Mès au sorplus jà ne baast :
Donc ne la vehera-il mie
Cestui qui li requiert et prie
Dès que ensi feire le vialt ;
Et cele qui la teste vialt
65 Aura-la ele o il s'il puet.
— « Chevaliers, fet-il , il t'estuet
Conbatre de rechief à moi :
Et tel merci aurai de toi
Se tu viax ta teste deffandre,
70 Que je te lesserai reprendre
Ton biaume et armer de rechief
A leisir ton cors et ton chief
A tot le mialz que tu porras.
Mès saches que tu i morras
75 Se je autre foiz te conquier. »
Et cil respont: « Jà mialz ne quier ,
N'autre merci ne te demant. »
— « Et ancor assez t'i amant,
Fet cil , que je me conbatrai
80 A toi que jà ne me mourai
D'ensi con je sui cielués. »
Cil s'atorne et revient lués
A la bataille com angrès ;
Mès plus le reconquist après
85 Li chevaliers délivremant
Qu'il n'avoit fet premièremant.

Et la pucele enes-le-pas
Crie: « Ne l'espargnier-tu pas ,
Chevaliers. por rien qu'il te die!
2890 Certes qu'il ne l'espargnast mie
S'il l'éust conquis une foiz.
Bien saches-tu se tu le croiz
Il t'angignera de rechief.
Tranche au plus desléal le chief
95 De l'empire et de la corone ,
Frans chevaliers , si me la done !
Por ce le me doiz bien doner
Que jel' te cuit guerredoner.
38. b. Molt bien ancor tex jorz sera ,
2900 S'il puet, il te rangiguera
De sa parole autre foiée, »
Cil qui voit sa mort aprociée
Li crie merci molt an haut ;
Mès ses criers rien ne li vaut,
5 Nè chose que dire li sache,
Que cil par le biaume le sache ,
Si que trestoz les laz an tranche:
La vantalle et la coiffe blanche
Li abat de la teste jus.
10 Et cil se haste, ne puet plus:
« Merci , por Deu merci , vassax ! »
Cil respont: « Se je soie sax
Jamès de toi n'aurai pitié
Puis c'une foiz t'ai respitié. »
15 — « Ha , fet-il , péchié feriez
Se m'anemie créeriez
De moi an tel menière ocirre. »
Et cele qui sa mort désirre
De l'autre part li amoneste
20 Qu'isnelement li trant la teste,
Nè plus ne croie sa parole.
Cil fiert et la teste li vole
En mi la lande , et li cors chiet :
A la pucele plaist et siet.
25 Li chevaliers la teste prant
Par les chevox et si la tant
A celi qui grant joie an fait,
Et dit: « Tes cuers si grant joie ait
De la rien que il plus voldroit ,
30 Con li miens cuer a orandroit
De la rien que je plus haoie.
De nule rien ne me doloie
Fors de ce que il vivoit tant.
Uns guerredons de moi t'atant
35 Qui molt te vanra en boen leu.
An cest servise auras grant preu

Que tu m'as fet, ce t'acréant.
Or m'an irai, si te comant
A Deu, qui d'ancombrier te gart. »
2940 Tantost la pucele s'an part,
Et li uns l'autre à Deu comande.
Mès à toz ces qui an la lande
38. c. Orent la bataille véue
An est molt grant joie créue.
45 Si desarment tot maintenant
Le chevalier, joie menant,
Si l'enorent de quanqu'il sèvent.
Tot maintenant lor mains relèvent
Qu'al mengier asséoir voloient.
50 Or sont plus lié qu'il ne soloient,
Si mainnent molt liéemant.
Quant mangié orent longuemant
Li vavasors dist à son oste
Qui delez lui séoit an coste:
55 « Sire, nos venimes piéça
Del' réaume de Logres çâ,
Ne an somes, si voudriens
Qu'annors vos venist et granz biens
Et joie an cest païs, que nos
60 I auriens preu avoec vos,
Et au moins autrui preuz seroit
S'enors et biens vos avenoit
An cest païs, an ceste voie. »
Et cil respont: « Dex vos enoie! »

65   Quant li vavasors ot lessiée
Sa parole et l'ot abessiée
Si l'a uns de ses filz reprise
Et dist : « Sire an vostre servise
Devriens toz noz pooirs metre
70 Et doner einçois que prometre:
Boen mestier auriez del' prendre.
Nos ne devriens mie atendre
Tant que vos le demandesiez.
Sire, jà ne vos esmaiez
75 De vostre cheval s'il est morz,
Car céanz a chevax bien forz:
Tant voel que vos aiez del' nostre :
Tot le meillor an leu del' vostre
En manroiz, bien vos est mestiers. »
80 Et cil respont: « Molt volantiers. »
Atant font les liz atorner:
Si se couchent. A l'anjorner
Lièvent matin et si s'atornent.
Atorné sont, puis si s'an tornent.
85 Au départir rien ne mesprant:

A la dame et au seignor prant
38. d. Et á toz les autres congié.
Mès une chose vos cont-gié
Por ce que rien ne vos trespas,
2990 Que li chevaliers ne volt pas
Monter sor le cheval presté
Qu'an li ot à l'uis présanté :
Einz i fist, ce vos voel conter,
Un des deus chevaliers monter
95 Qui venu èrent avoec lui.
Et il sor le cheval celui
Monte qu'ainsi li plot et sist.
Quant chascuns sor son cheval sist
Si s'acheminèrent tuit troi
3000 Par le congié et par l'otroi
Lor oste, qui serviz les ot
Et enorez de quanqu'il pot.
Le droit chemin vont cheminant,
Tant que li jors vet déclinant,
5 Et vienent au pon de l'espée
Après none, vers la vesprée.
Au pié del' pont, qui molt est max,
Sont descendu de lor chevax,
Et voient l'ève félenesse
10 Noire et bruiant, roide et espesse,
Tant leide et tant espoantable
Com se fust li fluns au déable ;
Et tant périlleuse et parfonde
Qu'il n'est riens nule au tot le monde
15 S'ele i chéoit, ne fust alée
Ausi com an la mer betée.
Et li ponz qui est an travers
Estoit de toz autres divers,
Qu'ainz tex ne fu nè jamès n'iert.
20 Einz ne fu, qui voir m'an requiert,
Si max pont nè si male planche :
D'une espée forbie et blanche
Estoit li ponz sor l'ève froide.
Mès l'espée estoit forz et roide,
25 Et avoit deus lances de lonc.
De chasque part ot uns grant tronc
Où l'espée estoit cloffichiée.
Jà nus ne dot que il i chiée.
Porce que ele brist nè ploit.
30 Si ne sanble-il pas qui la voit
38. e. Qu'ele puisse grant fès porter.
Ce feisoit molt desconforter
Les deus chevaliers qui estoient
Avoec le tierz, que il cuidoient
35 Que dui lyon ou dui liepart

Au chief del' pont de l'autre part
Fussent lié a un perron.
L'ève et li ponz et li lyon
Les metent an itel fréor
3040 Que il tranblent tuit de péor
Et dient : « Sire, car créez
Consoil de ce que vos véez,
Qu'il vos est mestiers et besoinz.
Malveisement est fez et joinz
45 Cist ponz, et mal fu charpantez.
S'atant ne vos an retornez,
Au repantir vanroiz à tart.
Il covient feire par esgart
De tex choses i a assez.
50 Or soit c'outre soiez passez
Nè por rien ne puet avenir,
Nè que les vanz poez tenir
Nè deffandre qu'il ne vantassent,
Et as oisiax qu'il ne chantassent
55 Nè qu'il n'osassent mès chanter,
Nè que li hom porroit antrer
El vantre sa mère et renestre ;
Mès ce seroit qui ne puet estre
Nè qu'an porroit la mer voider.
60 Poez-vos savoir et cuidier
Que cil dui lyon forsené,
Qui de là sont anchaené,
Que il ne vos tuent et sucent
Le sanc des voinnes et manjucent
65 La char et puis ruugent les os.
Molt sui hardiz quant je les os
Véoir et quant je les esgart.
Se de vos ne prenez regart
Il vos ocirront, ce sachiez !
70 Molt tost ronpuz et arachiez
Les manbres del' cors vos auront,
Que merci avoir n'an sauront.
Mès or aiez pitié de vos !
Si remenez ansanble nos ! »
38. f. 75 De vos-méismes auroiz tort
S'an si certain péril de mort
Vos meteiez à esciant. »
Et cil lor respont an riant :
« Seignor, fet-il, granz grez aiez
80 Quant por moi si vos esmaiez:
D'amor vos vient et de franchise.
Bien sai que vos an nule guise
Ne voldriez ma meschéance.
Mès j'ai tel foi et tel créance
85 An Deu qu'il me garra par tot.

Ce pont nè ceste ève ne dot
Ne plus que cestre terre dure;
Einz me voel metre en aventure
De passer outre et atorner.
3090 Mialz voel morir que retorner. »
Cil ne li sèvent plus que dire,
Mès de pitié plore et sopire
Li uns et li autres molt fort.
Et cil de trespasser le gort
95 Au mialz que il set s'aparoille,
Et fet molt estrange mervoille,
Que ses piez désire et ses mains.
N'iert mie toz antiers nè sains
Quant de l'autre part iert venuz.
3100 Bien s'iert sor l'espée tenuz,
Qui plus estoit tranchanz que fauz,
As mains nues et si deschauz
Que il ne s'est lessiez an pié
Souler nè chauce n'avanpié.
5 De ce guères ne s'esmaioit
S'ès mains et ès piez se plaioit;
Mialz se voloit-il mahaignier
Que chéoir el pont et baignier
An l'ève dont jamès n'issist.
10 A la grant dolor con li sist
S'an passe outre et à grant destrece :
Mains et genolz et piez se blece.
Mès tot le rasoage et saione
Amors qui le conduist et mainne :
15 Si li estoit à sofrir dolz.
A mains, à piez et à genolz
Fet tant que de l'autre part vient.
Lors li remanbre et resovient
39. a. Des deus lyons qu'il i cuidoit
20 Avoir véuz quant il estoit
De l'autre part. Lors si esgarde :
N'i avoit nès une leisarde,
Nè rien nule qui mal li face.
Il met sa main devant sa face,
25 S'esgarde son anel et prueve.
Quant nul des deus lyons n'i trueve
Qu'il i cuidoit avoir véuz,
Si cuida estre décéuz ;
Mès il n'i avoit rien qui vive.
30 Et cil qui sont à l'autre rive,
De ce qu'ainsi passé le voient
Font tel joie con il devoient;
Mès ne sèvent pas son méhaing,
Et cil le tint à grant guéhaing
35 Quant il n'i a plus mal soffert.

Le sanc jus de ses plaies tert
A sa chemise tot antor ;
Et voit devant lui une tor ,
Si fort, c'onques de sa véue
3140 N'avoit nule si fort véue.
La torz miaudre ne pooit estre.
Apoiez à une fenestre
S'estoit li rois Bademaguz,
Qui moult ert soutix et aguz
45 A tote enor et à tot bien ; —
Et léauté sor tote rien
Voloit partot garder et faire ; —
Et ses filz , qui tot le contraire
A son pooir toz jorz feisoit,
50 (Car desléautez li pleisoit,
N'onques de feire vilanie
Et traïson et félenie
Ne fu lassez nè enuiez)
S'estoit delez lui apoiez.
55 S'orent véu dès là amont
Le chevalier passer le pont
A grant poinne et à grant dolor.
D'ire et de mautalant color
En à Méléaganz changiée ;
60 Bien set c'or li ert chalongiée
La reïne ; mès il estoit
Tex chevaliers qu'il ne dotoit
39. b. Nul home , tant fust forz et fiers.
Nus ne fust miandres chevaliers ,
65 Se fel et desléaus ne fust ;
Mès il avoit un cuer de fust
Tot sanz dolçor et sanz pitié.
Ce fet le roi joiant et lié
Don ses filz molt grant duel avoit.
70 Li rois certeinnemant savoit
Que cil qui ert au pont passez
Estoit miaudres que nus assez,
Que jà nus passer n'i osast
A cui dedanz soi reposast
75 Malvestiez qui fet honte as suens
Plus que proesce enor assuens.
Donc ne puet mie tant proesce
Con fet malvestiez et peresce ,
Car voirs est , n'an dotez de rien ,
80 Qu'an puet plus feire mal que bien.

De ces deus choses vos déisse
Molt se demore n'i féisse ;
Mès à autre chose m'ator
Qu'à ma matière m'an retor.

85 Sorroiz comant tient à escole
Li rois son fil qui l'aparole :
— « Filz, fet-il , avanture fu
Quant ci venimes, gié et tu,
A ceste fenestre apoier :
3190 S'an avons éu tel loier
Que nos avons apertemant
Véu le plus grant hardemant
Qui onques fust mès nès pansez ;
Or me di se boen gré ne sez
95 Celui qui tel mervoille a feite?
Car t'acorde à lui et afeite,
Si li rant quite la reïne.
Jà n'auras preu an la teïne,
Einz i puez avoir grant domage
3200 Car te fai or tenir por sage
Et por cortois, si li anboie
La reïne einçois qu'il te voie.
Fei li tel enor an ta terre,
Que ce que il est venuz querre
5 Li done ainz qu'il le te demant,
Car tu sez bien certeinemant
39. c. Qu'il quiert la reïne Ganièvre.
Ne te fai tenir por anrièvre
Nè por fol nè por orguilleus.
10 Se cist est an ta terre sens ,
Si li doiz conpaignie feire
Que prodom doit prodome atreire
Et enorer et losangier ,
Nel' doit pas de lui estrangier.
15 Qui fet enor, l'anors est soe:
Bien saches que l'enors iert toe
Se tu fez enor et servise
A cestui qui est à devise
Li miaudres chevaliers del' monde.»
20 Cil respont : « Que Dex le confonde! »
S'ausins boen ou meillor n'i a ,
Mal fist quant lui i oblia
Qu'il ne se prise mie mains
Et dit joinz piez et jointes mains:
25 « Volez , espoir, que je devaigne
Ses hom et de lui terre taigne.
Si m'aïst Dex ainz devandroie
Ses hom que je ne li randroie.
Jà certes n'iert par moi randue ,
30 Mès contredite et deffandue
Vers toz ces qui si fol seront
Que venir querre l'oseront. »
Lors de rechief li dit li rois:
« Filz , molt feroies que cortois

35 Se ceste anreidie lessoies.
  Je te lo et pri qu'an pès soies ;
  Ce sez-tu bien , que hontes iert
  Au chevalier s'il ne conquiert
  Vers toi la reïne an bataille.
3240 Il la doit mialz avoir sanz faille
  Par bataille que par bonté
  Porce que pris li ert conté ;
  Mien esciant il n'anquiert point
  Porce que l'an an pès li doint ,
45 Einz la vialt par bataille avoir.
  Porce feroies tu savoir
  Se la bataille li toloies :
  Je te lo et pri qu'an pès soies.
  Et se tu mon consoil despis
50 Moins m'an sera s'il t'an est pis.
39. d. Et granz max avenir t'an puet
  Que rien au chevalier n'estuet
  Doter, fors que seulement toi.
  De toz mes homes et de moi
55 Li doing trives et séurté :
  Onques ne fis desléauté
  Nè traïson nè felenie ,
  Nè je nel' comancerai mie
  Por toi nè que por un estrange.
60 Jà ne t'anquier dire losange,
  Einz promet bien au chevalier
  Qu'il n'aura jà de rien mestier,
  D'armes nè de cheval, qu'il n'ait,
  Dès qu'il tel hardemant a fait
65 Que il est jusque ci venuz.
  Bien iert gardez et maintenuz
  Vers trestoz homes sauvemant
  Fors que vers toi tot seulemant.
  Et ce te voel-je bien aprandre,
70 Que s'il vers toi se puet deffandre
  Il nel' covient d'autrui doter. »
  — « Assez me l'oïst ore escoter,
  Et vos diroiz vostre pleisir,
  Fet Méleaganz , et teisir ,
75 Mès po m'est de quanque vos dites ;
  Je ne sui mie si hermites ,
  Si prodom nè si charitables
  Nè tant ne voel estre enorables.
  Que la rien que plus aim li doingne.
80 N'iert mie feite sa besoigne
  Si tost nè si délivremant :
  Einçois ira tot autremant
  Qu'antre vos et lui ne cuidiez.
  Jà se contre moi li aidiez

85 Por ce nel' vos consantiromes :
  Se de vos et de toz voz homes
  A pès et trives , moi que chaut ?
  Onques por ce cuers ne me faut ,
  Einz me plest molt, se Dex me gart ,
3290 Que il n'ait fors de moi regart ,
  Nè je ne vos quier por moi feire
  Rien nule où l'an puise retreire
  Desléauté nè traïson.
  Tant com vos plest soiez prodon ,
39. c. 95 Et moi lessiez estre cruel. »
  — « Comant , n'an feroies-tu el ? »
  — « Nenil , fet cil , et je m'an tes. »
  — « Or fei ton mialz que je te les :
  S'irai au chevalier parler :
3300 Offrir li voel et présanter
  M'aïde et mon consoil del' tot,
  Car je me tieng à lui debot. »

    Lors descendi li rois aval
  Et fet anseler son cheval.
5 L'an li amaine un grant destrier,
  Et il i monte par l'estrier ,
  Et mainne avoec lui de ses genz :
  Trois chevaliers et deus sergenz,
  Sans plus, fet avoec lui aler.
10 Einz ne finèrent d'avaler
  Tant que il vindrent vers la planche ,
  Et voient celui qui estanche
  Ses plaies et le sanc en oste.
  Lonc tans le cuide avoir aoste.
15 Li rois por ses plaies garir,
  Mès à la mer feire garnir
  Porroit autresi bien antendre.
  Li rois se haste del' descendre,
  Et cil qui molt estoit plaiez
20 S'est lors ancontre lui dréciez
  Non pas porce qu'il le conoisse ;
  Nè ne fet sanblant de l'angoisse
  Qu'il avoit ès piez et ès mains
  Nè plus que se il fust toz sains.
25 Li rois le vit esvertuer,
  Si le cort molt tost saluer
  Et dit : « Sire molt m'esbaïs
  De ce que vos an cest païs
  Vos estes anbatuz sor nos.
30 Mès bien veignanz i soiez-vos
  Que jamès nus ce n'anprendra ,
  Nè mès n'avint nè n'avandra
  Que nus tel hardemant féist

  Que an tel péril se méist.
3335 Et sachiez , molt vos en aim plus
  Quant vos avez ce fet que nus
  N'osast panser antemès feire.
  Molt me troveroiz déboneire
39. f. Vers vos et léal et cortois.
40 Je sui de ceste terre rois ,
  Si vos offre tot à devise
  Tot mon consoil et mon servise;
  Et je vois molt bien espérant
  Quel chose vos alez querant.
45 La reïne , ce croi , querez. »
  — « Sire, fet-il , bien espérez :
  Autres besoinz çà ne m'amainne. »
  — « Amis, il i covendroit pàinne,
  Fet li rois, ainz que vos l'aiez.
50 Et vos estes formant plaiez…
  Je voi les plaies et le sanc.
  Ne troveroiz mie si franc
  Celui qui çà l'a amenée
  Qu'il la vos raude sanz meslée ;
55 Mès il vos covient séjorner
  Et vos plaies feire sener
  Tant qu'eles soient bien garies.
  De l' oignemant as trois Maries
  Et de meillor, s'an le trovoit ,
60 Vos donrai-ge, car molt covoit
  Vostre aise et vostre garison.
  La reïne a boene prison
  Que nus de char à li n'adoise
  Néis mes filz, cui molt an poise,
65 Qui avoec lui çà l'amena.
  Onques hom si ne forssena
  Com il s'an forssene et anrage.
  Et j'ai vers vos molt boen corage,
  Si vos donrai , se Dex me saut ,
70 Molt volontiers quanqu'il vos faut.
  Jà si boenes armes n'aura
  Mes filz, qui malgré m'an saura ,
  Qu'altresi boens ne vos doigne,
  Et cheval tel com vos besoigne.
75 Et si vos praing , cui qu'il enuit,
  Vers trestoz homes an conduit.
  Jà mar doteroiz de nelui,
  Fors que seulement de celui
  Qui la reïne amena çà.
80 Onques hom si ne menaça
  Autre con ge l'ai menacié,
  Et par po je ne l'ai chacié
40 a. De ma terre par mautalant

Por ce que il ne la vos rant.
85 S'est-il mes filz, mès ne vos chaille,
Se il ne vos vaint au bataille
Jà ne vos porra sor mon pois
D'enui faire vaillant un pois. »
— « Sire, fet-il, vostre merci!
90 Mès je gast trop le tans ici,
Que perdre nè gaster ne vuel.
De nule chose ne me duel,
Nè je n'ai plaie qui me nuise.
Menez-moi tant que je le truise,
95 Car à tex armes com je port
Sui prez c'orandroit me déport
A cos doner et à reprandre. »
— « Amis, mialz vos valdroit atandre
Ou .xv. jorz ou trois semainnes,
100 Tant que vos plaies fussent sainnes,
Car boens vos seroit li séjorz
Tot au moins jusqu'à .xv. jorz,
Que je por rien ne sofferroie
Nè esgarder ne le porroie
5 Qu'à tex armes n'à tel conroi
Vos conbatessiez devant moi. »
Et cil respont : « S'il vos pléust
Jà autres armes n'i éust,
Que volantiers à ces féisse
10 La bataille, nè ne quéisse
Qu'il i éust nè pas nè ore
Respit, nè terme nè demore.
Mès por vos ore tant ferai
Que jusque demain atendrai;
15 Et jà mar an parleroit nus
Que je ne l'atandroie plus. »
Lors a li rois acréanté
Qu'il iert tot à sa volanté.
Puis le fet à ostel mener,
20 Et prie et comande pener
De lui servir ces qui l'enmainnent.
Et il del' tot an tot s'an painnent.
Et li rois, qui la pès quéist
Molt volantiers se il poïst,
25 S'an vint de rechief à son fil,
Si l'aparole come cil
0. b. Qui volsist la pès et l'acorde.
Si li dit : « Biax filz, car t'acorde
A cest chevalier sanz conbatre !
30 N'est pas çà venuz por esbatre
Nè por berser nè por cachier ;
Einz est venuz por porchacier
Et son pris croistre et aloser.

S'éust mestier de reposer
3435 Molt grant si con je l'ai véu,
Se mon consoil éust créu,
De cest mois nè de l'autre après,
Ne fust de la bataille angrès
Dom il est jà molt désirranz.
40 Se tu la reïne li ranz
Criens-an tu avoir desenor ?
De ce n'aies-tu jà fréor
Qu'il ne t'an puet blasmes venir ;
Einz est péchiez del' retenir
45 Chose où an n'a reison nè droit.
La bataille tot orandroit
Eüst faite molt volantiers,
Si n'a-il mains nè piez antiers,
Einz les a fanduz et plaiez. »
50 — « De folie vos esmaiez ;
Fet Méléaganz à son père ;
Jà par la foi que doi saint-Père
Ne vos cresrai de cest afeire.
Certes, l'an me devroit détreire
55 A chevax se je vos créoie.
S'il quiert s'anor et je la moie,
S'il quiert son pris et je le mien,
Et s'il vialt la bataille bien,
Ancor la voel-je plus cent tanz. »
60 — « Bien voi qu'à la folie antanz,
Fet li rois, si la troveras.
Demain ta force esproveras
Au chevalier quant tu le viax. »
— « Jà ne me vaigne plus granz diax,
65 Fet Méléaganz, de cestui
Mialz volsisse qu'ele fust hui
Assez que je ne faz demain,
Véez or con ge m'an demain
Plus matemant que ge ne suel.
70 Molt m'an sont or troblé li oel,
40. c. Et molt en ai la chière mate.
Jamès tant que ge me conbate
N'aurai joie nè bien nè eise,
Ne m'avendra rien qui me pleise. »

75 Li rois ot qu'au nule menière
N'i valt rien consauz nè proière,
Si l'a lessié tot maugré suen,
Et prant cheval molt fort et buen
Et beles armes, s'es anvoie
80 Celui an cui bien les anploie.
Iluec fu uns hom anciens,
Qui molt estoit boens Crestiens :

El monde plus léal n'avoit,
Et de plaies garir savoit
3485 Plus que tuit cil de Monpellier.
Cil fist la nuit au chevalier
Tant de bien com feire li sot,
Car li rois comandé li ot.
Et jà savoient les noveles
90 Li chevalier et li puceles
Et les dames et li baron
De tot le païs environ.
Si vindrent d'une grant jornée
Tot anuiton de la contrée.
95 Et li estrange et li privé
Tuit chevalchoient abrivé
Tote la nuit an jusqu'au jor.
D'uns et d'autres devant la tor
Ot si grant presse à l'enjorner
3500 Qu'an n'i poïst son pié torner.
Et li rois par matin se lieve,
Cui de la bataille molt grieve :
Si vient à son fil de rechief,
Qui jà avoit le hiaume el chief
5 Lacié, qui fu fez à Peitiers.
N'i puet estre li respitiers,
Nè n'i puet estre la pès mise.
Se l'a li rois molt bien requise,
Mès ne puet estre qu'il la face.
10 Devant la tor enmi la place,
Où tote la genz se fu treite,
Là sera la bataille feite,
Que li rois le vialt et comande.
Le chevalier estrange mande
40. d. 15 Li rois molt tost et l'an li mainne
An la place qui estoit plainne
Des genz del' réaume de Logres.
Ausi com por oïr les ogres
Vont au mostier à feste anel,
20 A Pantecoste ou à Noel,
Les genz acostuméemant,
Tot autresi comunémant
Estoient là tuit aüné.
Troiz jorz avoient géuné
25 Et alé nuz piez et an lenges
Totes les puceles estrenges
Del' réaume le roi Artu,
Porce que Dex force et vertu
Donast contre son aversaire
30 Au chevalier qui devait faire
Le bataille por les cheitis.
Et autresi cil del' païs

Reprioient por lor seignor,
Que Dex la victoire et l'enor
3535 De la bataille li donast.
Bien main ainz que prime sonast
Les ot-an endeus amenez
Enmi la place toz armez,
Sor deus chevax de fer coverz.
40 Molt estoit genz et bien aperz
Méliaganz, et bien tailliez
De bras, de jambes et de piez;
Et li hiaumes et li escuz
Qui li estoit au col panduz,
45 Trop bien et bel li avenoient.
Mès à l'autre tuit se tenoient
Nés cil qui volsissent sa honte,
Et dient tuit que rien ne monte
De Méliagant avers lui.
50 Maintenant qu'il furent andui
Enmi la place et li rois vient,
Qui tant com il puet les détient :
Si se painne de la peis feire,
Mès il n'i puet son fil atreire:
55 Et il lor dit: « Tenez vos frains
Et voz chevax à tot le mains
Tant qu'an la tor soie montez.
Ce n'iert mie trop granz bontez
40. c. Se por moi tant vos délaiez. »
60 Lors se part d'ax molt esmaiez,
Et vient droit là où il savoit
La reïne qui li avoit
La nuit proié qu'il la méist
An tel leu que ele véist
65 La bataille tot abandon;
Et il l'en otréa le don :
Si l'ala querre et amener,
Car il se voloit molt pener
De s'anor et de son servise.
70 A une fenestre l'a mise,
Et il fu delez lì à destre
Couchiez sor une autre fenestre.
Si ot avoec aus deus assez
Et d'uns et d'autres amassez
75 Chevaliers et dames senées,
Et puceles del' païs nées;
Et molt i avoit des cheitives,
Qui molt estoient antantives.
En orisons et an proières.
80 Li prison et les prisonières
Trestuit por lor seignor prioient,
Qu'au Deu et au lui se tioient

De secors et de délivrance.
Et cil font lors sanz démorance
3585 Arrière treire les genz totes,
Et hurtent les escuz des cotes:
S'ont les enarmes anbraciées
Et poignent si que deus braciées
Parmi les escuz s'antrabatent
90 Des lances, si qu'eles esclatent
Et esmient come brandon.
Et li cheval tot de randon
S'antrevienent, que front à front
Et piz à piz hurté se sont.
95 Et li escu hurtent ansanble
Et li hiaume, si qu'il resanble
De l'escrois que il ont doné
Que il éust molt fort toné,
Qu'il n'i remest peitrax nè cengle,
3600 Estriés nè resnet nè varengle
A ronpre, et des seles peçoient
Li arçon, qui molt fort estoient :
40. f. Nè n'i ont pas grant honte éu
Se il sont à terre chéu
5 Dès que trestot ce lor failli.
Tost refurent an piez sailli,
Si s'antrevienent, sanz jengler,
Plus fièremant que dui sengler,
Et se fièrent sanz menacier
10 Granz cos des espées d'acier,
Come cil qui molt s'antrehéent.
Sovant si aspremant se réent
Les hiaumes et les haubers blans
Qu'après le fer an saut li sans.
15 La bataille molt bien fornissent
Qu'il s'estoutoient et leidissent
Des pesanz cos et des félons.
Mainz estors fiers et durs et lons
S'antredonèrent par igal,
20 C'onques nè del' bien nè del' mal
Ne s'an sorent auquel tenir.
Mès ne pooit pas avenir
Que cil qui ert au pont passez
Ne fust afebloiez assez
25 Des mains que il avait plaiées.
Molt an sont les genz esmaiées,
Celes qui à lui se tenoient,
Car ses cos afebloier voient:
Si crient qu'il ne l'an soit pis;
30 Et il lor estoit jà avis
Que il en avoit le péjor
Et Méliaganz le meillor :

Si an parloient tot antor.
Mès as fenestres de la tor
3635 Ot une pucele molt sage,
Qui panse et dit à son corage,
Que li chevaliers n'avoit mie
Por lì la bataille arrainie,
Nè por cele autre gent menue
40 Qui an la place estoit venue,
Ne jà enprise ne l'éust
Se por la reïne ne fust;
Et panse se il la savoit
A la fenestre où ele estoit,
45 Qu'ele l'esgardast ne véist,
Force et hardemant an préist,
41. a. Et s'ele son non bien séust
Molt volantiers dit li éust
Qu'il se regardast un petit.
50 Lors vint à la reïne et dit :
« Dame, por Deu et por le vostre
Preu, vos requier, et por le nostre,
Que le non à ce chevalier,
Porce que il li doie eidier,
55 Me dites, se vos le savez. »
— « Tel chose requise m'avez,
Dameisele, fet la reïne,
Où ge n'antant nule haïne
Nè felenie, se bien non:
60 Lanceloz del' Lac a à non
Li chevaliers, mien esciant. »
— « Dex, com en ai lié et riant
Le cuer, et sain! » fet la pucele.
Lors saut avant et si l'apele.
65 Si haut que toz li penples l'ot,
A molt haute voix : « Lancelot,
Trestorne-toi et si esgarde
Qui est qui de toi se prant garde! »

Qant Lanceloz s'oï nomer
70 Ne mist gaires à lui torner:
Trestorne-soi et voit amont
La chose de trestot le mont
Que plus désirroit à véoir
As loges de la tor séoir.
75 Ne puis l'ore qu'il s'aparçut
Ne se torna nè ne se mut
Devers li ses ialz nè sa chière.
Einz se deffandoit par derrière.
Et Méléaganz l'enchauçoit
80 Totes voies plus qu'il pooit.
Si est molt liez, com cil qui panse

11

C'or n'ait jamès vers lui deffanse.
S'an sont cil del' païs molt lié,
Et li estrange si iriez
3685 Qu'il ne se puéent sostenir,
Ejnz an i estut mainz venir
Jusqu'à terre toz esperduz,
Ou as genolz ou estanduz.
Ensi molt joie et duel i a.
90 Et lors de rechief s'escria
41 b. La pucele dès la fenestre :
« Ha Lancelot, ce que puet estre
Que si folement te contiens!
Jà soloit estre toz li biens
95 Et tote la proesce an toi ;
Nè je ne pans mie nè croi
C'onques Dex féist chevalier
Qui se poïst apareillier
A ta valor nè à ton pris.
3700 Or te véons si antrepris :
Torne-toi si que deçà foies
Et que adès ceste tor voies
Que boen véoir et bel la fet. »
Ce tient à honte et à grant let
5 Lanceloz iant que il s'an het
C'une grant pièce a, bien le set,
Le pis de la bataille éu.
Se l'ont tuit et totes séu.
Lors saut arrière et fet son tor
10 Et met antre lui et la tor
Méliagant trestot à force.
Et Méliagans molt s'efforce
Que de l'autre part se retort;
Et Lanceloz sore li cort,
15 Sel' hurte de si grant vertu
De tot le cors, à tot l'escu ,
Quant d'autre part se vialt torner,
Que il le fet tot chanceler
Deus foiz ou plus , mès bien li poist,
20 Et force et hardemanz li croist
Qu'amors li fet molt gränt aïe,
Et ce que il n'avoit baïe
Rien nule tant come celui
Qui se conbat ancontre lui.
25 Amors et haïne mortex,
Si granz qu'ainz ne fu ancor tex,
Le font si fier et corageus
Que de néant nel' tient à geus
Méliaganz , ainz le crient molt,
30 C'onques chevalier si estolt
N'acointa mès nè ne conut;

Nè tant ne li grèva nè nut
Nus chevaliers mès com cil fet.
Volantiers loing de lui se tret
4 t. c. 3735 Se li ganchist et se réuse
Que ses cos het et s'es refuse.
Et Lancelox pas nel' menace ,
Mès ferant vers la tor le chace
Où la reïne ert apoiée,
40 (Sovant l'a servie et loée),
De tant que si près li menoit
Qu'à remenoir li covenoit
Porce qu'il ne la véist pas
Se il alast avant un pas.
45 Ensi Lanceloz molt sovant
Le menoit arriers et avant
Par tot là où boen li estoit ,
Et totevoies s'arestoit
Devant la reïne sa dame ,
50 Qui li a mis el cors la flame
Por qu'il la va si regardant ;
Et cele flame si ardant
Vers Méléagant le feisoit
Que partot là où li pleisoit
55 Le pooit mener et chacier.
Come avugle et come eschacier
Le mainne , maugré an mit-il.
Li rois voit si ataint son fil
Qu'il ne s'aïde nè deffänt ,
60 Si l'an poise et pitiez l'en prant ,
Si metra consoil se ii puet ;
Mès la reïne l'an estuet
Proier se il le vialt bien feire.
Lors li cornança à retreire :
65 « Dame . je vos ai molt amée
Et molt servie et enorée
Puis qu'an ma baillie vos oi.
Onques chose feire ne soi
Que volantiers ne la féisse
70 Mès que vostre enor i véisse :
Or m'an randez le guerredon.
Mès demander vos voel un don
Que doner ne me devriez
Se par amor nel' féisiez.
75 Bien voi que de ceste bataille
A mes filz le poior sanz faille ,
Nè porce ne vos an pri mie
: Qu'il m'an poist mès que ne l'ocie
41. d. Lancelox qui an a pooir.
80 Nè vos nel' devez par voloir ,
Non pas porce que il ne l'ait

Bien vers vos et vers lui meffait ,
Mès por moi, La vostre merci !
Li dites , car je vos an pri ,
3785 Qu'il se taigne de lui férir.
Eusi me porriez mérir
Mon servise se boen vos ière. »
— « Biax sire, por vostre proière
Le voel-ge bien , fet la reïne ;
90 Se j'avoie mortel haïne
Vers vostre fil cui je n'aim mie ,
Se m'avez-vos si bien servie ,
Que porce que à gré vos vaigne
Voel-ge molt bien que il se taigne. »
95 Ceste parole ne fu mie
Dite à consoil ; ainz l'ont oïe
Lanceloz et Méléaganz.
Molt est qui aimme obéissanz ,
Et molt fet tost et volentiers .
3800 Là où il est antis antiers ,
Ce que s'amie doie plaire ;
Donc le dut bien Lancelox faire ,
Qui plus ama que Piramus ,
S'onques nus hom pot amer plus.
5 La parole oï Lancelox ,
Nè puis que li darriens moz
De la boche li fu colez ,
Puis qu'ele ot dit : « Quant vos volez
Que il se taigne , jel' voel bien , »
10 Puis Lanceloz por nule rien
Nel' tochast nè ne se méust.
Se il ocirre le déust
Il nel' toche nè ne se muet.
Et cil fiert lui tant com il puet ,
15 D'ire et de honte forssenez ,
Quant ot qu'il est à ce menez
Que il covient por lui proier.
Et li rois por lui chastier
Est jus de la tor avalez:
20 An la bataille an est alez
Et dist à son fil maintenant:
« Comant est or ce avenant ,
41. e. Qu'il ne te toche et tu le fiers?
Trop par es or cruex et fiers ,
25 Trop es or preuz à maléur:
Et nos savons tot de séur
Qu'il est au desore de toi. »
Lors dit Méliaganz au roi ,
Qui de honte fu desjuglez :
30 « Espoir , vos estes avuglés ;
Mien esciant n'i vérz gote.

Avuglez est qui de ce dote
Que au desor de lui ne soie. »
— « Or quier, fet li rois, qui te croie,
3835 Que bien sèvent totes ces genz
Se tu diz voir ou se tu manz :
La verité bien an savons. »
Lors dit li rois à ses barons
Que son fil arrière li traient.
40 Et cil de rien ne se délaient :
Tost ont son comandemant fet.
Méliagant ont arriers tret.
Mès à Lancelot arriers treire
N'estut-il pas grant force feire,
45 Car molt li poïst grant enui
Cil feire ainçois qu'il tochast lui.
Et lors dit li rois à son fil :
« Si m'aïst Dex, or l'estuet-il
Pès feire et randre la reïne.
50 Tote la querele anterine
T'estuet lessier et clamer quite. »
— « Molt grant oiseuse avez or dite.
Molt vos oi de néant débatre.
Fuiez, si nos lessiez conbatre,
55 Et si ne vos an merlez jà ! »
Et li rois dit que si fera,
« Que bien sai que cist l'ocirroit
Qui conbatre vos lesseroit. »
— « Il m'ocirroit ? Einz ocirroie
60 Je lui molt tost et conquerroie
Se vos ne vos destorbeiez
Et conbatre nos lessiez. »
Lors dit li rois : « Se Dex me saut,
Quanque tu diz rien ne te vaut. »
65 — « Por coi ? fet-il, car je ne vuel. »
— « Ta folie nè ton orguel
41. f. Ne cresrai pas por toi ocirre.
Molt est fos qui sa mort désirre
Si con tu fez et tu nel' sez.
70 Et je sai bien que tu m'an hez
Porce que je t'an voel garder.
Ta mort véoir nè esgarder
Ne me leira jà Dex mon vuel,
Car trop en auroie grant duel.»
75 Tant li dit et tant le chastie
Que pès acordé ont bastie.
La pès est tex que cil li rant
La reïne par tel covant,
Que Lanceloz sanz nule aloigne,
80 Qu'ele ore que cil l'an sémoigne,
Dès le jor que sémont l'aura,

Au chief de l'an se conbatra,
A Méliagant de rechief.
Ce n'est mie Lancelot grief.
3885 A la pès toz li pueples cort
Et devisent que à la cort
Le roi Artu iert la bataille,
Qui tient Bretaigne et Cornoaille.
Là dévisent que ele soit.
90 S'estuet, la reïne l'otroit
Et que Lanceloz la créant :
Que se cil le fet recréant
Qu'ele avoec lui s'an revanra,
Nè jà nus ne la détanra.
95 La reïne ensi le créante
Et Lancelos vient à créante.
Si les ont ensi acordez
Et départiz et desarmez.

Tel costume le païs avoit,
3900 Que puis que li uns s'an issoit,
Que tuit li autre s'an issoient.
Lancelot tuit bénéissoient ;
Et ce poez-vos bien savoir
Que lors i dut grant joie avoir.
5 Et si ot-il sanz nule dote.
La genz estrange asanble tote,
Qui de Lancelot font grant joie
Et dient tuit por ce qu'il l'oie :
« Sire, voir, molt nos esjoïsmes
10 Tantost com nomer vos oïsmes
42. a. Que séur fumes à délivre
C'or serions nos tuit délivre. »
A cele joie et molt grant feste
Que chascuns se painne et angresse
15 Comant il puisse à lui tochier.
Cil qui plus s'an puet aprochier
An fu plus liez que ne pot dire.
Assez et là et joie et ire,
Que cil qui sont desprisoné
20 Sont tuit à joie abandoné,
Mès Méliaganz et li suen
N'ont nule chose de lor buen,
Einz sont pansif et mat et morne.
Li rois de la place s'an torne,
25 Nè Lancelot n'i lesse mie,
Ençois l'anmainne ; et cil li prie
Que à la reïne le maint.
— « En moi, fet li rois, ne remaint
Que bien à feire me resanble ;
30 Et Quex le seneschal ansanble

Vos mosterrai-ge s'il vos siet. »
A po que as piez ne l'an chiet
Lancelot, si grant joie en a.
Li rois maintenant l'anmena
3935 En la sale ou venue estoit
La reïne qui l'atendoit.

Quant la reïne voit le roi,
Qui tient Lancelot par le doi,
Si s'est contre le roi dréciée,
40 Et fet sanblant de corréciée,
Si s'anbruncha et ne dist mot.
— « Dame, véez-ci Lancelot,
Fet li rois, qui vos vient véoir :
Ce vos doit molt pleire et séoir. »
45 — « Moi, sire ? Moi ne puet-il plaire :
De son véoir n'ai-ge que faire. »
— « Avoi ! dame, ce dit li rois,
Qui molt estoit frans et cortois,
Où avez-vos or cest cuer pris ?
50 Certes vos avez trop mespris
D'ome qui tant vos a servie
Qu'an ceste oirre a sovant sa vie
Por vos mise an mortel péril,
Et de Méliagant mon fil
42. b. 55 Vos a resqueusse et deffandue,
Qui molt iriez vos a randue. »
— « Sire, voir, mal l'a enploié :
Jà par moi ne serà noié
Que je ne l'an saiche point de gré. »
60 Ez-vos Lancelot trespansé,
Se li respont molt belemant
A manière de fin amant :
« Dame, certes, ce poise-moi,
Nè je n'os demander por coi. »

65 Lanceloz molt se démantast
Se la reïne l'escoutast,
Mès por lui grèver et confondre
Ne li vialt un seul mot respondre ;
Einz est an une chanbre antrée,
70 Et Lanceloz jusqu'à l'antrée
Des ialz et del' cuer la convoie.
Mès as ialz fu corte la voie
Que trop estoit la chanbre près :
Et il fussent antré après
75 Molt volontiers s'il poïst estre.
Li cuers qui plus est sire et mestre
Et de plus grant pooir assez
S'an est oltre après li passez

Et li oil sont remès defors,
3980 Plain de lermes, avoec le cors.
Et li rois à privé consoil
Dist : « Lancelot, molt me mervoil
Que ce puet estre et don ce muet
Que la reïne ne vos puet
85 Véoir, n'aresnier ne vos vialt.
S'ele onques à vos parler sialt
N'an dúst or feire daugier
Nè vos paroles estrangier
A ce que por li fet avez.
90 Or me dites se vos savez
Por quel chose, por quel mefïet,
Ele vos a tel sanblant fet ? »
— « Sire, orandroit ne m'an gardoie,
Mès ne li plest qu'ele me voie
95 Nè qu'ele ma parole escolt,
Il m'an enuie et poise molt. »
— « Certes, fet li rois, ele a tort,
Que vos vos estes jusqu'à mort
2. c. Por li en aventure mis.
4000 Or an venez, biax dolz amis,
S'iroiz au seneschal parler. »
— « Là voel-je molt, fet-il, aler. »
Au seneschal an vont andui.
Quant Lanceloz vint devant lui
5 Se li dist au premerain mot
Li seneschax à Lancelot :
« Com m'as honi ? » — « Et je de quoi,
Fet Lancelot, dites-le moi,
Quel torure vos ai-ge done feite ? »
10 — « Molt grant, que tu as à chief treite
La chose que ge n'i poi treire,
S'as fet ce que ge ne poi feire. »

Atant li rois les lesse andeus,
De la chambre s'an ist toz seus.
15 Et Lanceloz au seneschal
Anquiert s'il a éu grant mal ?
— « Oïl, fet-il, et ai encor.
Onques n'oi plus mal que j'ai or :
Et je fusse morz grant pièce a,
20 Ne fust li rois qui de ci va.
Qui m'a mostré par sa pitié
Tant de dolçor et d'amistié,
C'onques là où il le séust
Rien nule qui mestier m'éust
25 Ne me failli nule foiée
Qui ne me fust apareilliée
Maintenant que il le savoit

Aucontre un bien qu'il me feisoit.
Et Méliaganz d'autre part,
4030 Ses filz, qui plains est de mal art,
Par traïson à lui mandoit
Les mires, si lor comandoit
Que sor mes plaies me méissent
Tex oignemanz qui m'océissent.
35 Ensi père avoie et parrastre ;
Que quant li rois un boen enplastre
Me feisoit sor mes plais metre,
Qui molt se volsist antremetre
Que j'éusse tost garison,
40 Et ses filz par sa traïson
Le m'an feisoit tost remuer,
Porce qu'il me voloit tuer,
Et metre un malvès oignemant.
Mès je sai bien certainnemant
45 Que li rois ne le savoit mie ;
Tel murtre nè tel félenie
Ne sofrist-il an nule guise.
Mès ne savez pas la franchise
Que il a à ma dame faite :
50 Onques ne fu par nule gaite
Si bien gardée torz an marche
Dès le tans que Noex fist l'arche
Que il mialz gardée ne l'ait,
Que néis véoir ne la lait
55 Son fil, qui molt an est dolanz,
Fors devant le comun des genz,
Où devant le suen cors demainne.
A si grant enor la demainne
Et a demené jusque ci
60 Li frans rois, la soe merci,
Com ele déviser le sot.
Onques déviseor n'i ot
Fors li, qu'ainsi le dévisa ;
Et li rois molt plus l'an prisa
65 Par la léauté qu'an li vit.
Mès est-ce voirs que l'an m'a dit,
Qu'ele a vers vos si grant corroz,
Qu'ele sa parole, oiant toz,
Vos a véhée et escondite ? »
70 — « Vérité vos an a l'an dite,
Fet Lancelot tot à estros.
Mès por Deu, sauriez-me vos
Dire por coi ele me het ? »
Cil respont que il ne le set,
75 Einz s'an a mervoille estrangemant.
— « Or soit à son comandemant, »
Fet Lanceloz, qui mialz ne puet,

Et dit : « Congié prandre m'estuet :
S'irai mon seignor Gauvain querre,
4080 Qui est autrez an ceste terre,
Et covant m'ot que il vandroit
Au pont desoz ève tot droit. »
Atant est de la chambre issuz :
Devant le roi an est venuz
85 Et prant congié de cele voie.
42. c. Li rois volantiers li otroie ;
Mès cil qu'il avoit délivrez
Et de prison desprisonez
Li demandent que il feront ?
90 Et il dit : « Avoec moi vandront
Tuit cil qui i voldront venir ;
Et cil qui se voldront tenir
Lez la reïne si s'i taignent :
N'est pas droiz que avoec moi vaingnent. »
95 Avoec lui vont tuit cil qui voelent
Lié et joiant plus qu'il ne suelent :
Avoec la reïne remainnent
Puceles qui joie demainnent,
Et dames et chevalier maint ;
4100 Mes uns toz seuz ne n'i remaint,
Qui mialz n'amast à retorner
An son païs que séjorner.
Mès la reïne les retient
Por mon seignor Gauvain qui vient,
5 Et dit qu'ele ne se movra
Tant que noveles an saura.

Par tot est la novele dite
Que tote est la reïne quite,
Et délivré tuit li prison :
10 Si s'an iront sanz mesprison
Quant ax pleira et boen lor iert.
Li uns l'autre le voir an quiert.
Onques parole autre ne tindrent
Les genz quant tuit ansanble vindrent
15 Et de ce ne sont pas irié
Que li mal pas sont dépécié.
Se va et vient qui onques vialt :
N'est pas ensi com estre sialt.
Quant les genz del' païs le sorent
20 Qui à la bataille esté n'orent,
Comant Lanceloz l'avoit fet,
Si se sont tuit cele part tret
Où il sorent que il aloit :
Car il cuident qu'au roi bel soit
25 Se pris et mené li avoient
Lancelot. Et li suen estoient

Tuit de lor armes desgarni,
Et porce furent escherni,
Que cil del' païs armé vindrent.
42, f. 4130 Ne fu pas mervoille s'il prindrent
Lancelot, qui desarmez ière.
Tot pris le ramainnent arrière,
Les piez liez sor son cheval.
Et cil dient : «Vos feites mal,
35 Seignor, car li rois nos conduit.
Nos somes en sa garde tuit. »
Et cil dient : «Nos nel' savons,
Mès ensi compris nos avons :
Vos covandra venir à cort. »
40 Novele qui tost vole et cort
Vient au roi, que ses genz ont pris
Lancelot et si l'ont ocis.
Quant li rois l'ot molt l'an est grief,
Et jure assez plus que son chief,
45 Que cil qui l'ont mort an morront,
Jà deffandre ne s'an porront ;
Et s'il les puet tenir ou prandre
Jà n'i aura mès que del' pandre
Ou de l'ardoir ou del' noier.
50 Et se il le voelent noier
Jà n'es an cresra à nul fuer,
Que trop li ont mis an son cuer
Grant duel, et si grant honte faite
Qui li devroit estre retraite
55 S'il n'an estoit prise vangence ;
Mès il l'an panra sanz dotance.

Ceste novele par tot vait :
A la rëine fu retrait,
Qui au mangier estoit assise.
60 A po qu'ele ne s'est ocise
Maintenant que de Lancelot
La mançonge et la novele ot ;
Mès ele la cuide veraie,
Et tant durement s'an esmaie
65 Qu'à po la parole n'an pert ;
Mès por les genz dit en apert :
« Molt me poise, voir, de sa mort ;
Et s'il m'an poise n'ai pas tort :
Qu'il vint an cest païs par moi,
70 Porce pesance avoir an doi. »
Pois dit à li-mêisme anbas,
Porce que l'en ne l'oïst pas,
Que de boivre nè de mangier
43 a. Ne la covient jamès proier
75 Se ce est voirs que cil morz soit

Por la cui vie ele vivoit.
Tantost se lieve molt dolante
De la table, si se démante,
Si que nus ne l'ot nè escoute.
4180 De li ocirre est si estoute
Que sovant se prant à la gole ;
Mès ainz se confesse à li sole,
Si se repant et bat sa colpe,
Et molt se blasme et molt s'ancolpe
85 Del' péchié qu'ele fet avoit
Vers celui don ele savoit
Qui suens avoit esté toz dis,
Et fust ancor se il fust vis.
Tel duel a de sa crualté
90 Que molt an pert de sa biauté.
Sa crualté, sa félenie,
La fet molt tainte et molt nercie,
Et ce qu'ele voille et gêune.
Toz ses mesfez ansanble à une
95 Et tuit li reviennent devant :
Toz les recorde et dit sovant :
« Ha lasse, de coi me sovint,
Quant mes amis devant moi vint
Que je nel' deignai conjoïr
4200 Nè ne le vos onques oïr !
Quant mon esgart et ma parole
Li vëai ne fis-je que fole
Que fole? Ainz fis, si m'aïst Dex,
Que félenesse et que cruex.
5 Et sel' cuidai-ge feire à gas,
Mès ensi nel' cuida-il pas,
Se nel' m'a mie pardoné.
Nus fors moi ne li a doné
Le mortel cop, mien esciant.
10 Quant il vint devant moi riant
Et cuida que je li féisse
Grant joie et que je le véisse,
Et onques véoir ne le vos,
Ne li fu-ce donc mortex cos ?
15 Quant ma parole li vëai,
Tantost, ce cuit, le dessevrai
Del' cuer et de la vie ansanble.
43 b. Cil dui cop l'ont mort, ce me sanble :
Ne l'ont mort autre Breihançon.
20 Et Dex, aurai-ge reançon
De cest murtre de cest péchié ?
Nenil, voir ainz seront séchié
Tuit li fleuve, et la mers tarie !
Ha lasse! com fusse garie,
25 Et comme fust granz reconforz

Se une foiz ainz qu'il fust morz
L'eusse antre mes braz tenu.
Comant? Certes, tot nu à nu,
Porce que plus an fusse à eise.
4230 Quant il est morz molt sui malvei
Que je ne faz tant que je muire ;
Don ne me doit ma vie nuire
Se je sui vive après sa mort
Quant je à rien ne me déport ?
35 Ses max non que je trai por lui
Quant après sa mort m'i dedui.
Certes, molt fust dolz à sa vie
Li max don j'ai or grant amie.
Malveise est qui mialz vialt morir
40 Que mal por son ami sofrir ;
Mès certes il m'est molt pleisant
Que j'en aille lonc duel feisant.
Mialz voel vivre et sofrir les cos
Que morir et estre an repos. »
45 La rëine an tel duel estut
Deus jorz que ne manja nè but,
Tant qu'an cuida qu'ele fust mort.
Assez est qui noveles porte,
Einçois la leide que la bele.
50 A Lancelot vient la novele
Que morte est sa dame et s'amie.
Molt l'en pesa, n'en dotez mie ;
Bien puéent savoir totes genz
Qu'il fu molt iriez et dolant.
55 Por voir il fu si adolez,
S'oïr et savoir le volez,
Que sa vie en ot an despit.
Ocire se volt sanz respit ;
Mès ainçois fist une complainte
60 D'une ceinture qu'il ot ceinte :
Noé au chief un laz corrant,
34. c. Et dit à lui seul an plorant :
« Ha morz, com m'as or argueitié,
Que tot sain me fez desheitié !
65 Desheitiez sui, nè mal ne sant
Fors del' duel qu'au cuer me descer
Cist diax est max, voire mortex.
Ce voel-je bien qu'il soit tex,
Et se Deu plest je an morrai.
70 Comant? N'autremant ne porrai
Morir se Damedeu ne plest,
Si ferai mès que il me lest
Ces laz antor ma gole estraindre
Ensi cuit bien la mort destraindre
75 Tant que malgré suen m'ocirrai,

Comant ? N'autremant n'en porrai
Se cez non qui de li n'ont cure
Ne vialt venir, mès ma ceinture
La m'amanra trestote prise ;
Et dès qu'ele iert an ma justise
Donc fera-ele mon talant.
Voire mès trop vanra à lant :
Tant sui dessiranz que je l'aie ! »
Lors ne demore nè delaie ,
Einz met le laz antor sa teste ,
Tant qu'antor le col li areste ;
Et porce que il mal se face
Le chief de la ceinture lace
A l'arçon de sa sele estroit ,
Ensi que nus ne l'aparçoit :
Puis se let vers terre cliner :
Si se volt fère traïner
A son cheval tant qu'il estaigne.
Une ore plus vivre ne daigne.
Quant à terre chéu le voient
Cil qui avoec lui chevalchoient ,
Si cuident que pasmez se soit ,
Que nus des laz ne s'aparçoit
Qu'antor son col avoit lacié.
Tot maintenant l'ont redrécié :
Sel' relièvent antre lor braz ,
Et si ont lors trové le laz
Dont il estoit ses anemis ,
Qu'anviron son col avoit mis :
Sel' tranchent molt isnelemant.
Mès la gorge si duremant
Li laz justiziée li ot ,
Que de-pièce parler ne pot ,
Qu'à po ne sont les voinnes rotes
Del' col et de la gorge totes.
Nè puis se il le volsist bien
Ne se pot mal fère de rien.
Ce pesoit lui qu'an le gardoit
A po que de duel n'an ardoit ,
Que molt volantiers s'océist
Se nus garde ne s'an préist.
Et quant il mal ne se puet faire
Se dit : « Ha vix morz de putaire ,
Morz por Deu don n'avoies-tu
Tant de pooir et de vertu
Qu'ainz que ma dame m'océisses !
Espoir, porce que bien féisses
Ne volsis feire nè deignas !
Par félenie le lessas
Que ja ne t'iert à el conté.

Ha quel servise et quel bouté
Com l'as or an boen leu assise !
Dahez ait qui de cest servise
Te mercie nè gré l'an set.
4330 Je ne sai li quex plus me het
Ou la vie qui me désirre
Ou morz qui ne me vialt ocirre.
Ensi l'une et l'autre m'ocit ;
Mès c'est à droit se Dex m'aït
35 Que maléoit gré mien sui vis
Que je me déusse estre ocis
Dès que ma dame la reïne
Me mostra sanblant de haïne ;
Nè ne le fist pas sans reison .
40 Einz i ot molt boene achéson , —
Mès je ne sai quex ele fu ;
Mès se ge l'éusse séu
Einz que s'ame alast devant Dé
Je le li éusse amandé
45 Si richemant com li pléust ,
Mès que de moi merci éust.
Dex cist forfez quex estre pot ?
Bien cuit que espoir ele sot
43. e. Que je montai sor la charrete
50 Ne sai quel blasme ele me mete
Se cestui non : cist m'a traï.
S'ele por cestui m'a haï
Dex! cist forfez por coi me nut !
Onques amors bien ne couut
55 Qui ce me torna à reproche
Qu'an ne porroit dire de boche
Riens qui de par amors venist
Que à reproche apartenist ,
Einz est amors et corteisie.
60 Quanqu'an puet feire por s'amie.
Por m'amie nel' fis-je pas ?
Ne sai comant je die , las !
Ne sai se die amie ou non ,
Ne li os metre cest sornou ;
65 Mès tant cuit-je d'amor savoir
Que ne me déust mie avoir
Por ce plus vil , s'ele m'amast ,
Mès ami verai me clamast ,
Quant por li me sanbloit enors
70 A feire quanque vialt amors ,
Nés sor la charrete monter.
Ce déust-ele amor conter
Et c'est la provance veraie.
Amors ensi les suens essaie
75 Ensi connist-ele les suens.

Mès ma dame ne fu pas buens
Cest servises , bien le provai
Au sanblant que an li trovai.
Et tote voie ses amis
4380 Fist ce don maint li ont amis
Por li honte et reproche et blasme.
S'ai fet ce greu don an me blasme ;
Et de ma dolçor m'anertume
Par foi , car tex est la costume
85 A ces qui d'amor rien ne sèvent
Et qui enor an honte lèvent ;
Mès qui enor an honte moille
Ne la lève pas cinz la soille.
Or sont cil d'amors non sachant
90 Qui ensi les vont despitant ,
Et molt ansus d'amors se botent
Que son comandemant ne dotent ,
43. f. Car sanz faille molt en amande
Qui fet ce qu'amors li comande ,
95 Et tot est pardonable chose ;
S'est failliz qui feire ne l'ose. »

Ensi Lanceloz se démante ,
Et sa genz est lez lui dolante ,
Qui le gardent et qui le tienent.
4400 Et antretant noveles vienent
Que la reïne n'est pas morte.
Tantost Lanceloz se conforte ,
Et s'il avoit fet de sa mort
Devant grant duel et fier et fort ,
5 Encor fu bien cent mille tanz
La joie de sa vie granz.
Et quant il vindrent del' recet
Près à .vj. liues ou à set
Où li rois Bademaguz ière ,
10 Novele , que il ot molt chière ,
Li fu de Lancelot contée
(Se l'a volantiers escotée) ,
Qu'il vit et vient sains et heitiez.
Molt an fist que bien afeitiez
15 Que la reïne l'ala dire.
Et ele li respont : « Biax sire ,
Quant vos le dites bien le croi ;
Mès s'il fust morz bien vos otroi
Que je ne fusse jamès liée :
20 Trop me fust ma joie estrangiée
S'uns chevaliers an mon servise

Eust mort reçéue et prise. »

Atant li rois de li se part ;
Et molt est la reïne tart
4425 Que sa joie et ses amis veingue.
N'a mès talant que ele teigne
A tahine de nule chose.
Mès novele qui ne repose,
Einz cort toz jorz qu'ele ne fine,
30 De rechief vient à la reïne
Que Lanceloz ocis se fust
Por li, se feire li léust.
Ele an est liée et sel' croit bien,
Mès nel' volsist por nule rien
35 Que trop li fust mesavenu.
Et antretant ez-vos venu
44. a. Lanceloz qui molt se hastoit.
Maintenant que li rois le voit
Sel' cort beisier et acoler.
40 Vis li est qu'il doie voler
Tant li fet sa joie legier.
Mès la joie font abrégier
Cil qui le lièrent et prindrent.
Li rois lor dist que mar i vindrent,
45 Que tuit sont mort et confondu.
Et il li ont tant respondu
Qu'il cuidoient qu'il le volsist.
— « Moi desplest-il, mès il vos sist,
Fet li rois, n'à lui rien ne monte.
50 Lui n'avez-vos fet nule honte,
Se moi non qui le conduisoie ;
Comant qu'il soit la hont est moie.
Mès jà ne vos an gaberoiz
Quant vos de moi eschaperoiz. »

55 Qant Lanceloz l'ot correcier,
De la pès feire et adrecier
Au plus qu'il onques puet se painne,
Tant qu'il l'a feite. Lors l'en mainne
Li rois la reïne véoir.
60 Lors ne lessa mie chéoir
La reïne ses ialz vers terre,
Einz l'ala liéemant requerre ;
Si l'enora de son pooir,
Et sel' fist lez li aséoir.
65 Puis parlèrent à lor pleisir
De quanque lor vint à pleisir,
Nè matière ne lor failloit,
Qu'amors assez lor an bailloit.
Et quant Lanceloz voit son eise

70 Qu'il ne dit rien qui molt ne pleise
La reïne, lors à consoil
A dit : « Dame, molt me mervoil
Por coi tel sanblant me féistes
Avant hier quant vos me véistes,
4475 N'onques un mot ne me sonastes :
A po la mort ne m'an donastes
Nè je n'oi tant de hardemant
Que tant com or vos an demant
Vos en osasse demander.
80 Dame , or sui prez de l'amander
44. b. Mès que le forfet dit m'aiez
Dom j'ai esté molt esmaiez. »
Et la reïne li reconte :
« Comant don n'éustes-vos honte
85 De la charrete ? et si dotastes
Molt à grant enuiz i montastes,
Quant vos demorastes deus pas ;
Por ce , voir , ne vos vos-je pas
Nè aresnier nè esgarder »
90 — « Autrefoiz me doint Dex garder ,
Fet Lanceloz , de tel meffet,
Et jà Dex de moi merci n'et
Se vos n'éustes molt grant droit.
Dame, por Deu , tot orandroit
95 De moi l'amande an recevez .
Et se vos jà le me devez
Pardoner , por Den, sel' me dites. »
— « Amis, toz an soiez vos quites,
Fet la reïne, oltréemant
4500 Jel' vos pardoing molt boenemant. »
« Dame , fet-il , vostre merci !
Mès je ne vos puis mie ci
Tot dire quanque ge voldroie ;
Volantiers à vos parleroie
5 Plus à leisir s'il pooit estre. »
Et la reïne une fenestre
Li mostre à l'uel , non mie au doi ,
Et dit : « Venez parler à moi
A cele fenestre anque nuit
10 Quant par céanz dormiront tuit :
Et si vanroiz par cel vergier.
Céanz antrer nè herbergier
Ne porroiz mie vostre cors :
Je serai anz et vos defors ;
15 Que céanz ne porroiz venir
Nè je ne porrai avenir
A vos fors de boche ou de main,
Et s'il vos plest jusqu'à demain
I serai por amor de vos.

20 A sambler ne porriens-nos ,
Qu'an ma chanbre devant moi gist
Kex li seneschax qui languist
Des plaies dom il est coverz.
Et li huis ne rest mie overz ,
44. c. 4535 Einz est bien fers et bien gardez ,
Quant vos vandroiz si vos gardez
Que nule espie ne vos truisse. »
— « Dame, fet-il , là où je puiss
Ne me verra jà nule espie
30 Qui mal i pant nè mal an die. »
Ensi ont pris lor parlemant ,
Si départent molt liéemant.

Lanceloz ist fors de la chanbre
Si liez que il ne li remanbre
35 De nul de trestoz ses enuiz .
Mès trop li demore la nuiz ,
Et li jorz li a plus duré
A ce qu'il i a anduré
Que cent autre ou c'uns anz enti
40 Au parlemant molt volentiers
S'an alast s'il fust anuitié.
Tant a au jor vaincre luitié
Que la nuiz molt noire et oscure
L'ot mis desoz sa coverture
45 Et desoz sa chape afublé.
Quant il vit le jor enublé
Si se fet las et traveillié,
Et dit que molt avoit veillié,
S'avoit mestier de reposer.
50 Bien poez antendre et gloser,
Vos qui avez fet autretel,
Que por la gent de son ostel
Se fet las et se vet couchier,
Mès n'ot mie son lit tant chier
55 Que jor rien il n'i reposast,
N'il ne poïst nè il n'osast,
Nè il ne volsist pas avoir
Le hardemant nè le pooir.
Molt tost et soef s'en leva.
60 Nè ce mie ne li grèva
Qu'il ne luisoit lune n'estoile,
N'an la meison n'avoit chandoile,
Nè lanpe nè lanterne ardant.
Ensi s'an ala regardant
65 C'onques nus garde ne s'an prist ,
Einz cuidoient qu'il se dormist
An son lit trestote la nuit.
Sanz conpaignie et sans conduit

Molt tost vers le vergier s'an va
Que conpaignie n'i trova.
Et de ce li est bien chéu
C'une pièce del' mur chéu
Ot el vergier novellemant :
Par cele fraite isnelemant
S'an passe et vet tant que il vient
A la fenestre et là se tient
Si coiz qu'il n'i tost n'esternue,
Tant que la reïne est venue
En une molt blanche chemise :
N'ot sus bliaut nè cote mise,
Mès un cort mantel ot desus
D'escarlate et de cisemus.
Quant Lanceloz voit la reïne
Qui à la fenestre s'acline,
Qui de gros fers estoit ferrée,
D'un dolz salu l'a saluée.
Et ele un autre tost li rant ;
Que molt estoient désirrant
Il de li et ele de lui.
De vilenie nè d'enui
Ne tienent parlemant nè plet :
Li uns près de l'autre se tret
Et andui main à main se tienent.
De ce que ansanble ne vienent
Lor poise molt à desmesure,
Qu'il an blasment la ferréure.
Mès de ce Lanceloz se vante
Que s'à la reïne atalante
Avoec li léanz anterra :
Jà por les fers ne remanra.
Et la reïne li respont :
« Ne véez-vos com cist fer sont
Roide à ploier et fort à fraindre ?
Jà tant ne les porroiz destraindre
Nè tirer à vos nè sachier
Que les poïssiez arachier. »
— « Dame, fet-il, or ne vos chaille :
Jà ne cuit que fers rien i vaille :
Rien fors vos ne me puet tenir
Que bien ne puisse à vos venir.
Se vostre congiez le m'otroie
Tote m'est délivré la voie ;
Mès se il bien ne vos agrée
Donc m'est-ele si anconbrée
Que n'i passeroie por rien. »
— « Certes, fet-ele, jel' voel bien,
Mes voloirs pas ne vos détient ;
Mès tant atandre vos covient

Que an mon lit soie couchiée.
20 Que de noise ne vos meschiée,
Qu'il n'i auroit geu nè déport
Se li seneschax, qui ci dort,
S'esvoilloit jà por nostre noise.
Por c'est bien droiz que je m'an voise
4625 Qu'il n'i porroit nul bien noter
Se il me véoit ci ester. »
— « Dame, fet-il, or alez donques,
Mès de ce ne dotez-vos onques
Que je i doie noise faire.
30 Si soef an cuit les fers traire
Que jà ne m'an traveillerai
Nè nelui n'an esveillerai. »

Atant la reïne s'an torne,
Et cil s'aparoille et atorne
35 De la fenestre desconfire.
As fers se prant et sache et tire
Si que trestoz ploier les fet
Et que fors de lor leus les tret.
Mès si estoit tranchanz li fers
40 Que del' doi maine jusqu'as ners
La première ongle s'an crèva,
Et de l'autre doi se trancha
La premerainne jointe tote.
Et del' sanc qui jus an dégote
45 Nè des plaies nule ne saut,
Cil qui à autre chose antant.
La fenestre n'est mie basse,
Neporquant Lanceloz i passe
Molt tost et molt délivremant.
50 An son lit truave Keu dormant
Et puis vint au lit la reïne.
Si l'aore et se li ancline,
Car an nul cors saint ne croit tant.
Et la reïne li estant
55 Ses braz ancontre, si l'anbrace :
Estroit près de son piz le lace,
44. f. Si l'a lez li an son lit tret,
Et le plus bel sanblant li fet
Que ele onques feire li puet,
60 Que d'amors et del' cuer li muet.
D'amors vient qu'ele le conjot,
Et s'ele à lui grant amor ot
Et il cent mile tanz à li ;
Car à toz autres cuers failli
65 Amors avers qu'au suen ne fist,
Mès an son cuer tote reprist
Amors et fu si anterine

Qu'an toz autres cuers fu frarine.
Or a Lanceloz quanqu'il vialt
70 Qant la reïne an gré requialt
Sa conpaignie et son solaz,
Qant il la tient antre ses braz
Et ele lui antre les suens.
Tant li est ses jeus dolz et buens,
4675 Et del' beisier et del' santir,
Que il lor avint, sanz mantir,
Une joie et une mervoille
Tel c'onques ancor sa paroille
Ne fu oïe nè séue.
80 Mès toz jorz iert par moi tenue
Qu'an conte ne doit estre dite :
Des joies fu la plus eslite
Et la plus délitable cele
Que li contes nos test et cèle.
85 Molt ot de joie et de déduit
Lanceloz tote cele nuit.
Mès li jorz vient, qui molt li grieve
Quant delez s'amie se lieve.
Au lever fu-il droiz martirs,
90 Tant li fu griés li départirs,
Car il i suefre grant martire.
Ses cuers adès cele part tire
Où la reïne se remaint.
N'à pooir que il l'an remaint
95 Que la reïne tant li plest
Qu'il n'a talant que il la lest.
Li cors s'an vet, li cuers séjorne.
Droit vers la fenestre s'antorne,
Mès de son sanc tant i remaint
4700 Que li drap sont tachié et taint
45. a. Del' sanc qui chéi de ses doiz.
Molt s'an part Lanceloz destroiz,
Plains de sopirs et plains de lermes.
Del' rasanbler n'est pas pris termes,
5 Ce poise lui, mès ne puet estre.
A enui passe à la fenestre,
S'i antra-il molt volantiers :
N'avoit mie les doiz antiers
Que molt fort s'i estoit bléciez.
10 Et s'a-il les fers redréciez
Et remis an lor leus arrière,
Si que nè devant nè derrière,
N'an l'un nè an l'autre costé,
Ne pert qu'an éust osté
15 Nus des fers, nè tret nè ploié.
Au départir a soploié
A la chambre et fet tot autel

Com il fust devant un autel,
Puis s'an part à molt grant angoisse,
4720 N'ancontre home qui le conoisse,
Tant qu'an son ostel est venuz.
An son lit se couche toz nuz,
Si c'onques nelui n'i esvoille.
Et lors aprimes se mervoille
25 De ses doiz qu'il trueve plaiez;
Mès de rien n'an est esmaiez
Porce qu'il set tot de séur
Que au traire les fers del' mur
De la fenestre se bleça.
30 Porce pas ne s'an correça
Car il se volsist mialz del' cors
Andeus les braz avoir traiz fors
Que il ne fust oltre passez;
Mès s'il se fust aillors quassez
35 Et si laidement anpiriez,
Molt an fust dolanz et iriez.

La reïne la matinée
Dedanz sa chanbre ancortinée
Se fu molt soef andormie;
40 De ses dras ne se gardoit mie
Que il fussent tachié de sanc,
Einz cuidoit qu'il fussent molt blanc
Et molt bel et molt avenant.
Et Méliaganz maintenant
46. b. 45 Qu'il fu vestuz et atornez
S'an est vers la chanbre tornez
Où la reïne se gisoit.
Veillant la trueve et les dras voit
Del' frès sanc tachiez et gotez:
50 S'en a ses conpaignons botez,
Et com apercevanz de mal
Vers le lit Kex le seneschal
Esgarde, et voit les dras tachiez
De sanc, que la nuit, ce sachiez,
55 Furent ses plaies escrevées —
Et dit: «Dame, or ai-ge trovées
Tex anseignes com je voloie;
Bien est voirs que molt se foloie
Qui de fame garder se painne:
60 Son travail i pert et sa painne;
Qu'ainz la pert cil qui plus la garde
Que cil qui ne s'an done garde.
De moi vos a-il bien gardée,
Mès mit vos a regardée
65 Kex li seneschax malgré suen,
S'a de vos éu tot son bien,

Et il sera molt bien prové.»
— «Comant?» fet-ele. — «J'ai trové
Sanc an voz dras qui le tesmoingne,
4770 Puis qu'à dire le me besoigne:
Parce le sai, par ce le pruis,
Que an voz dras et ès suens truis
Le sanc qui chéi de ses plaies:
Ce sont ansaignes bien veraies.»
75 Lors primes la reïne vit
Et an l'un et an l'autre lit
Les dras sanglanz, si s'an mervoille:
Honte an òt, si devint vermoille
Et dist: «Se Damedex me gart,
80 Ce sanc que an mes dras regart
Onques ne l'i aporta Ques,
Einz m'a enuit senié li nés.
De mon nés fu, au mien espoir.»
Et ele cuide dire voir.
85 — «Par mon chief, fet Méléaganz,
Quanque vos dites est néanz,
N'i a mestier parole fainte,
Que provée estes et atainte;
45. c. Et bien sera li voirs provez.»
90 Lors dit: «Seignor, ne vos movez,
(As gardes qui iluec estoient)
Et gardez que osté ne soient
Li drap del' lit tant que je veigne:
Je voel que li rois droit me teigne
95 Quant la chose véue aura.»
Lors requist tant qu'il le trova,
Si se lesse à ses piez chéoir
Et dit: «Sire, venez véoir
Ce don garde ne vos prenez.
4800 La reïne véoir venez,
Si verroiz mervoilles provées
Que j'ai véues et trovées.
Mès ainçois que vos i ailliez
Vos pri que vos ne me failliez
5 De justise né de droiture.
Bien savez an quel aventure
Por la reïne ai mon cors mis,
Dom vos estes mes anemis,
Que por moi la faites garder.
10 Hui matin l'alai regarder
An son lit, et si ai véu
Tant que j'ai bien aparcéu
Qu'avoec li gist Kex chasque nuit.
Sire, por Deu, ne vos enuit
15 S'il m'an poise et se je m'an plaing,
Car molt me vient à grant desdaing

Quant ele me het et despist
Et Kex ò li chasque nuit gist.
— «Tès, fet li rois, je nel' crois p
4820 — «Sire, or venez véoir les dras,
Comant Kex les a conréez.
Quant ma parole ne créez
Ençois cuidiez que je vos mante,
Les dras et la coute sanglante
25 Des plaies Kex vos mosterrai.»
— «Or alons, si le verrai,
Fet li rois, que véoir le voel:
Le voir m'an aprendront mi oel.»
Li rois tot maintenant s'an va
30 Jusqu'an la chanbre où il trova
La reïne qui se levoit.
Les dras sanglanz an son lit voit
45 d. Et el lit Kex autresimant,
Et dist: «Dame, or vet malemant
35 Se c'est voirs que mes filz m'a dit.»
Ele respont: «Se Dex m'aït,
Onques ne fu néis de songe
Contée si male mançonge.
Je cuit que Kex li seneschax
40 Est si cortois et si léax
Que il n'an fet mie à mescroire;
Et je ne regiet mie an foire
Mon cors, nè n'an faz livreison.
Certes, Kex n'est mie tex hom
45 Qu'il me requéist tel outrage,
Nè je ne n'oi onques corage
Del' faire, nè jà ne l'aurai.»
— «Sire, molt boen gré vos saur
Fet Méléaganz à son père,
50 Se Kex son outrage conpère,
Si que la reïne ait honte.
A vos tient la justise et monte,
Et je vos an requier et pri.
Le roi Artu a Kex traï,
55 Son seignor, qui tant le créoit
Que comandé li avoit
La rien que plus aimme an cest m
— «Sire, or sofrez que je responc
Fet Kex, et si m'escondirai.
60 Jà Dex, quant de cest siègle irai,
Ne me face pardon à l'ame,
Se onques jui avoec ma dame!
Certes, mialz voldroie estre morz
Que tex leidure nè tiex torz
65 Fust par moi quis vers mon seignor
Et jamès Dex santé graignor

12

Que j'ai orandroit ne me doint,
Einz me praigne morz an cest point;
Se je onques le me pansai.
4870 Mès itant de mes plaies sai
Qu'annuit m'ont seinnié à planté,
S'an sont mi drap ansanglanté.
Porce vostre filz me mescroit,
Mès certes il n'i a nul droit. »
75 Et Méléaganz li respont:
« Si m'aïst Dex, traï vos ont
15. e. Li déable, li vif maufé.
Trop fustes enuit eschaufé,
Et porce que trop vos grévastes
80 Vos plaies sanz dote escrevastes.
Nè vos i valt néant contrueve:
Li sans d'anbedeus parz le prueve,
Bien le véons et bien i pert;
Droiz est que son forfet conpert
85 Que si est provez et repris.
Einz chevaliers de vostre pris
Ne fist si grant descovenue,
Si vos an est honte avenue. »
— « Sire, sire, fet Kex au roi,
90 Je deffandrai ma dame et moi
De ce que vostre filz mainez
Au poinne et an travail me met;
Mès certes à tort me travaille. »
— « Vos n'avez mestier de bataille,
95 Fet li rois, que trop vos dolez. »
— « Sire, se sofrir le volez,
Ensi malades com je sui
Me conbatrai ancontre lui
Et mosterrai que je n'ai colpe
4900 An cest blasme don il m'ancolpe. »
Et la reïne mandé ot
Tot céléemant Lancelot,
Et dit au roi que ele aura
Un chevalier qui deffandra
5 Le seneschal de ceste chose
Vers Méléagant, se il ose.
Et Méléaganz dist tantost:
« Nus chevaliers ne vos en ost
Vers cui la bataille n'anpraigne
10 Tant que li uns vaincuz remaingne ,
Nès se ce estoit uns jaianz. »
Atant vint Lanceloz léanz.
Des chevaliers i ot tel rote
Que plainne an fu la sale tote.
15 Maintenant que il fu venuz,
Oiant toz, jeunes et chenuz,

La reïne la chose conte
Et dit: « Lancelot, ceste honte
M'a ci Méléaganz amise.
4920 An mescréance m'an a mise
45. f. Vers trestoz ces qui l'osent dire,
Se vos ne l'an faites desdire.
Enuit, ce dit, a Kex géu
O moi, porce qu'il a véu
25 Mes dras et les suens de sanc tainz ;
Et dit que toz an iert ataïnz
Se vers lui ne se puet deffandre
Ou se autres ne vialt anprandre
La bataille por lui aidier. »
30 — « Jà ne vos an covient pleidier ,
Fet Lanceloz, là où je soie.
Jà Deu ne place qu'an mescroie
Nè vos, nè lui, de tel aleire!
Prez sui de la bataille feire
35 Que onques ne le se pansa
Se an moi point de deffanse a.
A mon pooir l'an deffandrai,
Por lui la bataille anprandrai. »
Et Méléaganz avant saut
40 Et dit: « Se Damedex me saut,
Ce voel-je bien, et molt me siet.
Jà ne pant nus que il me griet. »
Et Lanceloz dist : « Sire rois,
Je sai de quauses et de lois
45 Et de plez et de jugemanz :
Ne doit estre sanz serremanz
Bataille de tel mescréance. »
Et Méléaganz dont dotance
Li respont molt isnelemant:
50 « Bien i soient li serremant,
Et veignent li saint orandroit,
Que je sai bien que je ai droit. »
Et Lanceloz ancontre dit:
« Onques, se Damedex m'aït,
55 Quex le seneschal ne conut
Qui de tel chose le mescrut. »
Maintenant lor armes demandant,
Lor chevax amener comandent.
L'an lor amainne tost amont;
60 Vaslet les arment : armé sont,
Et jà resont li saint forstret.
Méléaganz avant se tret,
Et Lanceloz dejoste lui.
Si s'agenoillent anbedui,
46. a. 65 Et Méléaganz tant sa main
Aus sainz, et jure tot de plain:

« Ensi m'aïst Dex et li sainz,
Kex li seneschaus fu conpainz
Enuit la reïne an son lit,
4970 Et de li ot tot son délit. »
— « Et je t'an lief come parjur,
Fet Lanceloz, et si rejur
Qu'il n'i jut nè ne l'a santi.
Et de celui qui a manti
75 Praigne Dex, se lui plest , vangence,
Et face voire démostrance.
Mès ancor un autre an ferai ,
Des seiremanz, et jurerai,
Cui qu'il enuit nè cui qu'il poist ,
80 Que se il hui venir me loist
De Méléagant au desus,
Tant m'aïst Dex et néant plus ,
Et ces reliques qui sont ci,
Que jà de lui n'aurai merci. »
85 Li rois de rien ne s'esjoï
Quant cestui sairemant oï.

Qant li seiremant furent fet
Lor cheval lor furent forstret,
Bel et bon de totes bontez.
90 Sor le suen est chascuns montez,
Et li uns contre l'autre muet
Tant com chevax porter le puet;
Et ès plus granz cors des chevax
Fiert li uns l'autre des vasax ,
95 Si qu'il ne lor remaint nès poinz
Des deus lances trèsqu'auz espoinz.
Et li uns l'autre à terre porte,
Mès ne font mie chière morte,
Que tot maintenant se relièvent
5000 Et tant com il puéent se grièvent
Aus tranchanz des espées nues.
Les estanceles vers les nues
Totes ardanz des hiaumes saillent.
Par si grant ire s'antr'asaillent
5 As espées que nues tienent
Que si com eles vont et vienent
S'antr'ancontrent et s'antrefièrent,
Nè tant reposer ne se quièrent
46. b. Qu'aleinne reprandre lor loise.
10 Li rois cui molt an grième et poise
En a la reïne apelée,
Qui apoier s'estoit alée
Amont as loges de la tor.
Por Deu, li dist, le criator,
15 Que ele départir les lest!

— « Tot quanque vos an siet et plest,
Fet la reïne à boene foi,
Jà n'an feroiz rien contre moi. »
Lanceloz a bien antandu
5020 Que la reïne a respondu
A ce que li rois li requiert:
Jà puis conbatre ne se quiert,
Einz a tantost guerpi le chaple ;
Et Méléaganz fiert et chaple
25 Sor lui que reposer ne quiert.
Et li rois antredeus se fiert,
Et tient son fil, qui dit et jure
Que il n'a de pès feire cure:
« Bataille voel, n'ai soing de peis ! »
30 Et li rois li dit : « Car te teis
Et me croi, si feras que sages ;
Jà certes hontes nè domages
Ne t'an vandrai se tu me croiz.
Mès, fei ice, que feire doiz !
35 Don ne te sovient-il que tu
As an la cort le roi Artu
Contre lui bataille arramie ?
Et de ce ne dotes-tu mie
Que il ne te soit granz enors
40 Se là te vient, biens plus qu'aillors ? »
Ce dit li rois por essaier
Se il le porroit esmaier
Tant qu'il l'apeise et s'es départ.
Et Lanceloz cui molt fu tart
45 De mon seignor Gauvain trover,
An vient congié querre et trover
Au roi et puis à la reïne.
Par le congié d'ax s'achemine
Vers le pont soz ève corrant.
50 Si ot après lui rote grant
Des chevaliers qui le suioient ;
Mès assez de tex i aloient
46. c. Don bel li fust s'il remanssissent.
Lor jornées molt bien fornissent
55 Tant que le pont sor ève aprochent,
Mès d'une liue ancor n'i tochent.
Einçois que près del' pont venissent
Et que il véoir le poïssent
Uns nains à l'encontre lor vint
60 Sor un grant chacéor, et tint
Une corgiée por chacier
Son chacéor et menacier.
Et maintenant a demandé,
Si com il li fu comandé:
65 « Li quex de vos est Lanceloz ? »

Nel' me célez, je sui des voz,
Mès dites-le séurémant,
Que por vos granz biens le demant. »
Lanceloz li respont por lui
5070 Et dit il-méismes: « Je sui
Cil que tu demandes et quiers. »
— « Ha Lancelot, frans chevaliers,
Leisse ces genz, et si me croi
Vien l'an toz seus ansanble ò moi,
75 Qu'an molt boen leu mener te voel.
Jà nus ne t'an sive por l'uel,
Einz vos atandent ci androit
Que nos revandrons orandroit. »
Cil qui de nul mal ne se dote
80 A fet remenoir sa gent tote
Et siust le nain qui traï l'a.
Et sa gent qui l'atendent là
Le puéent longuemant atandre,
Que cil n'ont nul talant del' randre
85 Qui l'ont pris et seisi an sont.
Et sa gent si grant duel an font
De ce qu'il ne vient nè repeire
Qu'il ne sèvent qu'il puissent feire.
Tuit dïent que traï les a
90 Li nains ; et si lor an pesa.
Folie seroit de l'anquerre.
Dolant le comancent à querre,
Mès ne sèvent où il le truissent
Nè quele part querre le puissent.
95 S'an prenent consoil tuit ansanble :
A ce s'acordent, ce me sanble,
46. d. Li plus resnable et li plus sage,
Qu'il an iront jusqu'au passage
Del' pont soz ève, qui est près,
5100 Et querront Lancelot après
Par le los monseignor Gauvain,
S'il le truevent n'a bois n'a plain.
A cest consoil trestuit s'acordent
Si bien que de rien ne se tordent.
5 Vers le pont soz ève s'an vont,
Et tantost qu'il vienent au pont
Ont mon seignor Gauvain véu
Del' pont trabuchié et chéu
Au l'ève qui estoit parfonde.
10 Une ore essort et autre afonde:
Or le voient et or le perdent.
Il vienent là et si l'aerdent
A rains, à perches et à cros.
N'avoit que le hauberc el dos
15 Et sor le chief le hiaume assis,

Qui des autres valoit bien dis ;
Et les chauces de fer chauciées
De sa suor anruilliées,
Car molt avoit sofferz travauz,
5120 Et mainz périls et mainz asauz
Avoit trespassez et vaincuz.
Sa lance estoit et ses escuz
Et ses chevax à l'autre rive.
Mès ne cuident pas que il vive,
25 Cil qui l'ont tret de l'ève fors,
Car il en avoit molt el cors,
Nè dèsque tant qu'il l'ot randue
N'ont de lui parole antandue.
Mès quant sa parole et sa voiz
30 R'ot son cuer délivre et sa doiz,
Qu'an le pot oïr et antandre.
Au plus tost que il s'i pot prandre
A la parole se s'i prist.
Lués de la reïne requist
35 A ces qui devant lui estoient,
Se nule novele an savoient.
Et cil qui li ont respondu,
D'avoec le roi Bademagu
Dïent qu'ele ne part nule ore,
40 Qui molt la sert et molt l'enore.
46. e. — « Vint la puis nus an ceste terre,
Fet mes sires Gauvains, requerre ? »
Et il respondirent : « Oïl,
Lanceloz del' Lac, fone si il,
45 Qui passa au pont de l'espée :
Si l'a resqueusse et délivrée,
Et avoec nos-autres trestoz.
Mès traïz nos en a uns goz,
Uns nains boeuz et rechigniez:
50 Laidemant nos a enginiez,
Qui Lancelot nos a fortret.
Nos ne savons qu'il a mesfet. »
— « Et quant ? » fet mes sires Gauvains.
— « Sire, hui nos a ce fet li nains,
55 Molt près de ci, quant il et nos
Veniemes ancontre vos. »
— « Et, comant s'est-il contenuz
Puis qu'an cest païs fu venuz. »
Et cil li comancent à dire,
60 Si li recontent tire à tire
Si c'un tot seul mot n'i oblïent,
Et de la reïne li dïent,
Qu'ele l'atant et dit por voir
Que riens ne la feroit movoir
65 Del' païs tant qu'ele le voie,

Por novele que ele en oie.
Mes sires Gauvains lor respont :
« Quant nos partirons de cest pont
Irons-nos querre Lancelot. »
5170 N'i a un seul qui mialz ne l'ot
Qu'à la reïne ailleut ençois,
Si le fera querre li rois ;
Car il cuident qu'an traïson
L'ait fet ses filz metre an prison,
75 Méléaganz, qui molt le het.
Jà a leu, se li rois le set,
Ne sera qu'il uel' face randre :
Dès ore se puéent atandre.
A cest consoil tuit s'acordèrent
80 Tant que vers la cort s'aprochèrent
Où la reïne et li rois èrent ;
Et tot maintenant s'arotèrent
Et Kex avoec, li seneschax,
Et si estoit si desléax
6. f. 85 De traïson plains et conblez
Qui molt laidemant a troblez
Por Lancelot toz ces qui vienent.
Por mort et por traï se tienent,
S'an font grant duel que molt lor poise.
90 N'est pas la novele cortoise
Qui la reïne cest duel porte ;
Neporquant ele s'an déporte
Au plus belemant qu'ele puet ﹕
Por mon seignor Gauvain l'estnet
95 Auques esioir, si fet-ele.
Et neporquant mie ne cèle
Son duel que auques n'i apeire.
Et joie et duel li estuet feire :
Por Lancelot a le cuer vain,
5200 Et contre mon seignor Gauvain
Mostre sanblant de passe joie.
N'i a nul qui la novele oie
Ne soit dolanz et esperduz
De Lancelot qui est perduz.
5 De mon seignor Gauvain éust
Li rois joie et molt li pléust
Sa venue et sa conuissance ;
Mès tel duel a et tel pesance
De Lancelot qui est traïz,
10 Que mar an est et esbaïz.
Et la reïne le sémont
Et prie qu'aval et amont
Par sa terre querre le face
Tot sanz demore et sanz espace,
15 Et mes sires Gauvains et Ques.

Un trestot seul n'i a remès
Qui de ce nel' prit et semoingne.
— « Sor moi lessiez ceste besoigne,
Fet li rois, si n'an parlez jà
5220 Que j'en preiez grant pièce a.
Tot sanz proière et sanz requeste
Ferai bien feire ceste anqueste. »
Chascuns l'en ancline et soploie.
Li rois maintenant i envoie
25 Par son réaume ses messages,
Sergenz bien conéuz et sages,
Qui ont par tote la contrée
De lui novele demandée.
47. a. Par tot ont la novele anquise,
30 Mès n'en ont nule voire aprise.
N'an trovèrent point : si s'an tornent
Là où li chevalier séjornent,
Gauvains et Kex et tuit li autre,
Qui dient que, lance sor fautre,
35 Trestuit armé, querre l'iront :
Jà autrui n'i anvoieront.
Un jor après mangier estoient
Tuit an la sale où il s'armoient ;
S'estoit venu à l'estovoir
40 Qu'il n'i avoit que del' movoir,
Quant uns vaslez léanz antra
Et parmi aus oltre passa
Tant qu'il vint devant la reïne,
Qui n'avoit pas color rosine,
45 Que por Lancelot duel avoit
Tel, don noveles ne savoit,
Que la color en a muée.
Et li vaslez l'a saluée,
Et le roi qui de li fu près,
50 Et puis les autres toz après,
Et Queu et mon seignor Gauvain.
Unes letres tint an sa main :
S'estant le roi, et il les prant.
A tel qui de rien n'i mesprant.
55 Les fist li rois, oiant toz, lire,
Cil qui les lut lor sot bien dire
Ce qu'il vit escrit an la lue,
Et dit que Lanceloz salue
Le roi come son boen seignor,
60 Si le mercie de l'enor
Qu'il li a fet et del' servise,
Come cil qui est à devise
Trestoz an son comandemant.
Et sachiez bien certainnemant
65 Qu'il est avoec le roi Artu,

Plains de santé et de vertu,
Et dit qu'à la reïne mande
C'or s'an vaigne, s'ele comande,
Et mes sires Gauvains et Ques ;
5270 Et si a entresaignes tès
Qu'il durent croire. Et bien le crurent.
Molt lié et molt joiant an furent :
47. b. De joie bruit tote la corz,
Et l'andemain quant il ert jorz
75 Dient qu'il s'an voldront torner.
Et quant ce vint à l'ajorner
Si s'aparoillent et atornent :
Lièvent et montent, si s'an tornent.
Et li rois les sïlt et conduit
80 A grant joie et à grant déduit :
Une grant pièce de la voie
Fors de sa terre les convoie,
Et quant il les en ot fors mis
A la reïne a congié pris,
85 Et puiz à toz comunémant.
La reïne molt sagemant
Au congié prandre le mercie
De ce que il l'a tant servie,
Et ses deus braz au col li met :
90 Se li offre et si li promet
Son servise et le son seignor :
Ne li puet prometre graignor.
Et mes sires Gauvains ausi
Com à seignor et à ami,
95 Et Kex ausi, tuit le prometent.
Tantost à la voie se metent,
Si les comande à Deu li rois.
Toz les autres après ces trois
Salue, et puis si s'an retorne.
5300 Et la reïne ne séjorne
Nul jor de tote la semainne,
Nè la rote que ele anmainne,
Tant qu'à la cort vient la novele,
Qui au roi Artu fu molt bele,
5 De la reïne qui aproiche
Et de son neveu li retoiche
Grant joie au cuer et grant léesce,
Qu'il cuidoit que par sa proesce
Soit la reïne revenue,
10 Et Kex et l'autre genz menue ;
Mès autremant est qu'il ne cuident.
Por aus tote la vile vuident,
Si lor vont trestuit à l'encontre,
Et dit chascuns qui les ancontre,
15 Ou soit chevalier ou vilains :

« Bien vaingne mes sires Gauvains,
47. c. Qui la reïne a ramenée,
Et mainte dame eschcitivée,
Et maint prison nos a randu! »
5320 Et Gauvains lor a respondu:
« Seignor, de néant m'alosez,
Del' dire huimès vos reposez,
Qu'à moi nule chose n'an monte.
Ceste enors me fet une honte,
25 Que je n'i ving n'à tans n'à ore;
Failli i ai par ma demore.
Mès Lanceloz à tans i vint,
Cui si granz enors i avint
Qu'ainz n'ot si grant nus chevaliers. »
30 — « Où est-il donc, biax sire chiers,
Quant nos nel' véons ci elués? »
— Où?... fet mes sires Gauvains, lués,
A la cort mon seignor le roi.
Don n'i est-il? » — « Nenil, parfoi,
35 Nè an tote ceste contrée.
Puisque ma dame an fu menée
Nule novele n'an oïmes. »
Et mes sires Gauvains lors primes
Sot que les letres fausses furent
40 Qui les traïrent et déçurent.
Par les letres sont decéu.
Lors resont à duel esméu.
A cort vienent lor duel menant,
Et li rois trèstot maintenant
45 Anquiert noveles de l'afaire.
Assez fu qui li sot retraire
Comant Lanceloz a ovré,
Comant par lui sont recové
La reïne et tuit si prison;
50 Comant et par quel traïson
Li nains lor anbla et fortrest.
Ceste chose le roi desplest.
Et molt l'an poise et molt l'an grieve.
Mès joie le cuer li sozlieve,
55 Qu'il a si grant de la reïne,
Que li diax por la joie fine;
Quant la rien a que il plus vialt
De.' remenant petit se dialt. —
Demantres que fors del' païs
60 Fu la reïne, ce m'est vis,
47. d. Pristrent un parlemant antr'eles
Li dameisel, les dameiseles,
Qui desconseilliées estoient,
Et distrent qu'eles se voldroient
65 Marier molt prochiènement.

S'an pristrent à cel parlemant
Une abatine et un tornoi.
Vers celi de Pomelagoi
L'anprist la dame de Noauz.
5370 De cels qui le feront noauz
Ne tandront parole de rien,
Mès de ces qui le feront bien
Dient qu'eles voldront amer;
Sel' feront savoir et crier
75 Par totes les terres prochiènes
Et autresi par les loingtiènes,
Et firent à molt lonc termine
Crier le jor de l'abatine,
Porce que plus i éust genz.
80 Et la reïne vint dedenz
Le termine que mis i orent;
Et maintenant qu'eles le sorent
Que la reïne estoit venue
La voie ont cele part tenue
85 Les plusors tant qu'à la cort vindrent
Devant le roi, et si le tindrent
Molt an grant c'un don lor donast
Et lor voloir lor otréast.
Et il lor a acréanté,
90 Ainz qu'il séust lor volanté,
Qu'il seroit qu'anqu'eles voldroient.
Lors li distrent qu'eles voloient
Que il sofrist que la reïne
Venist véoir lor abatine.
95 Et cil qui rien veher ne sialt
Dist que lui plest s'ele le vialt.
Celes qui molt liées an sont
Devant la reïne s'an vont,
Si li dient enes-le-pas:
5400 « Dame, ne nos retolez pas
Ce que li rois nos a doné. »
Et ele lor a demandé:
« Quex chose est-ce, nel' me celez. »
Lors li dient: « Se vos volez
47. e. 5 A nostre abatine venir
Jà ne vos an quiert retenir,
Nè jà nel' vos contredira. »
Et ele dist qu'ele i ira
Dès que il le congié l'an done.
10 Tantost par tote la corone
Les dameiseles an envoient
Et mandent que eles devoient
Amener la reïne au jor
Qui estoit criez de l'estor.
15 La novele partot ala

Et loing et près, et çà et là:
S'est tant alée et estandue
Qu'el réaume fu espandue
Don nus retorner ne soloit;
5420 Mès ore quiconques voloit
Avoit et l'antrée et l'issue,
Et jà ne li fust deffandue.
Tant est par le réaume alée
La novele dite et contée,
25 Qu'ele vint chiés un seneschal
Méléagant le desléal,
Le traïtor que max feus arde!
Cil avoit Lancelot an garde:
Chiés lui l'avoit an prison mis
30 Méléaganz ses anemis,
Qui le haoit de grant haïne.
La novele de l'anhatine
Sot Lanceloz, l'ore et le terme.
Puis ne furent si oil sanz lerme,
35 Nè ses cuers liez, que il le sot.
Dolant et pansif Lancelot
Vit la dame de la meison;
Sel' mist à consoil à reison:
« Sire, por Deu et por vostre ame,
40 Voir me dites, fet-li la dame,
Por coi vos estes si changiez.
Vos ne bevez nè ne mangiez,
Nè ne vos voi joer nè rire:
Séuremant me poez dire
45 Vostre panser et vostre enui. »
— « Ha dame, se je dolanz sui,
Por Deu ne vos an merveilliez!
Voir que trop sui desconseilliez
47. f. Quant je ne porrai estre là
50 Où toz li biens del' mont sera:
A l'abatine où toz asanble
Li pueples, ensi com moi sanble,
Et neporquant s'il vos pleisoit,
Et Dex tant franche vos feisoit
55 Que vos aler m'i leissassiez,
Tot certeinnemant séussiez
Que vers vos si me contanroie
Qu'an vostre prison revandroie. »
— « Certes, fet-ele, jel' féisse
60 Molt volantiers se n'i véisse
Ma destrucion et ma mort.
Mès je criem mon seignor si fort,
Méléagant le dépitaire,
Que je ne l'oseroie faire,
65 Qu'il destruiroit mon seignor tot.

N'est mervoille se jel' redot,
Qu'il est si fel com vos savez. »
— « Dame, se vos péor avez
Que je tantost après l'estor
5470 An vostre prison ne retor,
Un sairement vos an ferai,
Dom jà ne me parjurerai,
Que jà n'iert riens qui me détaingne
Qu'an vostre prison ne revaigne
75 Maintenant après le tornoi. »
— « Par foi, fet-ele, et je l'otroi
Par un covant. » — « Dame par quel ?»
Ele respont : « Sire, par tel,
Que le retor me jureroiz
80 Et avoec m'aséureroiz
De vostre amor, que je l'aurai. »
— « Dame, tote celi que j'ai
Vos doing-je, voir, au revenir. »
— « Or m'an puis à néant tenir,
85 Fet la dame tot an riant;
Autrui par le mien esciant
Avez baillée et comandée
L'amor que vos ai demandée.
Et neporcant sanz nul desdaing
90 Tant con g'en puis avoir s'an praing:
A ce que je puis m'antandrai,
Et le sairement an prandrai,
48. a. Que vers moi si vos contendroiz
Que an ma prison revandroiz. »

95 Lanceloz tot a sa devise :
Le sairement sor sainte église
Li fet, qu'il revandra sanz faille.
Et la dame tantost li baille
Les armes son seignor, vermoilles,
5500 Et le cheval, qui à mervoilles
Estoit biax et forz et hardiz.
Cil monte, si s'an est partiz,
Armez d'unes armes molt beles,
Trestotes fresches et noveles.
5 S'a tant erré qu'à Noauz vint.
De cele partie se tint
Et prist fors de la vile ostel.
Einz si prodom n'ot mès itel,
Car molt estoit petiz et bas;
10 Mes herbergier ne voloit pas
An leu où il fust conéuz.
Chevaliers boens et esléuz
Ot molt el chastel amassez,
Mès plus en ot defors assez,

5515 Que por la reïne en i ot
Tant venu que li quinz n'i pot
Ostel avoir dedanz recet,
Que por un seul en i ot set
Don jà un tot seul n'i éust
20 Si por la reïne ne fust.
Bien .v. lieues tot anviron
Se furent logié li baron
Estrez ès loges et ès tantes.
Dames et dameiseles gentes
25 I r'ot tant que mervoille fu.
Lanceloz ot mis son escu
A l'uis de son ostel defors,
Et il, por aeisier son cors
Fu desarmez et se gisoit
30 En un lit qu'il molt po prisoit,
Qu'estroiz ert et la coute tanve,
Coverte d'un gros drap de chanve.
Lanceloz trestoz desarmez
S'estoit sor ce lit acostez.
35 Là ou il jut si povremant
Atant ez-vos un garnemant
48. b. Un hyraut d'armes an chemise,
Qui au la taverne avoit mise
Sa cote avoec sa chaucéure,
40 Et vint nuz piez grant aléure
Desafublez contre le vant.
L'escu trova à l'uis devant,
Si l'esgarda mès ne pot estre
Qu'il conéust lui nè son mestre ;
45 Ne set qui porter le devoit.
L'uis de la meison overt voit,
S'antre anz et vit gesir el lit
Lancelot, et puis qu'il le vit
Le conut et si s'an seigna.
50 Et Lanceloz le regarda
Et deffandi qu'il ne parlast
De lui an leu où il alast;
Que s'il disoit qu'il le séust
Mialz li vaudroit que il s'éust
55 Les ialz treiz ou le col brisié.
— « Sire, je vos ai molt prisié.
Fet li hyrauz, et toz jorz pris,
Nè jà tant com je soie vis
Ne ferai rien por nul avoir
60 Don malgré me doiez savoir. »
Tantost de la meison s'an saut.
Si s'an vet criant molt an haut :
« Or est venuz qui l'aunera !
Or est venuz qui l'aunera ! »

5565 Ice crioit partot li garz,
Et genz saillent de totes parz,
Se li demandent que il crie ?
Cil n'est tant hardiz que le die,
Einz s'an va criant ce méismes.
70 Et sachiez que dit fu lors prismes
« Or est venuz qui l'aunera ! »
Nostre mestre an fu li hyra
Qui à dire le nos aprist,
Car il premièremant le dist.

75 Là sont assanblées les rotes,
La reïne et les dames totes,
Et chevalier et autres genz,
Car molt i avoit des sergenz
De totes parz, destre et sénestre.
80 La où li tornoiz devoit estre
48. c. Ot unes granz loges de fust
Porce que la reïne i fust
Et les dames et les puceles :
Einz nus ne vit loges si beles
85 Nè si longues nè si bien faites.
Là si se sont l'andemain traites
Trestotes après la reïne
Qui véoir voldront l'abatine
Et qui mialz le fera ou pis.
90 Chevalier vienent dis et dis,
Et vint et vint, et trante et trante,
Çà quatrevint et çà nonante,
Çà cent, çà plus et çà deus çanz.
Si est l'asanblée si granz
95 Devant les loges et antor
Que il ancomancent l'estor.
Armé et desarmé asanblent,
Les lances un grant bois resanblent,
Que tant en i font aporter
5600 Cil qui s'an vuelent déporter,
Qu'il n'i paroit se lances non
Et banières et confanon.
Li josteor au joster muevent,
Qui conpaignons asez i truevent
5 Qui por joster venu estoient.
Et li autres se raprestoient
De faire autres chevaleries.
Si sont plainnes les praeries
Et les arées et li sonbre
10 Que l'an n'en puet esmer le nombre
Des chevaliers, tant en i ot.
Mèa n'i ot point de Lancelot
A cele première asanblée.

Mès quant il vint parmi la préc,
5615 Et li hiraux le voit venir,
De crier ne se pot tenir :
« Véez celui qui l'aunera !
Véez celui qui l'aunera ! »
Et l'an demande qui est-il ?
20 Ne lor an vialt rien dire cil.
Quant Lanceloz an l'estor vint
Il seus valoit des meillors vint :
Sel' cornance si bien à feire,
Que nus ne puet ses ialz retreire
48. d. 25 De lui esgarder, où qu'il soit.
Devers Pomelesglai estoit
Uns chevaliers preuz et vaillanz,
Et ses chevax estoit saillanz
Et corranz plus que cers de lande.
30 Cil estoit filz le roi d'Irlande,
Qui molt bien et bel le feisoit.
Mès quatre tanz à toz pleisoit
Li chevaliers qu'il ne conoissent ;
Trestuit de demander s'angoissent
35. Qui est cil qui si bien le fet.
Et la reïne à consoil tret
Une pucele cointe et sage
Et dit : « Dameisele, un message
Vos estuet feire, et tost le feites
40 A paroles briémant retreites.
Jus de ces loges avalez,
A ce chevalier m'an alez,
Qui porte cel escu vermoil,
Et si li dites à consoil
45 Que au noauz que je li mant. »
Cele molt tost et saigement
Fet ce que la reïne vialt :
Après le chevalier s'aquialt,
Tant que molt près de lui s'est jointe.
50 Si li dist come sage et cointe,
Que ne l'ot veisins nè veisine :
« Sire, madame la reïne
Par moi vos mande, et jel' vos di
Que au noauz... » Quant cil l'oï
55 Si li dist que molt volantiers,
Come cil qui est suens antiers.
Et lors contre un chevalier muet
Tant com chevax porter le puet,
Et faut quant il le dut férir ;
60 N'onques puis jusqu'à lanserir
Ne fist fau pis non que il pot,
Porce que la reïne plot.
Et li autres qui le requiert

N'a pas failli, einçois le fiert
5665 Grant cop, roidemant s'i apuie,
Et cil se met lors à la fuie,
Nè puis cel jor vers chevalier
Ne torna le col del' destrier.
48. a. Por amorir rien ne féist
70 Se la grant honte n'i véist
Et son leit et sa desenor :
Et fet sanblant qu'il ait peor
De toz ces qui vienent et vont.
Et li chevalier de lui font
75 Lor risées et lor gabois,
Qui molt le prisoient einçois.
Et li hirauz qui soloit dire :
« Cil les veincra trestoz à ire, »
Est molt maz et molt desconfiz,
80 Qu'il ot les gas et les afiz
De ces qui dient : « Or te tès,
Amis, cist ne l'aunera mès ;
Tant a auné c'or est brisiée
S'aune que tant nos as prisiée. »
85 Li plusor dient ce que doit :
« Il estoit si preuz orendroit,
Et or est si coarde chose
Que chevalier atandre n'ose.
Espoir, porce si bien le fist
90 Que mès d'armes ne s'antremist :
Se fu si forz à son venir
Qu'à lui ne se pooit tenir
Nus chevaliers, tant fust senez,
Qu'il feroit come forsenez.
95 Or a tant des armes apris,
Que jamès tant com il soit vis
N'aura talant d'armes porter.
Ses cuers n'es puet plus andurer
Qu'el monde n'a rien si mespoise. »
5700 A la reïne pas n'an poise,
Einz an est liée et molt li plest
Qu'ele set bien, et si s'an test,
Que ce est Lanceloz por voir.
Ensi tote nuit jusqu'au soir
5 Se fist cil tenir por coart.
Mès li bas-vespres les départ.
Au départir i ot grant plet
De ces qui mialz l'avoient fet.
Li filz le roi d'Irlande pansse
10 Sanz contredit et sanz deffanse
Qu'il ait tot le los et le pris ;
Mès laidemant i a mespris,
48. f. Qu'asez i ot de ses paraux,

Néis li chevaliers vermauz
5715 Plot as dames et as puceles,
Aus plus gentes et aus plus beles,
Tant qu'eles n'orent à nelui
Le jor babé tant com à lui,
Que bien orent véu comant
20 Il l'avoit fet premièremant,
Com il estoit preuz et hardiz,
Puis r'estoit si acoardiz
Qu'il n'osoit chevalier atendre,
Einz le poist abatre et prandre
25 Toz li pires, se il volsist.
Mès à totes et à toz sist
Que l'andemain tuit revandront
A l'abatine, et si prandront
Ces cui le jor seroit l'enors
30 Les dameiseles à seignors.
Ensi le dient et atornent :
Atant vers les ostex s'an tornent.
Et quant il vindrent as ostex
An plusors leus an ot de tex
35 Qui an comancièrent à dire :
« Où est des chevaliers, li pire
Et li néanz et li despiz ?
Où est alez, où est tapiz ?
Où est alez, où le querrons ?
40 Espoir jamès ne le verrons
Que malvestiez l'en a chacié
Dom il a tel fès anbracié
Qu'el monde n'a rien si malveise ;
N'il n'a pas tort, car plus à eise
45 Est uns malvès cent mille tanz
Que n'est uns preuz, uns conbatanz :
Malvestiez est molt alisiée.
Porce l'a-il an pès beisiée,
S'a pris de li quanque il a.
50 Onques, voir, tant ne s'avilla
Proesce qu'an lui se méist,
Nè que près de lui s'asëist ;
Mès an lui s'est tote reposte
Malvestiez, s'a trové tel oste
55 Qui tant l'aimme et qui tant la sert
Que por s'enor la soe pert. »
49. a. Ensi tote nuit se dégenglent
Cil qui de mal dire s'estrenglent.
Mes tex dit sovant mal d'autrui
60 Qui est molt pires de celui
Que il blasme et que il despit.
Chascuns ce que lui plest an dit ;
Et quant ce vint à l'anjornée

Refu la genz tote atornée :
5765 Si s'au vindrent à l'anhantine.
.N Es loges refu la reïne
Et les dames et les puceles,
Si ot chevaliers avoec eles
Assez, qui armes ne portèrent,
70 Qui prison ou croisié se èrent.
Et cil les armes lor devisent
Des chevaliers que il plus prisent.
Antr'ax dient : « Véez-vos or
Celui à cele bande d'or
75 Parmi cel escu de bernic ?
C'est Governauz de Roberdic.
Et véez-vos celui après,
Qui an son escu près après
A mise une aigle et un dragon ?
80 C'est li filz le roi d'Arragon,
Qui venuz est an ceste terre
Por pris et por enor conquerre.
Et véez-vos celui dejoste
Qui si bien point et si bien joste
85 A cel escu vert d'une part
(S'a sor le vert point un liepart)
Et d'azur est l'autre mitiez ?
C'est Ignaurès li covoitiez ,
Li amoreus et li pleisanz.
90 Et cil qui porte les feisanz
An son escu poinz bec à bec :
C'est Coguillanz de Mantirec.
Et véez-vos ces deus delez
A ces deus chevax pomelez,
95 As escuz d'or as lyons bis ?
Li uns a non Sémiramis,
Et li autres est ses conpainz :
Sont d'un sanblant lor escuz tainz.
Et véez-vos celui qui porte
5800 An son escu pointe une porte,
49. b. Si sanble qu'il s'an isse uns cers ?
Par foi ce est li rois Iders. »
Ensi devisent dès les loges.
« Cil escuz fu fez à Lymoges ,
5 Si l'an aporta Pilades
Qui an estor vialt estre adès
Et molt le désirre et golose.
Cil autres fu fez à Tolose
Et li lorains et li pettrax :
10 Si l'en aporta cuens Destrax.
Cil vint de Lyon sor le Rosne :
N'a nul si boen desoz le trosne ;
Si fu par une grant desserte

Donez Taulas de la déserte ,
5815 Qui bel le porte et bien s'an cuevre.
Et cil autres si est de l'uevre
D'Engleterre , et fu fez à Londres,
Où vos véez ces deus arondres
Qui sanblent que voler s'an doivent ,
20 Mès ne se muevent, ainz reçoivent
Mainz cos des aciers Poitevins :
Sel' porte Thoas li meschins. »
Ensi devisent et déboissent
Les armes de ces qu'il conoissent ;
25 Mès de celui mie n'i voient
Qu'an tel despit éu avoient ;
Si cuident qu'il s'an suit anblez,
Quant à l'estor n'est assanblez.
Quant la reïne point n'an voit
30 Talanz li prist qu'ele l'anvoit
Les rans cerchier tant qu'an le truisse.
Ne set cui envoier i puisse
Qui mialz le quière de celi
Qui hier i ala de par li.
35 Tot maintenant à li l'apele,
Si li dit : « Alez , dameisele ,
Monter sor vostre palefroi.
Au chevalier d'ier vos envoi,
Sel' querrez tant que vos l'aiez.
40 Por rien ne vos an délaiez
Et tant si li redites or
Qu'au noauz le reface ancor.
Et quant vos l'an anroiz sémons
S'antandez bien à son respons. »
49. c. 45 Cele de rien ne s'en retarde
Qui bien s'estoit donée garde
Le soir quel part il torneroit,
Porce que sanz dote savoit
Qu'ele i reseroit anvoiée.
50 Parmi les rans s'est avoiée
Tant qu'ele vit le chevalier ;
Si li vet tantost conseillier
Que ancor au noauz le face
S'avoir vialt l'amor et la grace
55 La reïne, qu'ele li mande.
Et cil dès qu'ele le comande
Li respont la soe merci.
Tantost cele se départi,
Et lors comancent à huier
60 Vaslet, sergent et escuier,
Et dient tuit : « Véez mervoilles
De celui as armes vermoilles !
Revenuz est , mès que fet-il ? »

Jà n'a el monde rien tant vil
5865 Si despité nè si faillie.
Si l'a malvestiez an baillie
Qu'il ne puet rien contre li faire. »
Et la pucele s'an repaire :
S'est à la reïne venue
70 Qui molt l'a corte et près tenue
Tant que la response ot oïe
Dom ele s'est molt esjoïe,
Por ce c'or set-ele sanz dote
Que ce est cil cui ele est tote,
75 Et il toz suens, sanz nule faille.
— A la pucele dit qu'ele aille
Molt tost arrière et si li die
Que ele li comande et prie
Que au mialz face qu'il porra.
80 Et cele dit qu'ele i ira
Tot maintenant sanz respit querre.
Des loges est venue à terre
Là où ses garçons l'atandoit ,
Qui son palefroi li gardoit ;
85 Et ele monte, si s'an va
Tant que le chevalier trova.
Si li ala maintenant dire :
« Or vos mande ma dame , sire ,
49. d. Que tot le mialz que vos porroiz . . . . »
90 Et il respont : « Or li diroiz
Qu'il n'est riens nule qui me griet
A feire dès que il li siet,
Que quanque li plest m'atalante. »
Lors ne fu mie cele lante
95 De son message reporter,
Que molt an cuide déporter
La reïne et esléescier.
Quanqu'ele se pot adrécier
S'est vers les loges adréciée.
5900 Et la reïne s'est dréciée ,
Se li est à l'ancontre alée ,
Mès n'est mie jus avalée,
Einz l'atant au chief del' degré.
Et cele vient, qui molt a gré
5 Li sot son message conter.
Les degrez comance à monter ,
Et quant ele est venue à li
Si li dist : « Dame , onques ne vi
Nul chevalier tant déboneire
10 Qu'il vialt si oltréemant feire
Trestot quanque vos li mandez.
Que se le voir m'an demandez,
Autel chière tot par igal

Fet-il del' bien come del' mal. »
5915 — « Par foi, fet-ele, bien puet estre. »
Lors s'an retorne à la fenestre
Por les chevaliers esgarder.
Et Lanceloz sanz plus tarder
L'escu par les enarmes prant,
20 Que volentez l'art et esprant
De mostrer tote sa proesce.
Le col de son destrier adresce
Et lesse corre antre deus rans.
Tuit seront esbaudi partans
25 Li deceu, li amusé
Qui an lui gaber ont usé
Pièce del' jor et de la nuit.
Molt s'an sont grant pièce déduit
Et déporté et solacié.
30 Par les enarmes anbracié
Tint son escu li filz le roi
D'Irlande, et point à grant desroi
49. c. De l'autre part ancontre lui.
Si s'antrefièrent anbedui
35 Si que li filz le roi d'Irlande
De la joste plus ne demande.
Que sa lance fraint et estrosse,
Car ne féri mie sor mosse
Mès sor ais molt dures et sèches.
40 Lanceloz une de ses teches
Li a aprise à cele joste,
Que l'escu au braz li ajoste,
Et le braz au costé li serre,
Sel' porte del' cheval à terre.
45 Et tantost chevalier descochent.
D'anbedeus parz poignent et brochent,
Li uns por l'autre desconbrer.
Et li autres por l'encontrer.
Li un lor seignor cidier cuident,
50 Et des plusors les seles vuident
An la meslée et an l'estor;
Mès onques an trestot le jor
Gauvains d'armes ne se mesla,
Qui ert avoec les autres là,
55 Qu'à esgarder tant li pleisoit
Les proesces que cil feisoit
As armes de sinople taintes,
Qu'estre li sanbloient estaintes
Celes que li autre feisoient,
60 Envers les soes ne paroient.
Et li hyrauz se resbaudist
Tant qu'oiant toz cria et dist :
« Or est venuz qui l'aunera !

Huimès verroiz que il fera,
5965 Huimès aparra sa proesce. »
Et lors li chevaliers s'adresce
Son cheval et fet une pointe
Ancontre un chevalier molt cointe,
Et fiert si qu'il le porte jus
70 Loing del' cheval cent piez ou plus.
Si bien à faire le comance
Et de l'espée et de la lance,
Que il n'est hom qui armes port
Qu'à lui véoir ne se déport.
75 N'es maint de ces qui armes portent
Si redelitent et déportent
49. f. Que granz déporz est de véoir
Con fet trabuchier et chéoir
Chevax et chevaliers ansanble.
80 Gaires à chevalier n'asanble
Qu'au sele de cheval remaingne.
Et les chevax que il gaaigne
Done à toz ces qui les voloient.
Et cil chevalier le suioient,
85 Dient : « Honi somes et mort.
Molt avomes éu grant tort
De lui despire et avillier;
Certes il valt bien un millier
De tex a en cest champ assez,
90 Que il a vaincuz et passez
Trestoz les chevaliers del' monde,
Qu'il n'i a uns qu'à lui s'aponde. »
Et les dameiseles disoient,
Qui à mervoilles l'esgardoient,
95 Que cil les tolt à marier,
Car tant ne s'osoient fier
En lor biautez, n'an lor richeces,
N'an lor pooir, n'an lor hauteces,
Que por biauté nè por avoir
6000 Deignast nule de les avoir
Cil chevaliers, que trop est prouz.
Et neporquant se font tex vouz
Les plusors d'eles, qu'eles dient
Qne s'an cestui ne se marient
5 Ne seront ouan mariées,
N'à mari n'à seignor donées.
Et la reïne qui antant
Ce dom eles se vont vantant,
A soi mëisme an rit et gabe;
10 Bien set que por tot l'or d'Arrabe,
Qui trestot devant li metroit,
La meillor d'eles ne prandroit,
La plus bele nè la plus gente,

Cil qui à totes atalante.
6015 Et lor volontez est comune,
Si qu'avoir le voldroit chascune ;
Et l'une est de l'autre jalouse,
Si com s'ele fust jà s'espouse,
Porce que si adroit le voient,
20 Qu'eles ne pansent nè ne croient
50. a. Que nus d'armes tant lor pleisoit,
Poïst ce feire, qu'il feisoit.
Si bien le fist qu'au départir
D'andeus parz distrent sanz mantir
25 Que n'i avoit éu paroil
Cil qui porte l'escu vermoil.
Trestuit le distrent et voirs fu.
Mès au départir son escu
Leissa an la presse chéoir
30 Là où greignor la pot véoir ;
Et sa lance et sa coverture;
Puis si s'an va grant aléure.
Si s'an ala si en anblée
Que nus de tote l'asanblée
35 Qui là fust, garde ne s'an prist.
Et cil à la voie se mist :
Si s'an ala molt tost et droit
Cele part don venuz estoit,
Por aquiter son sairemant.
40 Au partir del' tornoiemant
Le quièrent et demandent tuit:
N'an truevent point, car il s'an fuit,
Qu'il n'a cure qu'an le conoisse.
Grant duel en ont et grant angoisse.
45 Li chevalier, qui an féissent
Grant joie se il le tenissent.
Et se aus chevaliers pesa
Quant il ensi lessiez les a,
Les dameiseles quant le sorent
50 Asez plus grant pesance en orent,
Et dient que par Saint Johan
Ne se marieront ouan.
Quant celui n'ont qu'eles voloient
Toz les autres quites clamoient,
55 L'anhantine ensi départi
C'onques nule n'an prist mari,
Et Lanceloz pas ne séjorne
Mès tost an sa prison retorne.
Et li seneschax vint ençois
60 De Lancelot deus jorz ou trois:
Si demande où il estoit.
Et la dame qui li avoit
Ses armes vermoilles bailliées

15

Bien et beles apareilliées,
b. 6065 Et son hernois et son cheval,
Le voir an dist au seneschal,
Comant ele l'ot anvoié
Là où en avoit tornoié
A l'ahatine de Noauz.
70 — « Dame, voir, fet li seneschauz,
Ne poissiez faire noaus.
Molt m'an vanra, ce cuit, granz maus,
Que mes sires Méléaganz
Me fera pis que li jaianz
75 Se j'avoie esté périlliez.
Morz an serai et essiliez
Maintenant que il le saura,
Que jà de moi pitié n'aura. »
— « Biax sire, or ne vos esmaiez,
80 Fet la dame; mie n'aiez
Tel péor qu'il ne vos estuet.
Riens nule retenir nel' puet
Que il le me jura sor sainz
Qu'il vanroit, jà ne porroit ainz. »
85 Li seneschaus maintenant monte,
A son seignor vint se li conte
Tote la chose et l'avanture;
Mes ice molt le raséure
Que il li dit con faitemant,
90 Sa fame an prist la sairemant
Qu'il revandroit an la prison.
— « Il n'an fera jà mesprison,
Fet Méléaganz, bien le sai;
Et neporquant grant duel en ai
95 De ce que vostre fame a fait.
Je nel' volsisse por nul plait
Qu'il éust esté an l'estor.
Mès or vos metez au retor
Et gardez quant il iert venuz,
6100 Qu'il soit an tel prison tenuz
Qu'il n'isse de la prison fors,
Nè n'ait nul pooir de son cors:
Et maintenant le me mandez. »
— « Fet iert si com vos comandez. »
5 Fet li seneschax; si s'an va,
Et Lancelot venu trova
Qui prison tenoit an sa cort.
Uns messages arrière cort
50. c. Que li seneschax en envoie
10 A Méléagant droite voie;
Si li a dit de Lancelot
Qu'il est venuz. Et quant il l'ot
Si prist maçons et charpantiers

Qui à enuiz ou volantiers
6115 Firent ce qu'il lor comanda.
Les meillors del' païs manda,
Si lor a dit qu'il li féissent
Une tor et poinne i méissent,
Ençois qu'ele fust tote feite,
20 Sor la mer, et la pierre treite,
Que près de Gorre iqui delez
An cort uns braz et granz et lez:
Enmi le braz une isle avoit
Que Méliaganz bien savoit.
25 Là comanda la pierre à traire
Et le merrein por la tor faire.
An moins de cinquante et sept jorz
Fu tote parfeite la torz,
Forz et espesse et longue et lée.
30 Quant ele fu ensi fondée
Lancelot amener i fist
Et an la tor ensi le mist,
Puis comanda les huis barrer,
Et fist toz les maçons jurer
35 Que jà par aus de cele tor
Ne sera parole à nul jor.
Ensi volt qu'ele fust célée,
Nè n'i remest huis nè antrée
Fors c'une petite fenestre.
40 Léanz covint Lancelot estre.
Si li donoit l'an à mangier
Molt povremant et à dongier
Par cele fenestre petite
A ore devisée et dite,
45 Si con l'ot dit et comandé
Li fel plains de desléauté.
Or a tot fet quanque il vialt
Méléaganz: après s'aquialt
Droit à la cort le roi Artu:
50 Estes-le vos jà là venu.
Et quant il vint devant le roi
Molt plains d'orguel et de desroi
50. d. A comanciée sa reison:
« Rois, devant toi an ta meison
55 As une bataille arramie,
Mès de Lancelot n'i voi mie,
Qui l'a enprise ancontre moi.
Et neporquant si con je doi
Ma bataille, oiant toz present
60 Ces que céanz voi an presant.
Et s'il est céanz, avant veingne
Et soit tex que covant me teigne
An vostre cort d'ui en un an.

Ne sai s'onques le vos dist l'an
6165 An quel menière et an quel guise
Ceste bataille fu anprise;
Mès je voi chevaliers céanz
Qui furent à noz covenanz,
Et bien dire le vos sauroient
70 Se voir reconnistre an voloient.
Mès se il le me vialt noier
Jà n'i loierai soldoier,
Einz le mosterrai vers son cors. »
La reïne qui séoit lors
75 Delez le roi à soi le tire
Et si li en comance à dire:
« Sire, savez-vos qui est cist?
C'est Méléaganz qui me prist
El conduit Kex le seneschal.
80 Assez li fist et honte et mal. »
Et li rois li a respondu:
« Dame, je l'ai bien antendu;
Je sai molt bien que ce est cil
Qui tenoit ma gent an essil. »
85 La reïne plus n'an parole.
Li rois atorne sa parole
Vers Méléagaut, si li dist:
« Amis, fet-il, se Dex m'aït,
De Lancelot nos ne savons
90 Noveles, don grant duel avons. »
— « Sire rois, fet Méléaganz,
Lanceloz me dist que céanz
Le troveroie-je sanz faille;
Nè je ne doi ceste bataille
95 Sémondre s'an vostre cort non.
Je vuel que trestuit cist baron
50. e. Qui ci sont m'an portent tesmoing
Que d'ui en un an l'en sémoing
Par les covanz que nos féismes,
6200 Là où la bataille préismes. »

A cest mot an estant se lieve
Messires Gauvains, cui molt grieve
De la parole que il ot,
Et dit: « Sire, de Lancelot
5 N'a point en tote ceste terre;
Mès nos l'anvoieromes querre,
Se Deu plest sel' trovera l'an
Ençois que veigne au chief de l'an
S'il n'est morz ou anprisonez.
10 Et s'il ne vient si me donez
La bataille, je la ferai:
Por Lancelot m'an armerai

Au jor se il ne vient ençois. »
— « Ha, por Deu, biax sire rois,
6215 Fet Méléaganz, donez-li:
Il la vialt et je vos an pri,
Qu'el monde chevalier ne sai
A cui si volentiers m'essai,
Fors que Lancelot seulemant.
20 Mès sachiez bien certainemant,
S'à l'un d'aus deus ne me conbat,
Nul eschange nè nul rabat
Fors que l'un d'aus deus n'an prandroie. »
Et li rois dit que il l'otroie
25 Se Lanceloz ne vient dedanz.
Atant s'an part Méléaganz
Et de la cort le roi s'an va.
Ne fina tant que il trova
Le roi Bademagu son père.
30 Devant lui, porce que il père
Qu'il est preuz et de grant afeire,
Comança un sanblant à feire
Et une chière merveilleuse.
Ce jor tenoit cort molt joieuse
35 Li rois à Bode sa cité,
Jorz fu de sa natevité,
Porce la tint grant et plenière.
Si ot gent de mainte menière
Avoec lui venu plus qu'assez.
40 Toz fu li palès antassez
50. f, De chevaliers et de puceles.
Mès une en i ot avoec eles
Don bien vos dirai ça avant,
(Cele estoit suer Méléagant)
45 Mon pansser et m'antencion;
Mès n'an vuel feire mancion,
Car n'afiert pas à ma matire
Que ci androit an doie dire,
Nè je ne la vuel boceier
50 Nè corronpre nè forceier,
Mès mener boen chemin et droit.
Et si vos dirai orandroit
Où Méléaganz est venuz
Qui oiant toz, gros et menuz,
55 Dist à son père molt en haut:
« Père, fet-il, se Dex vos saut!
Se vos plest or me dites voir,
Se cil ne doit grant joie avoir
Et se molt n'est de grant vertu,
60 Qui à la cort le roi Artu
Par ses armes se fet doter? »
Li pères sans plus escoter

A sa demande li respont:
— « Filz, fet-il, tuit cil qui boen sont
6265 Doivent enorer et servir
Celui qui ce puet desservir,
Et maintenir la conpaignie. »
Lors le blandist et si li prie,
Et dit c'or ne soit mès téu
70 Por coi a ce amantéu,
Qu'il quiert? qu'il vialt? et dom il vient?
— « Sire, ne sai s'il vos sovient,
Ce dit ses filz Méléaganz,
Des esgarz et des covenanz
75 Qui dit furent et recordé
Quant par vos fumes acordé
Et moi et Lancelot ansanble.
Bien vos an manbre ce me sanble,
Que devant plusors nos dist l'an
80 Que nos fussiens au chief de l'an
An la cort Artu prest andui.
G'i alai quant aler i dui,
Apareilliez et aprestez
De ce porcoi g'i ère alez.
51. a. 85 Tot ce que je dui faire fis:
Lancelot demandai et quis,
Contre cui je devoie ovrer;
Mès nel' poi véoir nè trover:
Foïz s'an est et destornez.
90 Or si m'an sui par tel tornez
Que Gauvains m'a sa foi plévie
Que se Lanceloz n'est an vie,
Et se dedanz le terme mis
Ne vient, bien m'a dit et promis
95 Que jà respiz pris n'an sera,
Mès il-méismes la fera
Ancontre moi por Lancelot.
Artus n'a chevalier qu'an lot
Tant com cestui, c'est bien séu;
6300 Mès ainz que florissent séu
Verrai-ge, s'au férir venons,
S'au fet s'acorde li renons.
Et mon vuel seroit orandroit, ... »
— « Filz, fet li pères, or en droit
5 Te fez ici tenir por sot.
Or set tex qui devant nel' sot
Par toi-méismes ta folie.
Voirs est que boens cuers s'umilie,
Mès li fos et li descuidiez
10 N'iert jà de folie vuidiez.
Filz, por toi le di, que tes tèches
Parsont si dures et si sèches

Qu'il n'i a dolçor n'amitié.
Li tuens cuers est trop sanz pitié:
6315 Trop es de la folie espris.
C'est ce porcoi ge te mespris,
C'est ce qui molt t'abeissera.
Se tu es preuz assez sera
Qui le bien an tesmoingnera
20 A l'uevre qui besoingnera:
N'estuet pas prodome loer
Son cuer por son fet aloer,
Que li fez-méismes se loe;
Néis la monte d'une aloe
25 Ne t'aïde à monter an pris
Tes los mès assez mainz t'en pris.
Filz, je te chasti; mès cui chaut?
Quanqu'an dit à fol petit vaut,
Que cil ne se fet fors débatre
51. b. 30 Qui de fol vialt folie abatre,
Et biens qu'an anseigne et descuevre
Ne valt rien s'an nel' met à oevre,
Einz est lués alez et perduz. »
Lorz fu durement esperduz
35 Méléaganz et forssené.
Onques home de mère né,
Ce vos puis-je por voir dire,
Ne véistes ausi plein d'ire
Com il estoit; et par corroz
40 Fu ilueques li festaz roz,
Car de rien nule ne blandist
Son père, mès itant li dist:
« Est-ce songes où vos resvez,
Qui dites que je sui desvez?
45 Porce se je vos cont mon estre?
Com à mon seignor cuidoie estre
A vos venuz, com à mon peire;
Mès ne sanble pas qu'il apère,
Car plus vilmant me leidoiez,
50 Ce m'est avis, que ne doiez;
Nè reison dire ne savez
Por coi ancomancié l'avez. »
— « Si faz assez et vos de quoi
Que nule rien an toi ne voi
55 Fors seulemant forssan et rage.
Je conuis molt bien ton corage
Qui ancor grant mal te fera.
Et dahait qui jà cuidera
Que Lanceloz, li bien apris,
60 Qui de toz forz de toi a pris,
S'an soit par ta crieme foïz;
Mès espoir qu'il est anforz

Ou an tel prison anserrez,
Don li huis est si fort serrez
6365 Qu'il n'an puet issir sanz congié.
Certes c'est la chose dont gié
Seroie duremant iriez
S'il estoit morz ou anpiriez.
Certes, trop i auroit grant perte,
70 Se criature si aperte,
Si bele, si preuz, si série
Estoit si apartans périe ;
1. c. Mès c'est mançonge, se Deu plest. »
Atant Bademaguz se test ;
75 Mès quanqu'il ot dit et conté
Ot antendu et escouté
Une soe fille pucele,
(Et sachiez bien que ce fu cele
C'or ainz amantoi an mon conte)
80 Qui n'est pas liée quant an conte
Tex noveles de Lancelot.
Bien aparçoit qu'an le célot
Quant an n'an set nè vant nè voie.
— « Ja Dex, fet-ele, ne me voie
85 Quant je jamès reposerai
Jusque tant que je an saurai
Novele certainne et veraie ! »
Maintenant sanz nule delaie,
Sanz noise feire et sanz murmure,
90 S'an cort monter sor une mure
Molt bele et molt soef portant.
Mès de ma part vos di-ge tant,
Qu'ele ne set onques quel part
Torner quant de la cort se part ;
95 N'ele nel' set, n'ele nel' trueve,
Mès el premier chemin qu'el trueve
S'an antre et va grant aléure,
Ne set où, mès par avanture,
Sanz chevalier et sanz sergent.
6400 Molt se haste, molt est an grant
De consivre ce qu'ele chace.
Molt se porquiert, molt se porchace,
Mès ce n'iert jà mie si tost :
N'estuet pas qu'ele se repost
5 Nè demort an un leu grammant
S'ele vialt feire avenammant
Ce qu'ele a anpanssé à faire,
C'est Lancelot de prison traire,
S'el le trueve et feire le puisse.
10 Mès je cuit qu'ainçois qu'el le truisse
En aura maint païs cerchié,
Maint alé et maint reverchié

Ainz que nule novèle an oie.
Mès que valdroit se je contoie
6415 Nè ses gistes nè ses jornées ?
Mès tantes voies a tornées,
51. d. Amont, aval, et sus et jus,
Que passez fu li mois ou plus
C'onques plus aprandre n'an pot,
20 Nè moins qu'ele devant an sot,
Et c'est néanz tot an travers.
Un jor s'an aloit à travers
Un champ molt dolante et pansive,
Et vit bien loing, lez une rive,
25 Près d'un braz de mer une tor,
Mès n'avoit d'une liue antor
Meison nè buiron nè repeire.
Méléaganz l'ot feite feire,
Qui Lancelot mis i avoit;
20 Mès cele néant n'an savoit.
Et si tost com el l'ot véue
S'i a si mise sa véue
Qu'aillors ne la torne nè met.
Et ses cuers très bien li promet
35 Que c'est ce qu'ele a tant chacié :
Mès ore an est venue à chié
Qu'à droite voie l'a menée
Fortune, qui tant l'a penée.

La pucele la tor aproche
40 Et tant a alé qu'ele i toche.
Antor va oreille et escote,
Et si met s'antencion tote
S'à voir non se ele i oïst
Chose dont ele s'esjoïst.
45 Aval esgarde et amont bée :
Si voit la tor et longue et lée ;
Mès merveille a ce que puet estre,
Qu'ele n'i voit huis nè fenestre,
Fors une petite et estroite ;
50 An la tor qui est haute et droite
N'avoit eschiele nè degré.
Porce croit que c'est fet de gré
Et que Lanceloz est dedanz.
Mès ainz qu'ele manjut des danz
55 Saura se ce est voirs ou non.
Lors le vet apeler par non :
Apeler voloit Lancelot,
Mès ce l'atarde que ele ot,
Andemantiers que se teisot,
60 Une voiz qui un duel feisoit
51. e. An la tor merveilleuse et fort,

Qui ne queroit el que la mort.
La mort covoite et trop se diaut :
Trop par a mal et morir viaut;
6465 Sa vie et son cors despisoit
A la foiée, si disoit
Foiblemant à voiz basse et roe:
« Ha [has] fortune con ta roe
M'est ore leidemant tornée !
70 Malemant la m'as bestornée,
Car g'ière el mont, or sui el val :
Or avoie bien, or ai mal :
Or me plores, or me rioies.
Las, cheitis, porcoi le feisoies
75 Quant ele si tost t'a lessié !
Au po d'ore m'a abessié
Voiremant de si haut si bas.
Fortune, quant tu me gabas
Molt féis mal, mès toi que chaut !
80 A néant est comant qu'il aut.
Ha, sainte croiz, sainz esperiz,
Con sui perduz, con sui péris !
Ha Gauvain, vos qui tant valez,
Com sui del' tot an tot alez,
85 Qui de bontez n'avez paroil,
Certes, duremant me mervoil
Porcoi vos ne me secorez !
Certes, trop i pardemorez,
Si ne feites pas corteisie.
90 Bien déust avoir vostre aïe
Cil cui tant soliez amer !
Certes, de çà nè de la mer,
Ce puis-je bien dire sanz faille,
N'éust d'estor nè repostaille
95 Où je ne vos éusse quis
A tot le moins .vij. anz ou dis.
Se je an prison vos séusse,
Einz que trové ne vos éusse.
Mès de coi me vois débatant !
6500 Il ne vos an est mie atant
Qu'antrer an vuilliez an la poinne.
Li vilains dit bien voir qu'à poinne
Puet an mès un ami trover !
De légier puet-an esprover
52. f. 5 Au besoing qui est boens amis.
Las ! plus a d'un an qu'an m'a mis
Ci an ceste tor an prison.
Gauvain, jel' tieng à mesprison,
Certes, quant lessié m'i avez !
10 Mès espoir que vos nel' savez,
Espoir que je vos blasme à tort.

Certes, voirs est, bien m'an recort
Et grant oltrage et grant mal fis
Quant jel' cuidai, car je sui fis
6515 Que por quanque cuevrent les nues
Ne fust que n'i fussent venues
Vos genz et vos por moi forstraire
De cest mal et de cest contraire,
Se vos de voir le séussiez ;
20 Et feire le redéussiez
Par amor et par conpaignie,
Qu'autremant ne le redi mie.
Mès c'est néanz, ce ne puet estre.
Ha, de Deu et de saint Cervestre
25 Soit maudiz ! et Dex le destine
Qui à tel honte me défine !
C'est li pires qui soit au vie,
Méléaganz, qui par envie
M'a fet tot le pis que il pot ! »
30 Atant se coise, atant se tot
Cil qui à doler sa vie use.
Mès lors cele qui aval muse
Quanqu'il ot dit et entandu ;
N'a plus longuemant atandu
35 C'or set qu'ele est bien assenée,
Si l'apele come senée,
« Lancelot ! » quanqu'il puet et plus :
« Amis, vos qui estes lessus,
Parlez à une vostre amie ! »
40 Mès cil dedanz ne l'oï mie.
Et cele plus et plus s'esforce,
Tant que cil qui n'a point de force
L'antr'oï : si s'an merveilla
Que puet estre qui l'apela.
45 La voiz oiant, apeler s'ot,
Mès qui l'apele il ne le sot.
Fantosme cuide que ce soit.
Tot entor soi garde et porvoit
52. a. Savoir se il verroit nelui ;
50 Mès ne voit fors la tor et lui.
— « Dex, fet-il, qu'est ice que j'oi ?
J'oi parler et néant ne voi !
Par foi, ce est plus que mervoille,
Si ne dor-je pas ençois voille.
55 Espoir, s'il m'avenist an songe
Cuidasse que ce fust mançonge;
Mès je voil et porce me grieve. »
Lors à quelque poinne se lieve
Et va vers le pertuis petit
60 Bonemant, petit et petit.
Et quant il i fu si s'acoste

Sus et jus, delonc et de coste.
Quant sa véue a mise fors
Si com il puet esgarde : lors
6565 Vit celi qui huchié l'avoit.
Ne la conut, mès il la voit.
Mès cele tantost conut lui,
Si li dit : « Lanceloz, je sui
Por vos querre de loing venue.
70 Or est si la chose avenue,
Deu merci, c'or vos ai trové.
Je suis cele qui vos rové,
Quant au pont de l'espée alastes,
Un don, et vos me-le donastes
75 Molt volantiers quant jel' vos quis :
Ce fu del' chevalier conquis
Le chief que je vos fis tranchier,
Que je nespoint n'avoie chier.
Por ce don et por ce servise
80 Me sui an ceste poinne mise :
Por ce vos metrai fors de ci. »
— « Pucele, la vostre merci,
Fet donques li anprisonez :
Bien me sera guerredonez
85 Li servises que je vos fis,
Se je fors de céans sui mis.
Se fors de ci me poez metre
Por voir vos puis dire et prometre
Que je toz [jorz] mès serai vostres,
90 Si m'aïst Sainz Pos li apostres !
Et se je Deu voie an la face
Jamès n'iert jorz que je ne face
52. b. Quanque vos pleira comander.
Ne me sauroiz jà demander
95 Chose nule, por que je l'aie,
Que vos ne l'aiez sanz délaie. »
— « Amis, jà de ce ne dotez
Que bien n'an soiez fors botez.
Hui seroiz desclos et délivres.
6600 Je nel' letroie por mil livres
Que forz n'an soiez ainz le jor.
Lors vos metrai à grant sejor,
A grant repos, et à grant aise.
Jà n'aurai chose qui vos plaise,
5 Se vos la volez ne l'aiez.
Jà de rien ne vos esmaiez.
Mès ençois me covient porquerre,
Où que soit ci an ceste terre
Aucun engin, se je le truis,
10 Com puisse croistre cest pertuis
Tant que vos issir an puissiez. »

— « Et Dex doint que vos le truissiez !
Fet se cil qui bien s'i acorde :
Et j'ai céanz à planté corde
6615 Que li sergent baillée m'ont
Por traire le mangier amont,
Pain d'orge dur et ève troble
Qui le cuer et le cors me troble. »
Lors la fille Bademagu
20 Un pic fort, quarré et agu
Porquiert, et tantost si le baille
Celui, qui tant an hurte et maille
Et tant a féru et boté,
Neporquant s'il li a grevé,
25 Qu'issuz s'an est légièremant.
Or est à grant alégemant,
Or a grant joie, ce sachiez,
Quant il est de prison sachiez
Et quant il d'iluec se remue
30 Où tel pièce a esté an mue.
Or est au large et à l'essor :
Et sachiez bien que por tot l'or
Qui est espanduz par le mont,
Qui tot le méist an un mont
35 Et tot li donast et ofesst,
52. c. Arrières estre ne volsist.

Ez-vos desserré Lancelot,
Qui si ert vains qu'il chancelot
De vanité et de feblece.
40 Cele si soef que nel' blece
Le met devant soi sur sa mure,
Puis si s'an vont grant aléure.
Mès la pucele se desvoie
Tot de gré por ce qu'an n'es voie;
45 Et chevalchent céléemant,
Car s'ele alast apertemant
Espoir assez tost lor néust
Aucuns que ele cornéust ;
Et ce ne volsist-ele pas.
50 Porce eschive les max pas,
Et est venue à un repeire
Où sovant séjorne et repeire,
Porce que biax estoit et genz.
Et li repeires et les genz
55 Erent an son comant del' tot.
Si estoit plantéis de tot
Li leus, et sainz et molt privez.
Là est Lanceloz arivez.
Et si tost com il fu venuz,
60 Quant il fu de sa robe nuz

En une haute et bele couche
La pucele soef le couche :
Puis le baigne, puis le conroie
Si très-bien que je n'an porroie
6665 La mitié deviser nè dire.
Soef le menoie et atire
Si com ele fèist son père :
Tot le renovele et repère ,
Tot le remue, tot le change.
70 Or n'est [mie] moins biax d'un ange :
N'est mès roigneus n'esgéunez ,
Mès forz et biax : si s'est levez.
Et la pucele quis li ot
Robe plus bele qu'ele pot ,
75 Dom le lever le revesti.
Et cil liémant la vesti
Plus legiers que oisiax qui vole.
La pucele beise et acole ,
Puis li dist amiablement :
52. d. 80 « Amie, fet il , seulemant
A Deu et à vos rant merciz
De ce que sains sui et gariz.
Par vos sui de prison estors,
Porce poez mon cuer, mon cors ,
85 Et mon servise et mon avoir,
Quant vos pleira, prandre et avoir..
Tant m'avez fet que vostres sui.
Mès grant pièce a que je ne fui
A la cort Artu mon seignor ,
90 Qui m'a portée grant enor ;
Et g'i auroie assez à feire.
Or , douce amie débonoire ,
Par amors si vos prieroie
Congié d'aler, et g'i iroie,
95 S'il vos pleisoit, molt volantiers. »
— « Lancelot , biax dolz amis chiers ,
Fet la pucele , jel' vuel bien ,
Que vostre enor et vostre bien
Vuel-je partot et ci et là.»
6700 Un merveilleus cheval qu'ele a,
Le meillor c'onques véist nus ,
Li done cele , et cil saut sus
Qu'as estriés congié n'an rova.
Ne set mot quant sus se trova.
5 Lors à Deu qui onques ne mant
S'antrecomandent boenemant.

Lanceloz s'est mis à la voie
Si liez que se juré l'avoie
Ne porroie por nule painne

6710 Dire la joie qu'il demainne
De ce qu'ainsi est eschapez
De la où il fu antrapez.
Mès or dit sovant et menu
Que mar l'a en prison tenu
15 Li traïtres, li forsligniez ,
Qui est gabez et angigniez.
« Et maugré suen an sui-je fors. »
Donc jure le cuer et le cors
Celui qui tot le mont cria
20 Qu'avoir nè richesce n'en a
Dès Babiloine jusqu'à Gant
Por qu'il leissast Méléagant
52. e. Eschaper se il le tenoit
Et de lui au desus venoit ;
25 Que trop li a fet leit et honte.
Mès li afeires a ce monte
Que partans en iert à méismes ,
Car cil Méléaganz méismes
Qu'il menace et tient jà si cort
30 Estoit ce jor venuz à cort
Sanz ce que nus ne le manda.
Quant il i fu si demanda
Tant mon seignor Gauvain qu'il l'ot.
Puis li requiert de Lancelot
35 Li mauvès traïtres provez
Se puis fu véuz nè trovez ,
Ausi com s'il n'en séust rien ;
Nel' feisoit-il , nel' sot pas bien ,
Mais il le cuidoit bien savoir.
40 Et Gauvains li a dit por voir.
Qu'il nel' vit nè il ne vint puis.
— « Dès qu'ainsi est que je vos truis ,
Fet Méléaganz , donc venez ,
Et mon covenant me tenez ;
45 Car plus ne vos en atandrai.»
— « Ce, fet Gauvains , bien vos randrai ,
Se Deu plest où j'ai ma créance ,
Jusque po vostre covenance.
Bien me cuit à vos aquiter ;
50 Mès se vient à plus poinz giter
Et g'en giet plus que ne façoiz
Si m'aïst Dex et sainte foiz ,
Quanqu'aura el geu tot antasche
Prandrai, jà n'en aurai relasche. »
55 Et lors Gauvains sanz plus atandre
Comande gitier et estandre
Iluec un tapiz devant soi.
Isnelement font sanz effroi
Tot son comant li escuier,

6760 Mès sanz grondre et sanz enuier :
De ce qu'il rueve s'antremetent.
Le tapiz prenent, si le metent
Cele part où il comanda :
Cil saut sus einz n'i aresta,
65 Et de desore armer se rueve
Au vaslez que devant soi trueve,
52. f. Qui ancors deffublé estoient.
Trois en i ot , qui li estoient
Ne sai ou cosin ou neveu,
70 Por voir bien anseigné et preu :
Cil l'armèrent bel et si bien
Qu'il n'a el monde nule rien
Dont nus hom reprendre les puisse
Por nule rien que il truisse
75 En chose qu'il en aient fait.
Quant l'on armé li uns d'ax vait
Amener un destrier d'Espaigne
Tel qui plus tost cort par chanpaigne ,
Par bois , par terres et par vax
80 Que ne fist li boens Bucifax.
El cheval tel com vos dist
Monta li chevaliers loez ,
Gauvains , li plus bien anseigniez
Qui onques fust de main seigniez.
85 Et jà voloit son escu prandre
Quant il vit devant lui descendre
Lancelot don ne se gardoit.
A grant mervoille l'esgardoit
Porce que si soudainemant
90 Est venuz ; et se je n'an maut ,
Mervoilles li sont avenues
Ausins granz com s'il fust des nues
Devant lui chéuz maintenant ;
Mès nel' va lors riens décevant ,
95 Nè besoinz qu'il poïst avoir ,
Quant il voit que c'est-il por voir,
Qu'à terre ne soit descenduz.
Lors li vet ses braz estanduz ,
Si l'acole et salue et beise.
6800 Or a grant joie , or est à eise
Quant son conpaignon a trové.
Et je vos dirai voir prové ,
Si ne m'an mescrées-vos pas ,
Que Gauvains tot enes-le-pas
5 Ne volsist pas qu'an les léust
A roi porce qu'il ne l'éust.

Va s'an li rois , jà sèvent tuit
Que Lanceloz , cui qu'il enuit ,

Qui tel pièce a esté gaitiez,
6810 Est venuz toz sains et haitiez.
53. a. S'an font grant joie tuit ansanble,
Et por lui festoier s'asanble
La corz qui lonc tans l'a bahé.
N'i a nul tant de grant abé
15 Ou de petit, joie n'an face.
Joie dépièce et si efface
La dolor qui ençois i ert:
Li diaus s'an fuit si i apert
Joie qui formant les rapele.
20 Et la reïne n'i est ele
A cele joie qu'an demainne?
Oïl, voir tote premeraine.
Comant Dex, où fust-ele dunques?
Ele n'ot mès si grant joie onques
25 Com or a de sa bienvenue.
. . . .
Si est voir, ele en est si près
Qu'à po se tient: molt s'an va près
Que li cors le cuer ne sivoit.
30 Où est donc li cuers? Il beisoit
Et conjoïssoit Lancelot.
Et li cors por coi se célot?
N'estoit bien la joie anterine
Ay donc corroz nè haïne?
35 Nenil certes, nè tant nè quant,
Mès puet celestre li auquant
Li rois, li autre qui là sont,
Qui lor ialz espanduz i ont,
Aparéussent tost l'afeire
40 S'ainsi véant toz volsist feire
Tot si con li cuers le volsist.
Et se reisons ne li tolsist
Ce fol panser et cele rage
Si véissent tot son corage
45 Lors si fust trop granz la folie.
Por ce reison anferme et lie
Son fol cuer et son fol pansé.
Si l'a un petit racenssé
Et a mis la chose an respit
50 Jusque tant que voie et espit
Un boen leu et un plus privé,
Où il soient mialz arivé
Que il or ne sont à ceste ore.
Li rois Lancelot molt enore:
53. b. 55 Et quant assez l'ot conjoï
Se li dist: «Amis, je n'oï
Certes de nul home noveles,
Pièce a, qui si me fussent beles,

Con de vos; mès molt m'esbaïs
6360 An quel terre et an quel païs
Vos avez si grant pièce esté.
Et tot iver et tot esté
Vos ai fet querre et sus et jus,
N'onques trover ne vos pot nus.»
65 — «Certes, fet Lanceloz, biax sire,
A briés paroles vos puis dire
Tot si com il m'est avenu.
Méléaganz si m'a tenu,
Li fel traïtres, an prison
70 Dès cele ore que li prison
De sa terre furent délivre.
Si m'a fet à grant honte vivre
En une tor qui est sor mer.
Là me fist metre et anfermer:
75 Là menasse ancor dure vie
Se ne fust une moie amie,
Une pucele cui ge fis
Un petit servise jadis.
Cele por assez petit don
80 M'a rendu large guerredon:
Grant enor m'a feite et grant bien.
Mès celui cui je n'aim de rien,
Qui cele honte et cest meffet
M'a porchacié porquis et fet,
85 Voldrai randre son paiemant
Orandroit sanz délaiemant.
Il l'est venuz querre et il l'ait.
N'estuet pas que il se délait
Por l'atandre, car trop est prez;
90 Et je méismes resui prez
Mès jà Dex ne doint qu'il [s'en] lot.»
Lors dit Gauvains à Lancelot:
«Amis, fet-il, iceste paie
Se je vostre deteur la paie
95 C'iert assez petite bontez.
Et ausi sui-je jà montez
Et tot prez, si con vos véez;
Biax dolz amis ne me véez
53. c. Cest don que je te requier et vuel.»
6900 Cil dit qu'il se leiroit ainz l'uel,
Voire andeus, de la teste traire
Einz qu'à ce le poïst atraire.
Bien jure que jà n'avandra.
Il li doit et il li randra,
5 Car de sa main li afia.
Gauvains voit bien, mestier n'i a
Riens nule que dire li sache:
Si desvest son hauberc et sache

De son dos, et toz se desarme.
6910 Lanceloz de ces armes s'arme
Tot sanz délai et danz demore.
Il ne cuide jà véoir l'ore
Qu'aquitez se soit et paiez:
N'aura mès bien s'iert apaiez
15 Méliaganz qui se mervoille
Oltre reison de la mervoille
Qu'il à ses ialz esgarde et voit;
A bien petit qu'il ne desvoit
Et par po n'a le san changié.
20 — «Certes, fet-il, fos fui quant gié
N'alai ençois que çà venisse
Véoir, s'ancore le ténisse
An ma prison et an ma tor,
Celui qui or m'a fet un tor.
25 Ha Dex! je por coi i alasse?
Comant, par quel reison cuidasse
Que il s'an poïst estre issuz?
N'est li murs assez fort tissuz
Et la torz assez forz et haute?
30 N'il n'i avoit pertuis nè fante
Par où il issir an péust
S'aïde par defors n'éust.
Espoir qu'il i fu ancusez.
Or soit que li murs soit usez
35 Et toz chéoiz et toz fonduz —
Ne fust il avoec confonduz
Et morz et desmanbrez et roz!
Oïl, si m'aïst Dex trestoz,
S'il fust chéuz morz fust sanz faille,
40 Mès je cuit qu'anque li murs faille
Faudra, ce cuit, la mers trestote
Si qu'il ne ni remandra gote;
53. d. Nè li monz ne durera plus
S'a force n'est abatuz jus.
45 Autremant va, n'est pas issi:
Aïde ot quant il en issi,
Nè s'an est autremant volez.
Bien sui par consaut avolez:
Comant qu'il fust, il an est fors;
50 Mès se m'an gardasse bien lors
Jà ne fust nè jà n'avenist,
Nè jamès à cort ne venist.
Mès tart an sui au repantir.
Cil qui n'a talant de mantir
55 Li vilains dit bien chose estable
Que trop à tart ferme-an l'estable
Quant li chevax an est menez.
Bien sai c'or serai demenez

A grant honte et à grant laidure
60 Se assez ne suefre et andure.
Quel soffrir et quel andurer !
Mès tant com je porrai durer
Li donrai-je assez antante
Se Deu plest à cui j'ai m'atante. »
65 Ensi se va reconfortant
Nè ne demande mès fors tant
Qu'il an champ soient mis ansanble.
Et c'iert partans, si com'moi sanble,
Car Lanceloz le va requerre,
70 Qui molt tost le cuide conquerre.
Mès ainz que li uns l'autre assaille
Lor dit li rois que chascuns aille
Aval soz la tor au la lande,
N'a si bele jusqu'an Irlande.
75 Et il si font : là sont alé.
Molt furent tost jus avalé.
Li rois i va et tuit et totes,
A granz tropiax et à granz rotes.
Là s'an vont tuit, nus n'i remaint,
80 Et as fenestres revont maint
Chevalier, dames et puceles
Por Lancelot, gentes et beles.

En la lande uns sagremor ot
Si bel que plus estre ne pot.
85 Molt tenoit place, molt est lez:
S'est tot antor selonc orlez
e. De menue erbe fresche et bele,
Qui an toz tans estoit novele.
Soz le sagremor gent et bel ,
90 Qui fu plantez del' tans Abel ,
Sort une clère fontenele
Qui de corre est assez isnele.
Li graviers est et biax et genz
Et clers con se ce fust argenz :
95 Et li tuiax , si con ge cuit ,
De fin or esmeré et cuit.
Et cort parmi la lande aval
Antre deus bois , parmi un val.
Iluec plest le roi qu'il se siée ,
00 Qu'il n'i voit rien qui li dessiée.
Les genz fet treire bien ansus.
Et Lanceloz molt tost cort sus
Méléagant de grant aïr,
Com celui cui molt puet haïr ;
5 Mès avant einz que il le fière
Li dist à haute voiz et fière :
« Traiez vos là je vos deffi!

Et sachiez bien trestot defi
Que ne vos espargnerai point. »
7010 Lors broche son cheval et point
Et arriers un petit se trait ,
Tant de place com uns art trait ;
Puis lessent l'uns vers l'autre corre
Quanque cheval lor porent corre.
15 Si s'antrefièrent maintenant
Es escuz qui bien sont taingnant ,
Qu'il les ont troez et perciez ,
Mès l'uns nè l'autres n'est bleciez
N'an char consenz à cele ore.
20 Lors passent oltre sanz demore ,
Puis se revont granz cos doner
Quanque chevax puet randoner
Es escuz qui boen sont et fort.
Et il resont de grant effort
25 Et chevalier preu et vassal ,
Et fort et isnel li cheval ;
Et à ce qu'il fièrent granz cos
Sor les escuz qu'il ont as cos ,
Les lances sont oltre passées
30 Qui fraites ne sont nè quassées ,
53. f. Et sont à force parvenues
De si qu'à lor charz totes nues.
Par grant vertu l'uns l'autre anpaint
Qu'à terre se sont jus anpaint ,
35 Nè peitrax , nè cengle , n'estriers
N'i pot eidier que par derriers
Chascuns d'ax la sele ne vuide
Et chièent à la terre vuide.
Effréé an sont li cheval
40 Qui s'an vont amont et aval :
Li uns regibe l'autre et mort
Que l'uns volsist l'autre avoir mort.
Etli chevalier qui chéirent
Plus tost qu'il porent sus saillirent
45 Et ont tost les espées traites ,
Qui de letres èrent portraites.
Les escuz devant lor viz metent
Et desoremès s'antremetent
Comant se puissent domagier
50 As espées tranchanz d'acier.
Lanceloz nel' redote mie,
Car il savoit plus d'escremie
La mitié que cil n'an savoit ,
Car an s'anfance apris l'avoit.
55 Andui s'antrefièrent granz cos
Sor les escuz qu'il ont as cos
Et sor les hiaumes d'orbarrez ,

Que fraiz les ont et anbarrez .
Mès Lanceloz le haste fort.
7060 Si li done un grant cop et fort
Devant l'escu à descovert
El braz destre de fer covert ,
Si li a colpé et tranchié.
Et quant il se sant domagié
65 De sa destre qu'il a perdue ,
Dist que chier li sera vandue
S'il an puet leu ne aise avoir :
Ne remanra por nul avoir ,
Car tant a duel et ire et rage
70 Qu'a bien petit que il n'anrage ,
Et molt po prise son afeire
S'un malvès geu ne li puet feire.
Vers lui cort que prendre le cuide ,
Mais Lanceloz bien se porcuide ,
54. a. 75 Car à s'espée qui bien taille
Li a fet tele osche an s'antraille
Dom il ne repassera mais,
Einz iert passez auriz et mais
Que le nasal li hurte as danz ,
80 Que trois l'en a brisiez dedanz.
Et Méléaganz a tele ire
Qu'il ne puet parler nè mot dire;
Nè merci demander ne daingne ,
Car ses fos cuers li desansaingne
85 Qui trop l'enprisone et anlace.
Lanceloz vient, si li deslace
Le hiaume et la teste li tranche.
Jamès cist ne li fera ganche :
Morz est chéuz , fet est de lui.
90 Mès or vos di n'i a celui
Qu'illacques fust qui ne véist
Cui nule pitiez an préist.
Li rois et tuit cil qui i sont
Grant joie an demainnent et font.
95 Lancelot desarment adonques
Cil qui plus lié an furent onques :
Si l'en ont mené à grant joie.

———

Seignor , se avant an disoie
Ce seroit oltre la matire :
7100 Porce au definer m'atire.
Ci faut li romanz an travers.
Godefroiz de Leigni li clers
A parfinée la Charrete ;

Mès nus hom blasme ne l'an mete
7105 Se sor Crestien a ovré,
Car ç'a-il fet par le boen gré

Crestien qui le comança :
Tant en a fet dès lors ança
Où Lanceloz fu anmurez

7110 Tant com li contes est durez.
Tant en a fet : n'i vialt plus metre ,
7112 Ne moins, por le conte malmetre.

Ci faut li romans de Lancelot de la charrete

VARIANTES

du MS. du Vatican publié par M. Keller (K) et du MS. de la bibliothèque nation. à Paris ,
Supl. Franc. in f°. , n°. 210 (B).

Vs. 29. B. et s'entention
Dès or commence sa raison.
A un jor d'une Ascension
Fu venuz devers Carlion
Li rois Artus et tenu ot
Cort molt riche a Camalot,
Si riche come au jor estut.

» 247. tos premerains, *le MS. a* pos pr.
» 328. A ces qui, *MS.* Et à ces qui.
» 459. assez mangié, B, assez veillié.
» 676. B. redemandent.
» 688. B. Prenez laquel que meuz amez.
» 851. K. desus le fl.
» 856. K. branc.
» 859. K. Si s'entremetent.
» 865. K. Tant que la chose à ice monte
» 870. K. Quant il si grant paine i a mise.
» 878. K. et si se haste.
» 879. K. guenchist et tint.
» 880. K. Dou gué m. q. b. li avint.
» 881—2. *Manquent dans* K.
» 886. K. Que mal le f.
» 889. K. Le chevalier.
» 893. K. Mès il li dit non fera voir.
» 910. K. Reson.
» 918. K. Claime-li cuite.

» 922. K. Et lor si ot tel covenance.
» 924. K. Qu'il li rent.
» 926. K. Tel paor a qu'il la c.
» 948. K. Trestoz marriz.
» 961. K. angoisse et paine.
» 972. K. que ele amenoit.
» 982. K. Qui de tables estoit coverte.
» 983—4. *Manquent dans* K.
» 885. K. Et en mi un dois grant et lé.
» 992. K. Au chief del' dois delez un banc.
» 1002. K. A un cleu et sa glaive prent,
» 1014. K. obnuble
» 1016. K. Et tant r'avoit l. ch.
» 1026. K. Lavez li mengers l. r.
» 1028. K. Cil lève, si se va séoir.
» 1061. K. O cui couchier il se devoit.
» 1072. K. Ne troverai qui le m'en ost :
Se tu ne me sequeurs molt tost
Il me honira.
» 1080—1. K. Car trop me tient vilainement.
Lors voit la damoisele cil
Descoverte.
» 1085—6. K. Mervelle a qu'il estoit si os
Mès au rescorre en ert li los
Car à l'entrée *etc.*
» 1104. K. N'ataindrai mie si grant fais

Vs. 1123. K. Me reclaime ci molt sovent.
» 1128. *Le MS. porte :*
Et garde amont par la fenestre
Le texte est rétabli d'après K. *et* B.
» 1129. K. Si voit deus espées venir
» 1131. K. ne porent.
» 1135. K. Quant il vit qu'eles sont brisées.
» 1138. K. Entre aus se lance et fiert de route.
» 1143—4. K. Et li tiers à lui assailli
Et li quars qui pas n'i failli
» 1151. K. Einçois met et fet ses braz amples.
» 1168. K. A force de poig li errache.
» 1177. K. Nes se vos estieez. xxxvij.
» 1193. K. n'embeli.
» 1198. K. N'estoit de frait nè esmié
» 1208. K. Covenz le sémont et estrousse.
» 1216. K. De gésir à li bien se guete.
» 1225. K. N'ert ele et bele et gente.
» 1232. K. en un air ester.
» 1272. K. Que ge prisasse envers cestui
» 1276. K. C'onques nus hom n'osa emprendre.
» 1285. K. Si s'arme q'aïde n'atant.
» 1298. K. Et conduire me voliez
» 1303. K. à cel termine
» 1321. K. s'en iroit.
» 1334. K. Molt bet son plet et sa parole.

14

Vs. 1343—4. K. Mès cil qui erroit volentiers
       Tant tient et voies et sentiers
» 1346. K. Vient errant vers une fontaine
» 1370. K. Estez, damoisele, fet-il.
» 1395—6. K. Et quant cil le voit si li prie
       Por quoi a ris qu'ele li die
» 1446. K. Ne cuidiez-vos que jà por quoi
» 1448. K. Que n'en éust
» 1450. K. Honte se le voir connéust,
» 1451. queitiée, corr. gueitiée.
» 1462. K. Qu'il les commence à acoler
» 1468. K. En son sain.
» 1472. K. Ore cuidiez pas que jà raoncles
» 1475—6. K. Et pélencis et tumacle
       Et Saint-Martin et Saint-Fiacle
» 1514. MS. ancontre vos. K. nos.
» 1538. K. Com s'il déist: « Or ne vos chaut.
» 1540. K. De chose que véue aiez
» 1542. K. Ne vint mie cele tesant.
» 1546. K. Ne cuide pas ses pas gaster.
» 1570. K. Molt ai orendroit bien nagié.
» 1572. K. Que sui molt bien acheminez.
» 1595. K. ramprosne.
» 1614. K. Mès alons jusqu'à une plaine
» 1640—2. K. Mès à la mine et as eschas;
       Li uns as dez, l'autres à son,
       De plusors gieu si véist-on.
» 1645. K. Redemandoient lor enfances
» 1646—7. K. Branles et caroles et dances
       Et chantent et tumbent et saillent
» 1662. K. chevax norois.
» 1674. K. Devant le chevalier chanu,
» 1676. K. jà la clamoit.
» 1693. K. or qu'ele venoit
» 1708—9. K. Et s'il vos plest sot orendroit
       Le mostrerai vers vostre cors.
» 1714. K. n'embeli.
» 1747. K. Que hardiement ne combate.
» 1759. K. Son voloir
» 1787. K. ne li tendra.
» 1821. K. en maine et sel' soefre mis sire.
» 1822. K. poons-nos dire.
» 1863. B. tire à tire.
« 1865. B. Et trova: « Ci Gerart Gauchier,
       Ci Aloens et çà Gautier;
       Après ces trois jà mellez
       Des nons des chevaliers assez.
» 1866. K. Ci Amaugis et ci Ivains
       Et après gerra Méraliz
       De noz chevaliers plus esliz.

Vs. 1872. K. estre noeve.
» 1881. K. Et de cele grant lame dites
» 1884. K. vassaus.
» 1888. MS. Biax est dedanz et defors plus
» 1895. K. De la lame dont est coverte.
» 1904. K. nè sers nè gentis hon.
» 1950. K. Et la damoisele li dist
» 1994. K. Li sievir.
» 2040. K. et liement.
» 2112. K. li uns solement.
» 2134. K. gent Sarrazine.
» 2146—7. K. Conseil querre vos covendroit;
       Et se vos mon conseil arez
» 2151. K. qui la mellor covoite.
» 2157. K. Mès au plus droit me conselliez.
» 2161. K. Se vos n'alez
» 2186. K. lor compagnie,
» 2189. K. Et dormir
» 2212. K. Cil qui le garde.
» 2214. K. fol hardemant.
» 2219. K. joie ne t'en doint
» 2225. K. en la targe.
» 2270. K. grant chose.
» 2329. K. Mès tantost com li homs fu hors
       Li lessa-on après le cors.
» 2334. K. Car il cuident qu'en chartre soient.
» 2366. K. Estre la geude des vilains.
» 2393. K. Qui ert grosse, roide et empointe
» 2401. K. Escuz et heaumes et haubers.
» 2412. K. Tant en demainent li pluisor
       Que cil et cele dire l'oit:
       Chascuns en bien de lui parloit:
       Li uns lors dit: « Segnor c'est cil.
» 2422. K. N'i a nul grant joie n'en ait.
» 2423—5. K. Quant ceste novèle ont oïe
       Molt en est lor gent esbaudie
       Tuit le loent et tuit l'onorent.
» 2429. K. Mes plus les maine lèdement
       Li chevaliers et plus vilment
       En tel manière, ce lor samble,
       Que ne font tuit li autre ensemble.
» 2440. MS. le pristrent.
» 2489. K. Einsi li chevaliers apaise.
» 2508. K. Chevauchant vont grant aléure.
» 2512. K. Qui molt estoit cortoise dame.
» 2525. K. mesnie.
» 2543,4. K. mesnie: arresnie.
» 2555. K. li mendres.
» 2558. K. Et cil les chandoiles gaster
» 2565. K. N'estoit annuieus nè pesanz

Vs. 2575. K. grenu.
» 2587. K. Molt hardiement
» 2600. K. Se de ceste oevre fust repris
» 2632. K. Mès ge te ferai paagier.
» 2656. K. fère s'eslessent.
» 2660—1. K. Si com chevax qui vet le pas.
       Armez fu de toutes ses armes.
» 2664. K. Qui déust.
» 2677—8. K. Desoz le pré ot une lande
       Qui l'assamblée molt amende
» 2681—2. K. abandon: de randon.
» 2696. K. Des chevax à terre s'abatent
» 2700. K. ne s'entreméissent.
» 2704. K. de muer
» 2724. K. pièce a.
» 2774. K. Miex ameroie estre morz
» 2800. K. Dont ge rendrai le guerredon.
» 2810. K. Conquis et voir one ne tuas.
» 2825. K. Ne le crois pas.
» 2859. K. merci li noiast
» 2861—2. K. Et ci donques ne l'aura mie
       La merci qu'il requiert et prie
» 2863. K. fère le sieult.
» 2882. MS. et revienent.
» 3533. MS. lo seignor.
» 3855. B. vos an mellez jà.
» 4023—4. B. Car onques riens que il séust
       Boenne, qui nul mestier m'éust
» 4061. B. Noé el chief an laz corant.
» 4380. B. Et tote voies fins amis
       Fist ice dont n'iest li nons mis.
» 4441. B. Tant l'ot fet sa joie legier.
       Tart li est que ton desirrier
       Voie, qu'il oublie sa poine;
       Mès maintenant li rois semoine
       La reine sa dame véoir:
       Lors le lessa etc. cf. 4460.
» 4891—2. B. De ce que vostre fiz me met
       A poine et à mal par abet.
» 4959. MS. L'an lor amainne, armé se sont.
       B. L'an les aporte tot amont.
» 5144. B. Que Lanceloz dou Lac, font-il.
» 5195. B. Auques corir, et si fet ele.
       Neporquant muer ne puet-ele
       Son cuer que auques n'i apère.
» 5210. B. Que muz en est.
» 5340. B. Qui le traïrent.
» 5368. B. Envers celi de Pomagloi.
» 5394. MS. Venir véoir lor abatine.
» 5525. B. I ot tant.

Vs. 5651. MS. Qu'il ne l'ot veisins nè veisine

» 5771. MS. Et cil lor armes lor devisent.

» 5801. B. Si sanble qu'il s'an isse uns cois ?
Par foi ce est li fis de Rois.

» 5810. B. Si l'an aporta Kex de Traux.
(: poitraux)

» 5861. MS. Véer vermoilles.

» 5939. B. Mès sor ès dures et sor sèches.

» 5996. B. Mès tant.

» 6121. B. Près dou chastel enqui delez
Cort un braz de mer lons et lez.

Vs. 6321. B. N'estuet pas losengier loer
Por fet de preudome loer,
Car li fez méimes se loe.

» 6382. MS. Bien aparçoit quant le célot.

» 6400. B. Molt se baste estrangement.

» 6438. MS. Fortune qui l'a tant menée.

» 6443. MS. Savoir mon se ele i oïst.

» 6510. MS. Mès espoir quant vos nel' savez.
B. Mès espoir vos ne le savez.

» 6560. B. Foiblemant petit et pètit.

» 6614. MS. à planté de corde.

Vs. 6628. B. Tant a foï et tant chevé.

» 6736. B. fu venuz.

» 6798. B. Puis li a ses braz estenduz

» 6807. B. Jà set li rois, jà sèvent tu

» 6985. B. molt ert lez.

» 7098. B. Or sachiez, se plus an di

» 7102. B. Godefroi de la mer li clers

» 7111. B. Tant en a fet; n'i volt plu
Hic explicit de la Charete.

www.ingramcontent.com/pod-product-compliance
Lightning Source LLC
Chambersburg PA
CBHW052100090426
42739CB00010B/2255